高校学生管理创新理念研究

—— 王春宝　张永越 ◎ 著 ——

中国商务出版社
CHINA COMMERCE AND TRADE PRESS

图书在版编目（CIP）数据

高校学生管理创新理念研究 ／ 王春宝，张永越著

. — 北京 ：中国商务出版社，2022.12

ISBN 978-7-5103-4554-8

Ⅰ．①高… Ⅱ．①王… ②张… Ⅲ．①高等学校—学

生—学校管理—研究 Ⅳ．①G645.5

中国版本图书馆CIP数据核字(2022)第215456号

高校学生管理创新理念研究

GAOXIAO XUESHENG GUANLI CHUANGXIN LINIAN YANJIU

王春宝　　张永越　　著

出　　　版：中国商务出版社

地　　　址：北京市东城区安外东后巷28号　　　　邮　编：100710

责任部门：发展事业部（010-64218072）

责任编辑：陈红雷

直销客服：010-64515210

总 发 行：中国商务出版社发行部（010-64208388　64515150 ）

网购零售：中国商务出版社淘宝店（010-64286917）

网　　　址：http://www.cctpress.com

网　　　店：https://shop595663922.taobao.com

邮　　　箱：295402859@qq.com

排　　　版：北京宏进时代出版策划有限公司

印　　　刷：廊坊市广阳区九洲印刷厂

开　　　本：787毫米×1092毫米　1/16

印　　　张：11.5　　　　　　　　　　　字　数：220千字

版　　　次：2023年1月第1版　　　　　　印　次：2023年1月第1次印刷

书　　　号：ISBN 978-7-5103-4554-8

定　　　价：63.00元

前　言

随着高等教育改革进程的持续深化，我国高校学生管理工作的传统方式被打破，其理念、机制、方式、途径等都需要进一步创新。独立学院是我国高等教育的一个重要组成部分，作为一种按照民办机制运营的中国特色高校，独立学院对我国的高等教育大众化的推动作用不容忽视。独立学院在管理体制、办学机制、学生特点等各个方面都有自己的独特之处，这种现实情况就要求独立学院的学生管理工作必须具有自身的特色，而不能照搬照抄普通高校的现有模式。为了达到更好的管理效果，就必须对独立学院的学生管理工作进一步改进。

本文通过对大学发展现状和学生管理存在的问题进行分析，肯定其取得的成绩，指出存在的主要问题，并对独立学院学生管理工作的影响因素进行深入剖析，针对存在的学生管理问题，结合公共管理相关理论，为独立学院学生管理工作的改进提出了对策和建议。独立院校的性质和发展历程，决定了学生管理工作方面与其他普通高等院校相比较具有自己鲜明的特点和优势，本书作者认为，切实加强独立院校学生管理工作，应从以下四个方面入手：第一，更新独立学院学生管理工作理念；第二，拓展高校学生管理工作方法；第三，顺应现代教育理念的教育体制改革；第四，根据不同学生特点调整管理模式。从这四方面入手，不断更新管理观念，改变管理方法，完善管理制度，从而促进独立学院的教育教学和学生管理改革。

目 录

第一章　高校学生事务管理

第一节　高校学生事务管理的概念

一、学生事务管理的演变

在对高校学生事务管理的定义进行分析之前，首先我们要对其相关的概念进行理解，这样能够让我们更好地理解学生事务管理的内涵。

（一）学生管理与思想政治教育

从某种程度上来说，学生管理与思想政治教育有着一定联系。作为教师首先要清楚，对学生进行思想政治教育的目的是提高学生的思想认识，解决有关学生的思想与道德方面的问题。

（二）事务管理与学生工作

20 世纪 90 年代建立在中国国情基础上的学生事务管理的具体内容发生了相应变化，一些与学生相关的管理机制随之而产生，有关于学生就业方面的，有关于学生家庭困难资助的。

随着时代的发展，教育越来越受到社会的关注，这就使得学校对于学生管理的任务更重了，主要体现在两个方面，第一是人们迫切希望学校加强对学生的管理使学生得到全面发展，第二是社会责任让学校必须加强对学生的管理，以保证学生在学校得到良好的教育，与此同时我们可以看到，学生管理的内容进一步得到强化，涉及学生的方方面面。

我们必须要清楚，学生管理工作内容的各个方面并不是独立存在的，而是紧密联系的，他们之间不能分割，否则一定会影响实际工作的效果，甚至影响教育事业的发展。

二、学生事务管理新概念

在借鉴国外经验并结合我国高等教育管理的实际情况，对学生事务与学生事务管理做了详细具体的定义。

（一）学生事务定义

高校学生事务是指高校为维持大学生正常的学习、生活秩序，促进其全面发展，实现高等教育培养目标，在教学过程之外所必须提供的具体事务，一般可分为管理性学生事务和指导与服务性学生事务。管理性学生事务主要涉及招生与学籍管理、日常行为管理、社团及课外活动管理、奖惩管理、资助管理、宿舍管理、就业管理等；指导与服务性学生事务涉及学生干部培训、活动辅导、心理咨询、学务指导、就业指导、各类信息服务等。该定义包含以下几个方面。

高校学生事务从其内容来看，是针对教学内容来的；从涉及的时间来看，主要发生在课外活动的时间里；从空间来看，主要发生在教室之外的校园环境里。

管理性事务强调的是按照规章制度对全体学生进行规范化的管理，指导与服务性事务是按照一定的理论、技能支撑和规范的流程对学生进行个性化的管理。两者的分类是相对的，如指导与服务性事务管理者对心理障碍较严重的学生就要及时给予主动干预。

高校学生事务是以满足学生发展需要和适应人才培养规律为前提的。不是所有的学生需要都会成为学生事务存在的基础，只有存在一定的学生需要且具有一定的社会保障条件才会成为高校所提供的学生事务。

（二）学生事务管理定义

高校学生事务管理是指高校的专门组织和学生事务管理者依据国家的法律、政策和人才培养目标，在一定的学生事务管理价值观指导下，运用相关专业知识和技能，配置合理的资源，提供促进学生发展所必需的学生事务组织活动过程。从这个定义看，其主要内涵有以下几个方面。

专业知识和技能是从事高校学生事务管理者的基础条件。专业性和职业性是高校学生事务管理者的内在要求。

高校学生既是学生事务管理的出发点，也是学生事务管理的归宿。因此，促进学生发展是学生事务管理的核心价值和共同使命。

高校学生事务管理的主体包括专门组织（学生工作处、校团委、院系学生工作组等）和学生事务管理者。从纵向看，学校专门组织分为校院两级机构，学生事务管理者可分为高层（校领导）、中层和基层人员（如辅导员、相关科室人员）；从横向看，专门组织可按职能进行设置（如就业办、招生办、资助管理科、学籍管理科、宿舍管理办公室等），学生事务管理者可分为专职人员、兼职人员或由管理者授权、聘任的参与管理的学生及其他人员。

组织活动过程主要是指主体按照各自的管理职能，运用一定管理方法和资源所进行的实际活动。其过程一般是由计划、领导、实施、评估等环节构成的封闭系统。只有如此，管理效率和质量才会大大提高。

高校学生事务管理的客体指主体施加影响的人和事，既指学生又指与之相关的学生事务。

第二节　高校学生事务管理的内容

一、高校学生事务管理自身的管理

高校学生事务管理组织的自身管理主要包括以下几个方面的内容。

（一）组织结构设计

在教学的过程中，教师能否有效地完成学生事务管理的使命，关系着学生管理工作的成功与失败，因此，高校相关的领导以及工作人员有必要设计和维持一种合理的组织结构，就是把学生事务管理进行分类组合，划分若干部门，进行合理的授权，明确组织中的各种关系。有了明确的分工以后，我们才能在实际工作中更有效地面对所遇到的问题。一旦学生事务管理所处的内外环境发生变化或管理目标难以实行，高校的相关管理人员就要通过一系列的措施对这种已经形成的组织进行调整，并且，在分工明细的组织下，找到对应的管理人员，明确各自的权责，还要对其工作效果进行评估以便重新调整，以保证学生事务管理使命、工作任务的顺利实施。

（二）队伍建设

在队伍的建设方面，高校需要根据学生事务工作人员具体负责的事宜对其进行分类，并建立相应的职责准则，其目的就是为了能够更好地对学生进行管理。

（三）制度建设

对于任何团体、企事业单位或者是私营单位来说，其内部都有相应的制度作为整体运营的准则，首先是保障人员的正常工作以及人身安全，其次是约束人员规范工作的一项基本措施。制度建设体现在我国学生管理事务中，但前提是要对国家的教育方针及相关的法律法规进行详细的解读，在此基础之上建立学校的管理制度，不能逾越国家制度的红线。其制度体系主要包括组织设计标准、管理职责、各岗位工作标准、工作程序、工作评估标准与程序、反馈制度。高校在学生事务管理制度体系的运行过程中，应注意管理制度的实施、监督检查和持续改进等环节，从而保持制度体系的有效性。

这些学生事务管理制度一般要通过一定的形式，如条例、手册、制度等公开发布。

工作评价主要是围绕各组织和管理者的职责、工作计划、专项任务进行考核，可分为年度工作评价、专项工作评价，也可分为机构评价、个人评价，其目的是检查学生事务管理的绩效和学生的满意度，以改进今后的工作。

（四）信息化管理

现代科技的发展速度已经超出了人们的想象，在信息化时代，对于企业来讲，如果没有精确的数据，没有工作人员对其进行处理，企业的信息化传递是不可能实现的。对学生事务管理来讲也是一样的，信息化管理是以数据为中心，精确进行事务处理的过程。

第一，学生事务信息化管理要面向社会，包括学生事务的公告、通知、新闻等诸多方面的信息，还有学生工作制度、师生信息交流平台、学生基本信息查询、学生综合测评查询、学生奖惩信息查询、毕业生就业管理平台（应包括毕业生、招聘信息、用人单位等信息的发布与查询）等。

第二，相关的领导以及工作人员要建立学生事务管理办公室及学校其他职能部门发布的内部信息管理系统，其具体的内容应该包括学生工作办公自动化系统（应满足公文收发、流转、签发、归档等办公需求）、学生奖惩处罚信息维护、毕业生就业信息维护、学生工作考核与评价体系信息维护等。

（五）经费管理

充裕的经费是开展学生事务管理的保障条件之一。国外高校已建立起面向市场的多样化的经费筹措机制。目前，我国高校学生事务管理的经费主要来自高校的拨款。

相对于学生的发展需要来讲，筹措更多的经费仍是学生事务管理部门必须重视的问题。为此，我国高校应借鉴国外高校多渠道筹资的方法，引入社会资金（如社会捐赠、校友赞助、企业资金等）增加资金总量；另外，对现有的经费分配使用进行科学化、规范化管理，避免随意性，力求达到合理有效的使用。

二、管理的具体内容

学生事务管理的具体内容主要包括以下几方面。

（一）招生管理

一个学校，在一切准备就绪（这里我们所说的准备就绪所指的是授课教师、管理人员、硬件设备等基础条件）的前提下，首先最需要做的就是招生，因为只有招收到学生，才能开始实施具体的管理工作，才有后续的一些内容。

（二）日常行为与奖惩管理

我们通过对各国高校的管理情况分析可以发现一个共同的特点，那就是每所高校都将学生的日常行为管理放在了学生管理事务的范畴中。不管是什么样的学校，每个班级中总是会出现一些调皮的学生，在上课的时候给老师捣乱，不认真听课，导致课堂秩序混乱等，对于这样的学生学校通常情况下首先会对其警告，如果再有类似的情况发生会找学生谈话，但是当所有的措施都起不到作用的时候，学校就会联系学生的家长，与家长做相应的沟通，情节过于严重的可能会勒令其退学，以免对班上的其他同学造成更大的影响。

学生违反了相应的纪律后在对其进行处理的过程中，学校要遵循校规办理，尽量进行思想教育。

（三）入学辅导

学生在刚刚进入校园之后，由于不适应全新的环境且一些学生还是外地的，比如，是南方的学生选择来北京的学校学习，首先不适应当地的气候，南方的学生会受不了北方的寒冷干燥的天气，北方的学生去南方的学校也是同样的道理，这就需要教师给予学生一定的关心与帮助。另外，与之前学校的学习环境不同，新的阶段开始学生会有些茫然，教师的任务就是帮助学生调整心态，使学生尽快适应现在的学习和生活环境。

（四）宿舍管理

宿舍是每个学生在学习了一天之后晚上休息的地方，在这个地方学生们无话不谈，有时候可能说到课上的一些趣事；也可能说到学习中没有听明白的知识点，请其他的同学帮忙讲解，以便第二天的课程能够顺利进行；也可能会谈论到某位教师，上课时的举动或者是让学生难以忘记的某些话语。我们需要明确的是，宿舍是特定的一个公共场所，在这个场所中我们不能只顾自己的感受，忽略其他人的存在，在别人准备休息的时候我们就要将自己的音量放低，为了不打扰其他人休息，这是尊重他人同时也是尊重自己。教师的职责就是要培养学生养成良好的学习习惯，促使学生在这个环境中不断成长，养成良好的集体生活方式。

在我国的高校管理中，宿舍管理的价值还未充分挖掘、这也许与我国高校重视班集体建设有关，但随着后期社会化和教学学分制的推行，这一状况今后会有显著改变。

（五）学生组织管理

当我们刚刚进入校园、融入这个大集体生活的时候，首先展现在我们眼前的就是学校的各种社团组织，有时候我们还会见到这些社团人员跑到学生宿舍去宣传，来寻找发展他们的新社员，以便将社团发展壮大。

对于这些社团组织的管理其实也是在学生管理的范畴中，为什么这么说呢，因为这些社团的构成都没有教师参与，都是学生自发组织的，他们这些人都有一个共同的特点，都对他们所进行的社团工作非常热爱，比如，篮球协会、英语协会、电脑协会等，他们都是由爱好相同的学生组织起来的，聚集在一起就是为了一起探讨如何才能在学校这个自由的空间内发展他们的共同爱好。学校所能做的就是尽最大的可能为这些社团组织提供相应的场地，有条件的情况下，可以请专业的教师对其进行指导，不让其盲目走弯路，在学校得到更好的发展。

（六）学生就业指导

学生在经过几年的学习之后就会离开学校，正如俗话所说"铁打的营盘流水的兵"，学校里的学生就像是部队的兵一样，每年都会招收来不同地区的"兵"，但是学校就相当于部队的营盘，一直存在那里等待新的学生到来。

学生临毕业之际，学校的管理人员所要做的就是对学生的就业前景、就业方向进行分析，那是当前最繁荣的行业，在经过几年之后可能发展成什么样，现在的冷门行业再过几年之后会不会发展得比现在的热门还要繁荣，这就要求教师对现在的市场行情有一定的了解、分析，帮助学生就业，根据学生所学专业对学生进行相应的指导。

（七）学生资助管理

高校中有相应的措施来保障少数家庭困难的学生完成学业不受经济条件的制约，在经济上给予一定的资助，由于这与学生密切相关，因此有关学生资助方面的内容被划分到学生管理事务中。

现在高校中所设立的对学生资助方面的一些措施，除了奖学金是学生的成绩决定的，还有与学生成绩没有直接联系的，学生可以根据自己的实际情况来申请。当然，除了上述我们所说的之外，对于学生事务的管理来说，其内容还有很多，并且随着社会的发展，一些大学为了适应学生的需要，不断增加新的学生事务项目。

三、教学事务管理的特点

高等学校学生事务管理的特点主要表现在以下两个方面。

（一）科学性与艺术性

对学生的相关事务进行管理作为管理人员要懂得一定的科学性，要懂得把握学生的特点，在具体的组织活动过程中，制订科学的管理制度和工作计划，对学生实施正确、有效的教育、管理和服务，促进学生全面发展。

学生事务管理的客体既是具体事务也包括学生，但最终要通过学生的发展体现管理的价值。大学生作为学生事务管理活动中最活跃、最重要的因素，宏观的科学管理不能解决全部问题，尤其在面对学生个性的差异、管理结果不可预知或难以量化时，必须结合管理的艺术性。学生事务管理的艺术性是指将人的情感、友谊、自尊等非理性需要纳入学生事务管理思维中，并具有应对非常规、突发事件时随机应变的处理能力和面对不同特质学生能够灵活发挥的管理艺术。

科学性是学生事务管理必不可少的基础。它注重客观数据、分析结论、程序化、规范、理性体验、同一性。科学性强调在学生事务管理过程中行为的严谨性、系统性和完整性，如同人的骨架和躯干能够给人带来平衡和稳定的作用。艺术性是一种思维的升华，如同流动的思想、神韵和血液能够给人带来活跃与发展，是一种个性化的管理。因此，在学生事务管理实践中，应注重科学性与艺术性并重。

（二）普遍性与特殊性

我们知道不管任何事务，其本身是一个统一的矛盾体，就像是一个个体的人一样，在人身上既存在其他人的一些共性，同时还存在自身的个性特征，因此学生管理既有普遍性特征同时还存在一些特殊性。

1. 服务意识

学生在入学之后首先就是熟悉学校的环境，这里我们所说的环境的因素有很多，主要包括两个方面，一个是自然环境，另一个是人为环境。自然环境就是学校的分布状况，学生每天都要去上课，教室的位置学生首先要明确。

人为环境就是指学生与老师及其他同学之间的熟悉程度，教师需要做的就是帮助学生熟悉身边的环境，帮助他们在学习生活中进行选择。要时刻有一种服务于学生的精神，这样学生才能在一个良好的环境中快速成长。

2. 多样的工作职责

通过对学生事务管理工作的进一步了解我们发现，高校的管理工作职责基本上包括这方面的内容，分别是教育、管理、服务。

首先我们来看教育方面所包含的内容，主要是针对学生日常的一些情况的把握，当然其中也包括对学生日常行为的一些约束；其次是管理方面，这主要是对学生管理的有关政策、制度的执行及执行程序的公正、公开；最后是服务方面，这主要体现在对学生的主动干预和帮助有困难的学生。

3. 学生的主体地位

学校的教育中教师居于主导地位，教育的主体是学生，学生是教师一切工作的中心，学生在学校的发展是学校管理人员的基本出发点。

从另一方面来说，各国的教育发展都有其自身的特殊性，加之国情的需要、历史文化背景的不同以及各国之间社会环境的差异所导致的在管理方面的理念有所不同，这就是我们所说的特殊性。抛开这一点不说，即便是在同一个国家的不同地区，由于地区的发展状况不同，在学生管理方面也会有着明显的差异，我们对学生管理的差异做了相应的总结，其特殊性主要表现在以下几个方面。

（1）强调中国共产党对高校学生工作的领导

在我国实施党政合一的两级管理模式，党委是高校学生工作的领导核心。

（2）采用主动干预式的学生事务管理方式

西方国家的学生事务管理主要是"窗口服务式"，在学生需要的前提下，为找上门来的学生提供服务，学院很少有学生事务管理专职人员。我国高校在院系基层设有学生工作副书记和专职辅导员，他们在日常生活中直接与学生建立密切关系，主动介入学生学习与生活，开展各项教育管理工作。

（3）重视班集体的建设和管理

班级是我国高校最基本的学生组织，从入学到毕业，每一位学生都有与自己发展紧密联系的班集体。这与西方高校学生以社团或宿舍为基本组织有显著的区别。班级组织是学校教育、管理和服务的基本组织细胞，也是学生事务管理的主要载体之一，一般设有班委会和团支部两个组织。我国高校对所有的大学生提供住宿，这是不同于西方高校学生事务管理的一个特点。在高等教育大众化进程和发展学生个性的教育中，学生社团组织也日益显示重要作用，但班级组织仍是学生事务主要组织。

（三）教育与管理双重属性

在从事指导性和管理性的学生事务中，学生事务管理实际上是帮助学生探索和澄清价值理念，正确处理好个人与集体的关系，约束自己的行为，明确职业发展目标。即使是处罚违纪的学生，也应以教育学生为出发点。而大量服务性事务管理也是根据学生需求和不同的成长阶段要求，为学生提供专业的服务及设施，以帮助学生成长。

正是基于这一特点，高校学生事务管理者并不是一个简单的身份，他们在学校中所扮演的不仅仅是一位领导者，同时还是一位管理者，更是一位教育者。从这一点上来说就要求学生事务管理者按照大学的人才培养目标，不懈地从事促进学生发展的事业。

第三节　我国高校学生事务管理的产生与发展

一、我国高校学生事务管理产生的背景

十一届三中全会以后，我国的文化事业得以重建，在我国特殊国情的基础上建立了一套符合中国社会国情的发展道路。

我国改革开放的初期，国外各种先进的技术以及先进的思想进入我国，丰富了学生的思想，也正是由于这个原因，学生的思想政治教育才显得更为重要。

（一）管理机构

这一时期学生事务的管理机构没有独立，而是建立在学生人事处的基础上，进行对学生的管理工作，这有其一定的局限性，不利于对学生的细节管理。

（二）统招统分政策

这段时期的学生工作内容较为单一，主要是党团教育活动、班集体活动、文体活动。

（三）辅导员制度

在当时的那个年代，对于辅导员没有特殊的要求，有的是在当年的毕业生中选拔出优秀的担任辅导员，有的是从其他的岗位上调派过来的。

二、我国高校学生事务管理的产生

20 世纪 90 年代末，中央颁布了《关于教育体制改革的决定》（简称《决定》）总结了中国教育发展正反两方面的经验，指出了中国教育体制改革的战略目标。确定了教育体制改革的根本目的和指导方针。《决定》要求改革高等学校的招生计划和毕业生分配制度，扩大高等学校办学自主权。即改变高等学校以往全部按国家计划统一招生、国家统一分配毕业生的办法，而是实行在国家计划指导下，由本人选报志愿、学校推荐、用人单位择优录用的制度。此后，按照《决定》指明的方向，各高校循序渐进地开始进行毕业生分配制度的改革。

（一）管理范围

对于工作内容的范围来说，与之前相比丰富了很多，最初我们只是停留在学生管理的表面阶段，之后学生工作的内容已经涉及毕业后的工作，这对于学生管理来说是全新的内容。以前的办公室也改为"就业指导办公室"，这样做的目的是加强学生走入社会后适应环境的能力培养，为其在毕业后的工作表现奠定基础。

除了上述我们所说的之外，国家相关部门还出台了相关的政策，其内容主要是对就业指导工作人员职责的具体划分。

（二）工作地位

初期学生工作都是与学校的基础管理工作在一起进行的，之后学生管理工作开始独立开展，其工作的程序也逐渐趋于系统化。

（三）对管理人员的培训

学校定期开始对管理学生的管理者进行系统培训，培训主要包括知识与技能两个方面，其目的主要是通过系统的培训，使管理者更加善于对学生的管理。

（四）对学生团体的管理

学校内由学生组成的社会团体，除了有学生直接参与的学生会之外，很少有独立存在的社会团体。之后，由于政策的改变，社会团体的数量也在大量增加，学生自我管理的能力逐渐加强。

三、我国高校学生事务管理的发展

21 世纪初，我国开始连续扩大招生规模，高等教育发展进入了一个新的阶段。

我国高等教育全面实施市场化的大学生就业制度、高等教育成本分摊与后勤社会化制度，大力加快了高等教育大众化步伐，同时大学生就业压力日益增加，信息化和全球化等对高校人才培养产生了全面影响，这都使得高校人才培养模式和管理模式发生了深刻变化。

由于经济、学习、生活、就业压力的增大，出现心理障碍的学生也日益增多。2001 年教育部颁发《关于加强普通高等学校大学生心理健康教育工作的意见》指出：高校培育的学生不仅要有良好的思想道德素质、文化素质、专业素质和身体素质，而且还要有良好的心理素质。2002 年又下发了《普通高等学校大学生心理健康教育工作实施纲要》强调在开展大学生心理健康教育工作中要重视开展大学生心理辅导和咨询工作，并对高校心理咨询工作提出了更高的要求。

同时，随着不断扩招，大学毕业生人数逐年增加，就业压力不断增大。为此，教育部、公安部、人事部、劳动保障部四部门紧急出台了《关于进一步深化普通高等学校毕业生就业制度改革有关问题的意见》；同年 9 月，四部门再次下发《关于切实做好普通高等学校毕业生就业工作的通知》。两份文件同时强调了做好高校毕业生就业工作的重要性，并提出要在中央、地方和高校三个层面形成招生、培养、国家经费投入与就业相互联系、相互制约、相互促进的管理运行机制。这两份文件的出台，使得各高校的就业工作达到了前所未有的重视程度。几乎所有高校都成立了"就业指导办公室"或"就业指导中心"，归入学生工作管理处。其主要职责包括为在校生开设就业指导课，帮助学生确立择业目标；收集和发布就业信息；传授就业技巧，提供与就业相关的咨询和培训，与用人单位联合召开就业宣讲会和毕业生招聘等。

学生事务管理专职人员的素质不断提高，学生事务管理制度得到完善：各高校通过选留硕士毕业生担任专职辅导员、鼓励原有低学历的学生事务管理者攻读研究生课程班或学位班等方式，大大改善了专职学生事务管理者的学历结构，提高了他们的理论水平。

学生事务管理有了较为鲜明的理论基础。在马克思主义关于人的发展学说和我国教育方针的指导下，广泛吸纳思想政治教育学、高等教育学、高等教育管理学和心理学等学科的研究成果及西方有关大学生发展的理论，逐步丰富了学生事务管理的理论基础。在实际工作中，开始重视对学生个性、学生思想的研究，注意考虑学生的心理需求和尊重学生个人的正当利益，在重视对学生规范和控制的同时，开始形成为学生成才服务的管理观念。

对外的学生事务管理交流、培训和研讨开始增多，各种研讨会、到国外高校访问学习、国际学术会议等为学生事务管理新理念、新发展的传播提供了良好的交流平台。

四、我国高校学生事务管理的高质量发展

随着我国高等教育迈入大众化阶段，其发展方式逐渐从规模和数量扩张转向质量的提高。

党中央、国务院明确指出要把高等教育发展的重点放在提高质量上，适当控制招生增长幅度，相对稳定招生规模，着力培养学生的社会责任感、实践能力和创新精神。教育部、财政部联合下发文件，决定实施"高等学校教学质量与教学改革工程"。同时，教育部下发了《关于进一步深化本科教学改革全面提高教学质量的若干意见》，号召全面提高高等教育质量，努力办好让人民满意的高等教育。可以说，提高质量已成为中国高等教育的时代主旋律。

作为高等教育的有机组成部分，高校学生事务管理高质量发展也成为高等教育的重要目标之一。而要提高高校学生事务管理的质量，高校学生事务管理就必须实现专业化的发展。同时，在社会主义市场经济条件下，用人单位对毕业生提出了更高素质的要求；全球化、信息化背景下的开放办学对如何教育、引导和服务大学生也提出了新挑战。社会经济和文化水平的发展变化及高等教育自身所进行的种种变革，使高校所处的生态环境处处隐含着众多可变性和未知因素，其工作本身便具有不可预测性的学生事务，在上述背景下已显露出明显的不足，无论是管理意识、工作机制，还是队伍建设和资源配置，都朝着专业化的方向发展。

我国高校学生事务管理正日益走向专业化，并呈现出如下几个特点：

①学生事务管理的机构更为完善，管理与服务内容也进一步拓展。学生课外活动内容也日益多元化。

②确立了学生事务管理"以人为本"的理念和较为系统的理论基础。学生事务管理的使命将更为明确清晰。

③推动学生事务管理学科建设。部分高校逐步开始在高等教育学专业下设立学生事务管理研究方向，并招收研究生；组织成立相应的学生会组织，并经常举办与学生事务管理相关的研讨会。

总之，经过40多年的发展，我国高校学生工作逐渐从单纯强调思想政治教育转变为教育、管理和服务并重，学生工作体系也由单一的思想政治教育演变为与学生事务管理两个系统构成。在这一过程中，学生事务管理专业化水平有了很大提高。

第二章 高校学生事务管理的理论基础

第一节 高校学生事务管理基本理论

一、高校学生管理事务的目标

在我国，学生事务管理的基本目标是：通过非学术性事务和课外活动的组织指导和管理，对学生进行关怀与教育，以规范、指导和服务于学生，丰富学生校园生活，促进学生成长成才。

二、高校学生管理事务的任务

高校学生事务管理受诸多因素的影响，如学校的传统、历史、文化、办学目的、地理位置、师生构成等。尽管如此，对于我国大多数高校来说，学生事务管理的任务是基本相同或相似的，一般分为针对学生个人、学校、社会的三类任务。

（一）学生个体

对于学生个体来说，高校学生事务管理的任务主要包括以下几个方面的内容。

对于学生个体来说，高校学生事务管理的任务首先要帮助学生学会选择，并且在正确选择事物之后对其进行相应的判断。

对于学生个体来说，高校学生事务管理的任务是在学生学习的过程中帮助学生，教师要善于发现这些问题，帮助学生解决燃眉之急；当遇到有学生因为家庭贫困的时候，可以向学生推荐申请奖、助学金以帮助学生顺利完成学业。

对于学生个体来说，高校学生事务管理的任务是帮助学生在其求学的路程中确立人生奋斗的目标，促使学生在学校努力完成学业，获得进一步发展的机会。

对于学生个体来说，高校学生事务管理的任务是帮助学生成功地适应大学生活，鼓励学生健康的生活方式。

对于学生个体来说，高校学生事务管理的任务是帮助学生在生活与学习中处理好人与人之间的关系，学会在遇到困难的时候如何冷静下来解决问题，而不是抱怨为什么问题会出现在我身上。

对于学生个体来说，高校学生事务管理的任务是为学生的全面发展以及素质的提高提供各种平台和机会。

（二）学校

对于学校这个机构来说，高校学生事务管理的任务主要包括以下几个方面。

对学生的受教育情况和社会实践进行评价，以改善学校的工作。学生事务管理部门应当经常向其他主管部门反映学生的学习、生活和课外活动等来提高管理水平，更好地培养人才。

对于学校这个机构来说，高校学生事务管理的任务是通过执行和完善学生行为准则来体现学校的价值观念。要求学生做什么和不能做什么，反映了学校的价值观念。学生事务管理部门在执行和修订学生守则时，也要把学校的办学指导思想和价值观念具体化。

对于学校这个机构来说，高校学生事务管理的首先任务是对学校的一些相关的事务进行管理，当然在这个过程中，学校会根据相关的政策做出决定，学校需要对这些已经形成条文的决定承担相应的责任：

对于学校这个机构来说，高校学生事务管理的任务要通过相应的措施加强对学生的管理，同时还要加强对学校财力资源的管理。

对于学校这个机构来说，高校学生事务管理的任务应及时解决任何可能发生的突发事件，为学校排忧解难。

对于学校这个机构来说，高校学生事务管理的任务既要做到对学校办学目的的维护，同时还要向外界不了解学校的人介绍学校的办学理念及相关政策。

对于学校这个机构来说，高校学生事务管理的任务是鼓励教师和学生之间加强联系，帮助教学人员处理好师生关系。

对于学校这个机构来说，高校学生事务管理的任务是需要制定有助于校园安全和稳定的政策和方案，维护学校的稳定。

积极从事学术和专业活动。这里的学术和专业活动主要是指关于学生工作的，目的是要让学生管理工作人员能够在自己的工作领域成为专家。

鼓励和协助学生参与学校管理。在校园里，凡是涉及学生切身利益的方针政策，都应当有学生的参与讨论。在学校制定或修改方针、政策时，提供有关学生情况的信息。

（三）社会

对于整个社会，高校学生事务管理的任务主要包括以下几个方面的内容。

1. 树立法治观念

我们的社会是法治社会，我们每个人都必须树立法治观念，保证社会秩序的正常运行。

我们知道《宪法》是我国的根本大法，因此学校有必要让学生学习国家法律，增强学生的法治观念，培养学生较强的道德判断和选择能力。

2. 理解党的基本路线

帮助学生正确理解和坚持党的基本路线，坚持以经济建设为中心，坚持改革开放。学会识别和抵制各种背离党的基本路线的错误倾向，拥护中国共产党的领导，走中国特色社会主义道路。

三、高校学生事务管理相关概念

（一）校园环境理论

1. 结构组织模式

绝大多数人都生活在有明确目的性的环境里，"如何组织""如何实现目标"和"谁来负责"等问题，决定了环境影响的有效性，在实现目标的过程中必然要做出一系列的决定，这就必然涉及如何使用各种资源、应该遵循什么规则、如何营造氛围吸引每个人的注意力等问题。

结构组织模式理论认为，组织环境的动态或静态特征会影响参与者的士气。而高校这样一种教育环境，同样也会影响学生的行为与情感，高校管理中所呈现出来的这种具有动态性质的组织模式作为一个动态的教育机构，大学里众多的部门和单位都要不断提高自身适应环境变化的能力，以满足学生个人发展需求。

2. 物理模式

物理模式理论认为，所有环境都具有自然的和人造的物理特征，影响着其中人们的行为，物理特征主要包括建筑设计、空间、距离等因素，这些因素通过光线、温度、空气质量、设施、人口密度等条件，对人们的注意力和满意度造成了巨大影响。物理环境不能直接导致特定的行为或态度，必须与其他因素共同考虑。

物理特征在某种程度上影响了校园环境对学生的吸引力和学生对校园环境的满意度。现代大学越来越注重人群密度、学生的私密空间及空间的舒适度，不仅要考虑学生的容纳力，还要考虑到不同学生对于空间的不同感受。教师和学生事务管理者在与学生互动的时候，对空间条件的重要性要有足够的认识。例如，学生社团办公室的大小、学生的宿舍容量、心理辅导办公室的布置和陈设等。

3. 人与环境互动

人与环境互动理论主要是解释包括物理和人文环境在内的特定情境，以及特定情境对学生发展的影响，高质量的大学教育来源于个人和环境的互动，无论是学校的独特校园文化，还是校友的成功传奇故事，以及大学组织宣传的信仰与价值观，都直接影响了学生的人生观、价值观及行为方式。

从另一方面来看，学生应对环境的能力是大学的培养目标之一，学生学会创造、选择和超越环境是大学的培养成果。为了促进学生个体的成长，必须尽可能保持人与环境之间的连续性，教师、学生事务专业人员和其他学校机构应该联合起来，为创造、保持、加强正能量的校园环境而努力工作。

（二）学生发展理论

学生发展理论借鉴了学习理论、组织行为学、人口统计学、教育哲学、管理学、组织发展等各方面的理论，高校把学生发展理论作为设计辅助课程的指导纲领，能够使学生学习过程更有方向性和目的性。

1. 人格类型

正如我们所看到的，我们生活范围内的每一个个体都有着明显的差别，首先是人的外貌，这是区别人的重要条件，"不见其人，先闻其声"，从这句话我们就能够看出来，通过声音的不同来判断一个人，因此，我们除了对外貌的观察之外，听辨声音也可以分辨出不同的人。从本质上来说，我们对类型不做优劣的评价，任何事物的任何一种类型都有一定的积极意义。

类型理论认为人类行为的变化不是随机的，而是由人类认知功能的先天差异决定的。这种差异体现在生活的很多方面，比如人们如何接收和加工信息、如何学习以及如何激发他们对不同活动的兴趣等。类型理论增强了我们对大学生学习的理解，学生之间都是存在一定的差异性的，通过我们对这些差异性的对比与联系，能够很好地帮助学生发展其他方面，同时也便于管理人员对他们的理解。这种类型的理论在对学生进行分组、调解矛盾、帮助学生在活动中彼此了解等大有裨益，对学生发展咨询顾问、大学互助会和校友会的组织者具有重要的意义。而霍兰创立的职业选择理论，着眼于研究与了解学生个性和环境的关系，也经常用于帮助学生进行职业规划。

2. 认知结构

认知结构主要关注点不是人们思考什么，而是如何思考。强调遗传和环境在智力发展中的重要性，并提出了智力发展的若干途径。认为人的"认知结构"总是按照一定的序列发展。对学生事务中的学术咨询具有一定的影响。

从近几年的发展情况来看，认知结构理论主要研究智力和道德发展，并开始关注认知发展中的性别差异问题，而对人格和社会能力少有涉及。在学生发展问题上，传统的理念是以社会为主体，以社会化为目标来塑造学生。现代的理论则突显教师和学生两个主体，强调学生是发展的主体地位。因此，应把智力发展、价值塑造、人格养成等视为学生发展的基础问题。

3. 心理发展

心理发展理论是把"学生个体的发展"作为分析和思考学生需求和反应的出发点，对学生事务管理专业人员有着重要的参考价值。心理发展理论认为，学生生理发展和智力发展的不同阶段可能会遭遇到挫折和障碍，经过系统训练的学生事务专业人员可以应用心理发展理论指导具体的教育实践。

4. 学生人事、学生服务与学生发展

这里我们所说的"学生人事""学生服务"与"学生发展"这三个概念其实都是在"学生事务"这一概念的演变与发展过程中出现的,只不过在具体的定义上有所差别。

在20世纪初期,美国的一位校长对学生人事这个概念做了相关的解释,他致力于研究学生的心理,是当时很著名的心理学家,他将此定义与学生的需要为主要出发点,主张管理人员的任务就是要充分为学生服务,而学生的任务就是要通过一定的训练,掌握生活技能。

发展到20世纪中叶时,此时的情况与之前已经发生了明显的变化,这一时期随着学生多样化需求的增加,逐渐出现了另一较为新颖的概念——"学生服务",这与学生人事有着一定的区别,他们所强调的范围更为广阔,不仅包括在学校中学习的技能与管理能力,还包括在毕业以后的工作中非常实用的技能。随着时间的推移,在学生服务的基础上又逐渐衍生出了另一明确的概念——学生发展,他们主张学生的发展是学校发展的唯一途径,只有学生发展好,才有学校的发展,因此学校要尽量为学生排除在学习生活中所遇到的困难帮助学生更好地学习,并按照学校的教学计划进行学习,注重校园环境对学生学习的影响。

从整体上来看,学生发展理论具有综合性,是人类发展规律在学校环境中的应用,注重整合校园里的各种资源实现目标,营造有利于发展的环境。校园中,很多人把学生发展仅仅看作学生事务专业人员的工作,但学生发展理论强调学生发展涉及学校中的各个部门,各部门间应加强互动、平等协商以及全方位合作。

第二节　高校学生事务管理组织模式

一、外部事务型

外部事务型管理模式的高等学校尽管不完全排斥学生非学术性的课外活动及其管理,但是却将这部分工作减少到了最低限度,除了部分私立学校从吸引生源的角度开展一些就业指导活动外,绝大部分学校的学生事务管理仅仅包括学生的招生和学籍管理。

由于外部事务型模式的学生事务管理机构不从属于相应的高等学校,因而其提供的服务内容主要包括后勤服务和社会福利服务两个部分,他们的后勤服务主要包括餐饮和住宿,社会福利服务具体包括以下几方面:奖学金发放,提供包括学业、生活、心理等方面的各种咨询,收集和公布各种短期打工的信息,提供社会保险。

需要注意的是,实施外部事务型组织模式时同样也需要具备内部事务型学生事务管理组织模式的一些功能,例如,心理辅导、就业指导等。

二、内部事务型

内部事务型管理模式的学校，普遍将学生事务视为高等教育过程中的重要组成部分，学校承担全部或大部分学生非学术活动或课外活动的管理职能，通常，这些学校都设有功能齐全的学生事务管理部门。在美国，这些部门往往直接由学生事务副校长领导；而在其他一些国家和地区则主要由学生事务长负责。

三、内外事务综合型

上述两种类型的组织模式各有不足，两者各有各的优势，但是从某种程度上说都限制了发展的一面。因此另一种较为中和的组织模式应运而生——综合型组织模式，这种类型的模式既综合了第一种类型的优点同时也吸取了第二种模式的长处，可以说是一种更为合理的组织模式。

第三节　现代高校学生事务管理的未来

一、现实面临的情形

（一）新的教育理念

新时代学生特点和新形势的变化对高校教育工作者提出了新的要求，需要积极探索，寻找新思路、新方法，帮助学生树立正确的世界观、人生观和价值观，使他们更加深刻地认识自己肩负的责任和历史使命。高校学生事务管理工作者应对新形势要进一步转变理念。

1. 培养专业人才

各行各业中都有尖端的人才，同样在学生事务管理中也需要一些专业能力很强的人对学生进行管理、解决问题。

到目前为止，我国高校尚无独立设立学生事务专业，而是融合在思想政治教育、教育学等学科之中。目前已经开设的思想政治教育专业，在培养目标和内容上与学生事务专业不太一致，因此它不能替代学生事务专业。

2. 主动研究

自从第三次科技革命开始之后，我国的科技发展突飞猛进，首都北京也从原来的政治、经济、文化中心发展为政治、经济、文化、科技中心，从这一点上我们能够清晰地看出，科技在我国发展中的重要地位。

由于科技因素的影响，这一时期高校学生无论是能力方面还是综合素质方面都有了很大的提升，这一方面是学生的知识储备量的增加，另一方面主要是社会压力促使他们努力学习，去发展自身以提高其在社会中的就业机会。

由于学生在学校中的时间有限，如果学校不能充分培养他们自身的能力就可能会导致学生不能适应今后的工作环境，通过我们对学校学生的相关调查发现，当我们组织学生参与到学生管理的相关事务时，学生的积极性非常高，在这个过程中，不仅锻炼了学生的领导才能，还使学生在与人沟通能力方面有了很大提升，有助于学生的发展。

（二）新时期大学生的特点

不同时代的学生所处的社会背景不同，因此，他们所反映的时代特点也不相同，新时期的学生具有鲜明的时代特征，我们通过对这些学生进行分析得出他们的特点。

1. 实践能力差

科学技术发展至今，可以说是给我们的生活带来了翻天覆地的变化，从最开始只能看到呼叫人的消息，到大哥大，到多功能电话，还有在我们生活的其他方面更是数不胜数，所以我们说科技的发展给我们的生活带来的便利是不可忽视的。

从教育的方式上来说，在科技的力量运用到教学之前，我们只能靠教师在黑板上写字，学生照着黑板上的字写在自己的本上来传递知识，书本上的内容老师不可能一个一个地去讲解，只能将知识点列在黑板上，让同学们学习，有时遇到同一个问题讲不清楚的时候，老师只能在黑板上写了又擦，既耗费体力又耗费时间。当科技运用到教学中以后，上课的方式发生了改变，教师在课堂中只要将多媒体设备打开，将自己的资料放进电脑中便可对同学们进行讲解，还有一些较为特殊的课程或者是由于某些原因老师不能亲自去学校上课的时候，还可以在家中接受远程授课。

很多学生对富含科技的事物特别感兴趣，并且他们会尝试用各种方法来获取这些事物的相关信息，虽然是这样，但是他们对于一些具体实践的活动却表现出力不从心，他们的动手能力明显不如 20 世纪 70 年代的学生。

2. 心理承受能力差

当前社会每天都会发生很大的变化，在这些变化中有一些是我们能够左右的，还有很大一部分变化不在我们预想的范围内，在这强大的竞争压力下，学生要具备强大的抗打击能力，这样才能在激烈的竞争下脱颖而出。

3. 个体差异性明显

近几年的调查表明，高校大学生发展的总体特征是积极、健康、向上的。他们拥护中国共产党的正确领导，热爱社会主义祖国，具有较强的社会责任感和强烈的民族自信心和自豪感。他们思想活跃，善于思考，接受新生事物快，关注国家大事，崇尚良好的社会公德，渴望良好的人际关系，呼唤诚实守信和感恩，注重个人职业理想等。

与此同时，随着改革开放以来社会体制的转型和价值观念的多元发展，尤其是"90后"的大学生的家庭背景、个性心理、理想追求等方面的差异越来越大，思想的多样性、差异性明显增强。大部分学生关心时事政治、关注国计民生，对祖国和人民怀有深厚的感情，也有一部分大学生重业务、轻政治，国家、民族观念淡薄，理想信念缺失；大部分学生能正确处理个人利益与集体利益、国家利益的关系，积极参与志愿服务等公益活动，也有一部分大学生却只讲个人利益，公德意识和社会责任感淡薄；大部分学生能自觉遵守道德和法律规范，能展现出新时期大学生的良好风貌，也有一些大学生唯利是图、不讲诚信、不择手段，极个别甚至参与违法活动。

二、事务管理的变革

新形势下，针对这些变化和新要求，必须改变原有的工作模式，在学生事务工作上不断变革与创新，突破传统学生工作以思想政治教育为主体的观念，构建以综合型、服务型为特征的学生事务管理模式，进一步提升规范化、法治化、专业化的工作意识，积极培养一支适应学生事务管理工作模式的学生工作队伍。

（一）理念变革

1. 增强学生主人翁意识

教育的基本职能是唤起受教育者的主体意识，提高受教育者的认识水平，激发受教育者对基本价值的追求，发挥受教育者的积极性、自主性和创造性。人的发展，从根本上讲，就是人的主体性的发展。长期以来，我国高校学生事务倾向于把学生作为规范和约束的对象，强调的是学生个体对集体的服从，学生的主体地位很难得到保证。

尽管高校学生社团在活跃校园文化活动、培养学生交往能力等方面发挥了一定作用，但很少有社团对学校管理产生真正的影响。为此，我国高校学生事务要充分赋予校学生会及其他学生社团组织参与学校管理的权利，充分发挥其在学生自我教育、自我管理、自我服务中的作用。赋予全体学生在管理中的发言权、建议权和知情权，有关学生管理制度的讨论应有学生代表参加。

2. 增强沟通

我国高校学生事务实行的是党委领导、行政为主的领导体制。采取学校和院系两级管理、条块结合的运行机制。这种体制和机制曾发挥过积极的作用，但随着高等教育的大众化，和学生事务专业化需求的不断发展，学生事务、学术事务的矛盾日益突出。学生事务服务于"育人"这个中心，与学术工作合为整体，都以促进学生全面发展为目标。因此，学生事务和学术事务本质是相通的。结合我国高校的实际，探索学术导向与行政领导相结合的管理模式势在必行。大力发展辅导员制度，特别要加大专业教师兼任辅导员的力度，增强学术事务与学生事务的沟通。除此之外，建立学生事务工作者与专业教师在学术指导上的合作机制，学生事务工作者要学会与专业教师合作，帮助学生解决学术问题。

3. 强化服务意识

我国高校学生事务多体现社会本位、行政本位和学校本位。常常注重社会发展的需要，注重学校的现实需要，忽视学生个体的需要。确立"以学生为本"的理念，其本质就是强调以学生为中心，尊重学生、关爱学生、相信学生和依靠学生，使学生事务的教育、管理和服务各项职能相互协调、相互补充，共同促进学生全面发展。因此，我国高校学生事务应该将"以学生为本"，即"一切为了学生"的理念落实到服务学生的机构设置和工作职能之中。例如，建立直接面向全体学生服务的"一站式"办事大厅（大楼），开展招生咨询、学籍查询、学业辅导、就业指导服务、心理辅导咨询、经济资助等"一站式"服务。此外，可根据各学校的实际在学生宿舍区设立服务中心，直接满足学生生活上的各种需求，将日常教育、咨询辅导等职能延伸到学生宿舍区，在服务中实现管理，在管理中体现服务。

（二）实践变革

1. 构建机构管理模式

改善决策体制和运行机制都是在学生事务组织机构原有模式上的改进，现代组织的发展趋势基本上是从金字塔模式向扁平化模式演进，组织的中间管理层被逐步弱化，通过拓展管理幅度、减少管理层次来提高管理效率。随着教育理念的普及和被广泛接受，高校教学管理制度和培养模式变革已被提上议事日程。一些学者提出了一种新的机构设置模式——扁平型分工模式。

2. 完善工作准则

对于任何机构、企事业单位来说，在工作中都必须遵守一定的工作准则，有一句俗语"无规矩不成方圆"，如果在一个大的环境中没有一些固定的准则来约束人们，那么这个环境将会乱成一团，并且没有工作效率。

与此同时我们还要对参与学生管理的相关人员进行管理，只有当这支队伍中有一个统一的管理系统之后，我们才能在这个权责范围内行使管理人员的职权，加强对管理人员的管理，同时也是对学生负责。这样，我们才能将责任下放到人，当工作中某些环节出现问题之后，更具有针对性，从而更快地解决问题。

第三章 高校学生管理工作流程

第一节 健康服务与安全管理

一、安全教育

我们知道，安全对于任何地方，不管是学校、各种机构或者工作场所都是非常重要的，而学校是人员密集的场所，所以对于学生的安全教育是绝对不能少的。

二、意外伤害类事件处理

在我们日常的生活中谁也不能保证每时每刻都是安全的，在我们乘坐交通工具出行或者是在工作场所时都可能出现一些意外事故。学校有时会发生一些意外伤害类的事件，发生以后我们就要对其进行处理解决。

对于工作流程中记录表的记录要点我们要对其进行详细的记录，其内容主要包括宣传主题与宣传效果两个方面。

第二节 纪律教育与行为规范

一、学生的权益保障

学生权益的保障主要表现在两个方面，一是学生在学习生活中诉求的处理，二是学生违纪处理的申诉。

在学生的日常管理中，有时我们会遇到学生生活中的诉求，对于这些情况的处理我们要遵循一定的流程。

对于工作流程中的记录要点我们要认真仔细，其内容主要包括学生诉求类别与学生联系方式。

除了上述我们所说的之外，我们还需要准备学生申诉与处理结果。

二、学生的退学处理

通常情况下，学生退学需要遵循一定的流程，但是在实际工作中，会遇到不同的原因而退学的学生，在处理过程中要区别对待。

对于工作流程中记录表的记录要点要详细地记录，其内容主要包括学生及家长联系方式与学院处理建议。

除了上述我们所说的之外，我们还需要准备学生退学申请材料与退学通知文件。

（一）生病退学处理

对于因生病而退学的学生来说，在办理退学的过程中要遵循一定的流程。

（二）学时学分退学处理

对于因学时学分原因而退学的学生来说，在办理退学的过程中要遵循一定的流程。

第三节　民族学生服务与管理

一、日常事务服务

在整个日常服务流程中，如表 3-1 中所示的事项需要我们在处理的过程中注意。

表3-1　处理注意事项

承办人员	学生工作处大学生管理中心
相关单位	后勤处、各学院（课部）
实施对象	全日制普通本科民族学生
实施期程	全年实施，一个月内办结
相关法规	《国务院关于深化改革加快发展民族教育的决定》《关于加强少数民族学生工作的实施办法》
注意事项	要认真掌握了解民族学生需求，要掌握科学的工作方法，耐心解释说明
办理方式	深入民族学生群体，了解民族学生切实需求，及时回应民族学生的问题，联合相关部门协调处理合理需求，及时将处理结果向民族学生反馈说明

二、学生活动管理

在整个活动管理流程中，如表 3-2 中所示的事项需要我们注意。

表3-2　处理注意事项

承办人员	学生工作处大学生管理中心
相关单位	保卫处
实施对象	全日制普通本科生
实施期程	全年实施，一周内办结
相关法规	《国务院关于深化改革加快发展民族教育的决定》《关于加强少数民族学生工作的实施办法》
注意事项	要密切关注日常的安全稳定，防止意外事件的发生，开展活动要注意厉行节约，不铺张不浪费
办理方式	学工处管理中心负责民族学生活动方案的审批，及活动监督，保卫处负责对活动方案进行安全审核，活动过程中保障民族学生的活动正常开展，对紧急情况进行处理，总结活动成果，加强活动宣传

　　对于工作流程中的要点我们要对其详细地记录，其内容主要包括活动主题、活动时间与活动开展的场所三个方面。

　　另外，除了上述我们所说的之外，我们还需要准备民族学生活动申请材料、活动考评材料与活动宣传报道。

第四节　学生住宿服务与学园管理

一、学园基础文明建设

（一）日常文明检查

在整个日常检查流程中，如表3-3中所示的事项需要我们注意。

表3-3　处理注意事项

承办人员	学生工作处大学生管理中心
相关单位	各学院（课部）、后勤保障处、保卫处
实施对象	全日制普通本科生
实施期程	全年实施，每两周开展一次
相关法规	《本科生住宿管理办法（修订）》《学生宿舍文明联检卫生评定细则》
注意事项	要耐心做好与学生的沟通解释工作，积极与各部门相互配合，发现隐患及时处理，检查要做到公平公正

办理方式	学生管理中心组织人员到宿舍走访检查，发现问题及时向相关学院、部门反馈处理，学院针对检查发现的问题，加强对学生教育和管理，配合学工处、保卫处查处学生违纪行为，定期安排老师到宿舍走访查看整改情况，保卫处负责维护学园住宿秩序、调节学生纠纷，排除安全隐患，后勤保障处负责处理检查发现的物业管理及维护问题

对于工作流程中的要点我们要对其详细地记录，其内容主要包括检查人员的安排与问题的处理结果两个方面。另外，除了上述我们所说的之外，我们还需要准备学生宿舍文明简报与日常走访的记录。

（二）假期宿舍综合检查

在整个假期检查流程中，如表3-4 中所示的事项需要我们注意。

表3-4　处理注意事项

承办人员	学生工作处大学生管理中心
相关单位	校长办公室、各学院（课部）、校团委、保卫处、后勤保障处
实施对象	全日制普通本科生
实施期程	五一、国庆、元旦等重大节假日前一周
相关法规	《本科生住宿管理办法（修订）》
注意事项	参加人员要认真负责，发现问题及时登记汇报，佩戴工作证文明检查，认真听取学生意见，耐心解答学生问题，各学院、部门针对学生宿舍存在的问题要及时处理
办理方式	校长办公室通知校领导及学工处、各学院、研工部、校团委、保卫处、后勤保障处等相关部门召开动员大会，参加检查人员按检查方案查访宿舍楼，并将检查情况报管理中心，管理中心汇总检查结果，编制简报，发现问题及时处理或向相关部门反馈

对于工作流程中的要点我们要对其详细地记录，其内容主要包括检查人员的安排与检查结果两个方面。

二、学园事务管理

（一）信息报送管理

在整个信息管理流程中，如表 3-5 中所示的事项需要我们注意。

表3-5　处理注意事项

承办人员	学生工作处大学生管理中心
相关单位	保卫处、各学院（课部）、后勤保障处、校医院
实施对象	学工处信息员
实施期程	全年实施
相关法规	《学生安全管理规定》《学生楼栋信息员管理制度》

注意事项	日常工作中注意搜集并反馈学生的思想行为动态及突发状况，时刻保持学园信息通道的有效、及时、通畅，遇突发紧急情况需第一时间向学工处汇报，并及时通知相关学院、部门
办理方式	信息员实时关注学园各方面情况，一般信息报学园办公室处理，重大信息报学工处管理中心，管理中心及时对信息进行研判处理，信息涉及相关部门时，要及时进行沟通协调处理

（二）工作队伍建设

在整个队伍建设流程中，如表 3-6 中所示的事项需要我们注意。

表3-6　处理注意事项

承办人员	学生工作处大学生管理中心
相关单位	各学院（课部）
实施对象	全日制普通本科生
实施期程	全年实施
相关法规	《学生园区兼职辅导员管理规定》《学生园区工作综合考评指标体系》《学园兼职辅导员综合考评指标体系》
注意事项	选拔高素质、能力强、立场坚定、责任心强的学园干部，要明确职责和分工，要充分发挥园区的自主性和创新性，加强与各学院及相关部门的沟通交流，形成工作联动，对学园应综合考评，结合日常工作、学院部门意见等
办理方式	管理中心通过授课开展业务培训，各学园按学工处的相关要求，创新自主开展各项工作，每月将工作情况向学院及相关部门汇报交流，年度考评采用ppt方式汇报，学院及部门领导评分

对于工作流程中的要点我们要对其详细地记录，其内容主要包括走访交流情况与学园流动红旗记录两个方面。

另外，除了上述我们所说的之外，我们还需要准备学园工作年鉴与年度优秀学园、优秀兼职辅导员的表彰。

第四章 信息化思维下高校学生思想政治教育

第一节 高校学生思想政治教育信息化的优势

一、拓宽信息的获取渠道，丰富思想政治教育内容

要想促进思想政治教育工作的有效开展，信息搜集是促进思想政治教育工作正常开展的重要条件。在以往的思想政治教育管理当中，不仅需要较长的时间，相关信息量还严重不足。这样的信息收集模式跟不上当前社会发展的脚步。随着现代信息技术的不断发展，高校思想政治教育工作已经进入了一个全新的领域，完善了以前信息源的不足。

表现在以下几个方面：

第一，现代信息技术所负载的丰富、生动的信息为我们开展思想政治教育工作提供了充足的可利用的动态型时事教育信息，它具有很高的更新率。思想政治教育工作者借助现代信息技术可以及时获取丰富的思想政治教育信息，并在大量的信息资源中精选有针对性的、科学的、最新的事例，作为有说服力的依据，使思想政治教育真正做到用事实来说话，提高思想政治教育的效果。

第二，利用计算机和数据库等信息技术所构建的凝固型数据库，具有无限的信息存储量，极大地方便了教育者检索信息。我们可以将学生本人及家庭的基本情况录入数据库，也可以将马克思主义经典著作、党的政策、各种统计资料、重大事件等与思想政治教育工作有关的资料建库，并连入网络。这样一方面教育者能够及时、全面地了解学生的家庭和本人的基本状况，为思想政治教育做好前期准备，使思想政治教育工作做到因人施教、有的放矢；另一方面教育者也可以从数据库中随机调出自己所需要的相关的专业知识和理论，方便教学和研究。

第三，信息网络中信息来源的多样化，扩展了教育功能，促使现代教育技术的普及和运用。通过各种现代信息技术，不同来源的信息便滚滚而来。例如：通过大学生信息反馈软件的开发，教育者可以从教育对象那里快捷准确地获取各种教育反馈信息，从而了解到大学生更为真实的思想情绪和他们关心的热点问题，及时获取大量有价值的信息，做到思想政治教育工作与解决大学生的实际问题相结合，使思想政治教育工作更加具有针对性和实效性。

二、信息化可以促进思想政治教育环境建设

通过网络信息技术，可以从根本上改善高校思想政治教育环境建设的局面，表现在多媒体教室、网络教室、校园网、城域教育网、小区宽带教育网等硬件和应用软件的建设。在加强校园信息化环境建设之后，学校变成为开放式的，不仅向学生开放，还向社会开放，可以实现校内外人员的良好交流和合作，为高校长期稳定发展奠定基础。思想政治教育环境建设的最终目标是使思想政治教育开放，向教育观念和实践开放。在教育信息化不断发展的情况下，可以实现学习材料以及知识点的有效整合，满足学习者的根本需求，信息化高校思想政治教育便成为网络上的协同学习和工作。另外，通过利用网络信息化技术，还可以为学生提供多样化的学习资源互联，并实现资源共享，提高学习资源利用率。

三、拓展思想政治教育空间

由于现代信息技术具有超时空、可共享和开放性等特点，从而打破了时空上的界限，使高校学生思想政治教育的形态从平面走向立体，从静态变为动态，从现实时空趋向超时空，从而为思想政治教育提供快捷、方便的传播途径。利用现代信息技术建立思想政治教育信息网并将其与政府机关、家庭、学校相连。一方面，可以吸引社会各界关注高校学生思想政治教育工作，并实现思想政治教育工作中学校、家庭和社会力量的有机结合，学校可随时与家长保持联系，家长也可以方便地了解到学生在学校的政治思想、学习生活等状况，做到家校结合、共同做好学生的思想政治教育工作；另一方面，不同地点的高校学生，既可共享思想政治教育信息资源，又可自由地咨询思想问题，与其他同学开展思想讨论和交流。这些都使高校学生思想政治教育工作的社会化程度得到大幅度提高，把思想政治教育带入到一个更为广阔的天地。

四、促进思想政治教育资源建设

促进思想政治教育资源建设表现在多媒体素材（包括文字、图片、图形、动画、音频、视频）、多媒体课件及电子教案、教学案例、题库、数字图书馆（包括图书、期刊、报纸）、网络课程的积累和建设。大学生思想政治教育基本上围绕爱国主义教育、集体主义教育、社会主义教育、共产主义教育来进行。建设思想政治教育数据库，上载有关重要著作、史料，录制富有教育意义、题材新颖的电影和电视，收录党的基本知识以及党的政策文献等，使互联网络成为宣传党和政府方针政策的重要阵地。思想政治教育信息化要应用教育资源管理系统，通过对学生思想政治教育中教育资源的产生、教育资源分享、教育资源使用、教育资源评价的动态循环管理，对原始数据（如视频、音频、动画、图片等）、半成品（如课件、报告）、成品（如教案、纪录片）等形式的教育资源进行全面整合，实现了校内资源管理、区域网络管理、Web资源管理、教师评估管理和资源共建共享管理的多层次、全方位的管理功能。采用更多更丰富的内容，全方面、

多层次、立体化、生动化吸引青年学生参与。只有这样，才能使大学生思想政治教育更具活力和生命力。

五、提高思想政治教育的工作效率

现代信息技术之所以受到世人关注，主要源于它能够成百倍地提高工作效率，减少无谓的劳动量，以最小的代价换取最大的效益。体现在以下几个方面：

第一，现代信息技术提升了思想政治教育工作的效率，在传统的思想政治教育中，个别教育工作者仅仅满足于教育现状，不思进取、得过且过，局限于用"一支笔"来撰写讲稿、用"一张嘴"来进行说教，而教育对象又处于一个相对封闭的空间中被动地接受"灌输"，这在现代社会条件下显然已经滞后，教育效果也不理想。现代社会，大学生的思想观念更为复杂多变，单凭"一支笔""一张嘴"的说教方式已经难以有效导引资讯丰富、视野开阔、主体意识增强的青年大学生。现代信息技术则是极具感染力的信息传播工具，它可以大大提高思想政治教育信息的传播效率和教育效果。现代信息技术可以将文本、图像、图形、声音、动画等信息集成一体而且内容丰富、涉及面广，能够极大地激发学生的求知欲与想象力，最大限度地调动学生获取信息的主动性、参与性。例如，通过图形、图片、影视、音乐、动画等多媒体手段开展智能型的多媒体教育，可以使枯燥的理论教育变得生动活泼、寓教于乐，以多种传播方式激活学生的认知模式，从而增强思想政治教育的有效性。"多媒体"技术使学生的多种感官同时感知教育者输送的信息，明显优于单一感觉感知的学习方式。特别是虚拟现实技术的应用，一方面可以提供色彩艳丽的图片、悦耳的音乐、活泼的三维动画及其他多媒体仿真画面，使学生犹如身临其境，可以与外界自由地进行思想交流，大大增强了学生学习的自主性与参与性，并丰富了思想政治教育的资源；另一方面虚拟现实技术所创造的"虚拟实景"环境为大学生提供了绝好的虚拟实践场所。虚拟实践是对现实社会中事物属性的模仿和对现实社会的客观实践活动的模拟。它是以一定的物质载体为依托，生成一种在虚拟社会里模拟现实社会的环境。例如，我们可以通过虚拟"五四"运动场景，让学生感受到他们就在其中，使其内心受到强烈的震撼，极大地激发其爱国热情。虚拟实践还可以实现大学生在较短的时间内的角色实践，也可以实现不同角色的实践，他们可以在其中进行"角色换位"，把自己假定成不同的角色，体会不同角色的需求和情感并按照自己理解的角色规范进行实践，通过信息技术的信息反馈验证自己对角色的理解。大学生通过角色体验，可以达到自我教育的目的。

第二，现代信息技术存在一定程度的教育活动替代作用。首先，对于信息资源来说，其存在可共享特点以及可复制特点，要根据信息资源的相关特点开发和创新教学设备和软件，从根本上减少思想政治教育工作中的重复性劳动。例如，通过建立思想政治教育多媒体课件库，教育者们可以直接从库中调用相应的课件使用，而无须再去书写纸质的教案，虽然教育过程仍然要由教育者来构思、组织，但还是大大减轻了他们的工作量。同样，在加强思想信息反馈设备和相关软件的创新和开发之后，教育工作人员能及时掌握大学生的思想变化、及时与学生交流沟通，在结合自己时间安排的基础上，掌握反馈信息，提高工作效率。在这样的情况下，教育者会得到充足的自由支配时间，进而去研究新问题，从根本上提升自身的综合素质利于受教育者的全面发展。另外，虚拟现实技术下的实践，可以有效应用到理论知识研究当中，在一定程度上代替现实实践。虚拟世界不仅可以突出人们的意识性，还可以诠释实践的全过程，通过探索客观实践过程，人们可以在追溯过去的基础上展望未来，这些都是客观实践无法实现的。针对思想政治教育工作者来说，可以在应用虚拟现实技术和设备的基础上，投入到网络环境中处理相关问题，有效控制和把握教育过程。

第三，现代信息技术通过办公自动化的实现提高思想政治教育工作效率。随着信息技术在高校的广泛应用，我们可以利用其拟制各种工作文书、统计各种报表数据、存档各种资料档案并实现自动计算、归整、分类等操作；在安排活动、决策工作时，计算机能翔实地提供各种数据资料，使繁重的日常工作变得轻松自如。同时，各部门之间的文件、资料传输也可以通过邮件形式实现，既准确、迅速、快捷，又能节省大量的人力、物力、财力，还可以提高信息的保密程度。通过思想政治教育信息资源库的建立，我们可以便捷地根据需要浏览和选择资料，从而大大提高时间利用率和工作效率。

六、促进思想政治教育队伍建设

促进思想政治教育队伍建设表现在教师队伍、教育管理队伍和学生队伍建设。思想政治教育信息化，信息网络的建立与维护、网页的设计内容的发排与更新都是由人来操作和制作的。思想政治教育资源现代化，需要一支思想坚定、素质过硬的网络思想政治工作队伍，网站、网页的维护，软件的开发，技术的支持，需要由教师、教育管理者和学生完成，需要定期对参与网站和网页工作的人员进行形势与政策教育，以及计算机技术和网络技术辅导。思想政治教育信息化是培养学生多方面才能和品德，实现素质教育的有效途径，其核心领域是"两课"课程。学生思想政治教育过程的主要目的是指导学生学习，帮助学生获取信息、选择信息、处理信息，解决在家庭学校和社会环境中遇到的各种伦理道德以及情感、人际交往等方面的问题，即通过思想的引导、知识的培养、技能的培训来塑造学生的优良品行。学生获得知识、形成品德的过程很大程度上将由计算机和互联网承担。教师把现代信息科技和现代思想融入教育中。思想政治教育资源平等化、社会化促进教师自身文化修养、道德修养、工作技能和综合能力方面的提高。教师既是思想政治教育信息化建立的重要组成部分，又是推动其建设的重要力量。

第二节　高校学生思想政治教育信息化的问题

一、高校学生思想政治教育信息化的主要问题

（一）信息化思想政治教育工作平台建设滞后

从目前全国高校网络思想政治教育平台建设来看，建有思想政治教育专题网站的高校占比不高。对于建有思想政治教育主题网站的学校在网站的管理上比较简单，只是负责把国家的重大事件和相关的时事政策挂到网上，而对于到底有没有人去点击根本不关心，这样的网络思想政治教育方式到底有没有实效性也无人过问。而对于那些没有建立思想政治教育主题网站的高校，其基本做法是将网络思想政治教育内容放在学校二级学院网站中党建工作一栏，这些信息都非常的简单，就是新闻简讯之类的，而且信息的更新速度很慢，不少事件还是过去一年发生的，无论从内容上还是形式上，这些信息对大学生来讲没有什么吸引力，点击查看的学生非常少。因此，尽管各高校都在大声疾呼要加快高校思想政治教育工作进网络，但在学校的网站和各二级学院的网站上很少找得到思想政治教育方面的内容。

（二）信息化政治教育网站点击率低

随着互联网技术的不断发展，当前的思想政治教育入网工作存在着一定程度的简单化倾向，导致网络思想政治教育工作开展的宣传大于实质。目前，各高校对网络思想政治教育工作做了一些探索，但从总体上看还不能令人满意，有些实际问题并未解决。

第一，绝大多数思想政治教育网站都存在着点击率不高、访问量上不去的问题。有的拥有两万多名学生的高校，思想政治教育网站的日访问量还不足 100 人次，那些访问者中的多数也只是为了研究的需要来查阅相关资料，平时很少有人主动点击。

第二，校长信箱开通容易管好难。高校校长往往公务缠身、日理万机，让校长本人亲自去处理信箱中的每一封来信显然是不现实的，因此，多数高校的做法是找专人负责校长信箱，只有该负责人认为是重要的意见才上报给校长。这一做法虽然可行，然而又使人觉得网上的校长信箱与用木头做的校长信箱区别不大，大学生们给校长写信的积极性也受到了明显的影响。

第三，"防火墙"的作用有限。网络信息安全技术作为网络信息技术的一个领域，它的发展有赖于其他领域的发展，也受到其他领域技术的制约。因此，从逻辑上讲，利用网络信息安全技术构筑的"防火墙"永远也不可能完全阻止有害信息的进入，这就为网络思想政治教育增加了难度。

（三）信息化思想政治教育队伍缺乏专业性人才

针对思想政治教育工作来说，主体是相应的工作者，因此，只有提升思想政治工作者的综合素质，才能从根本上优化思想政治教育效果。在以往的思想政治教育过程中，教育者本身存在一定的信息优势，凭借这样的优势，其可以树立起比较高的威信，并被学生信任，促进思想政治教育工作的快速开展。但在当前网络信息技术断发展的形势下，网络信息存在一定的互交性，这从根本上影响了教育者的权威。网络信息技术的发展，注重人们之间的良好互动和交流，使得人和传媒对话的可能性提升。在这样的情况下，相对于教育者知识灌输来说，学生更加倾向于对话，学生也开始厌烦篇幅较大的理论性文章，希望看到更多现代化的充满趣味性的教育形式。在利用网络信息技术的基础上，学生能够及时查看相关信息，而教育者在具体的思想政治教育过程中，还出现了教育者对新鲜事件了解度低于学生的现象，学生对教育者的信任度也大大降低。犹如骑自行车的警察去追骑摩托车的小偷一样，"老办法行不通，新办法不会用"是目前高校网络思想政治工作者的苦涩心声。

一支稳定的高素质的队伍是做好网络思想政治教育的关键。而目前高校中普遍存在懂思想政治工作的人不懂得网络技术；而懂网络技术的人又缺乏思想政治工作的理论知识和实践经验的矛盾。如果不采取有效措施，这种矛盾势必影响到网络思想政治教育工作的有序开展。很多高校网络思想政治教育不能互动、不能交流、不能娱乐，与我们的思想政治工作队伍综合素质不高、不会引导、不会参与密切相关。互联网的迅猛发展对高校思想政治工作者的素质提出了新的更高的要求。因此，思想政治教育工作者除本身政治素质过硬，理论水平较高外，还必须转变观念，努力学习，更新知识，掌握信息网络技术，实现思想政治工作手段现代化，使思想政治工作走在时代前列。目前，各高校已采取了一些措施，如对思想政治教育工作者进行网络技术的培训，或从懂网络技术的教师和干部中选拔个别同志充实到辅导员队伍里，但这也仅仅是临时的措施。如何保证队伍建设的稳定性和长期性，培养既懂网络技术又具有扎实的思想政治教育理论知识和实践经验的专业人才，还有许多方面值得研究。

二、解决对策

（一）强化认识，牢固树立高校信息化思想政治教育的战略意识

网络信息技术的日益发展深刻地改变了大学生思想政治教育的社会环境，使未来思想政治教育的方式和手段发生了革命性变化。敌对势力充分发挥网络超越国界、畅通横行的作用，绞尽脑汁挖空心思地利用人权、民族问题、宗教信仰等在网上对中国进行各种形式的破坏和颠覆活动，垄断信息的制造与传播。大学生由于其阅历浅，很容易受到这些思想的干扰。我们如果不去牢牢地占领网络阵地，各种非马克思主义的思想就会乘虚而入。因此，大学生思想政治工作实现信息化是思想教育适应社会发展的需要，是满足未来社会大学生主体发展的需要，是加

强对"网上一代"教育的有效方式，是新时期思想政治工作创新和发展的必然要求，这对于帮助大学生树立正确的世界观、人生观、价值观，确立在中国共产党领导下走中国特色社会主义道路、实现中华民族伟大复兴的共同理想和坚定信念有着重要的意义。适应信息传播的新方式，抢占网上宣传教育的制高点，是摆在新时期高校思想政治教育工作者面前的一项紧迫的任务。各高校思想政治教育工作者都应牢固树立信息化思想政治教育的战略意识，增强使命感、紧迫感，把大学生思想政治教育主题网站建设作为学校信息化建设和思想政治教育工作的重要工程来抓，变封闭性、静态性思维为开放性、动态性思维，不断吐故纳新，锐意改革，大胆创新。高校要用正确、积极、健康的思想、文化、信息占领网络阵地，同时防止一些人利用网络传播错误的思想和信息，加强对思想政治教育信息化工作的领导和管理，构筑起信息化思想政治教育的新平台。要把网络文化纳入校园文化建设的总体格局进行规划和部署。根据网络技术的特点和思想政治教育入网工作的需要，建立相应的领导和管理体制。同时，积极组织专家学者开展思想政治工作进网络的研究，明确方向，理清思路，突出重点，对网络思想政治工作的阵地建设、队伍建设、制度建设、运行机制、工作方法、经费投入等进行深入的研究和全面的规划，做好推进网络思想政治工作的整体部署。

（二）坚持服务育人，全面加强高校信息化思想政治教育网站的建设

1. 加大基础设施投入，建设和完善高校思想政治教育的网站体系

没有网络的硬件投入，网络思想政治教育就无从谈起。各高校已普遍加大了网络设备购置和建设经费的投入，许多高校已初步建成自己的校园网络。在新的历史条件下，高校网络思想政治教育必须遵循网络发展的规律和社会主义精神文明的要求，把校园网建设成为传播先进文化和弘扬主旋律的重要渠道和大学生思想政治教育的重要平台。各高校应进一步加大校园局域网资金和人员的投入力度，为大学生创造便利的网络环境。学校要加强校园网吧建设，加大学生宿舍、办公室、实验室和教职工家庭上网的硬件投入，为广大师生提供便捷的上网服务。在网站内容的构建上要注重服务性，贴近学生学习、生活的实际，服务于学生的成长成才。根据学生的学习、生活、娱乐等方面的需要来建立网站，学生需要什么我们就做什么，把学生真正想听的，想看的，想真正弄清楚的内容做到网上去。重点建设内容辐射面宽、服务性强、受众面广的综合性的学生信息服务平台。主要包括以下七个服务平台：

一是学习服务平台，提供思想政治教育和专业理论学习的参考资料。

二是生活服务平台，提供健康生活辅导资料、勤工助学、助学贷款、生活管理等后勤服务信息。

三是就业服务平台，建立就业信息库，全方位提供就业服务信息。

四是心理健康服务平台，提供心理保健信息、心理咨询服务等，切实帮助学生解决学习生活中遇到的困难。

五是技能培训服务平台。通过网络教学，提供系统的学科知识，利用网络信息丰富、综合

性强的优势，补充课堂教学的不足，满足大学生升学、择业的需求，提高网络的点击率。

六是活动服务平台，即为班级活动、社团活动、社会实践活动提供场所，让学生有一个挥洒个性、展现自我的空间。

七是娱乐服务平台，开设电子论坛、在线交流、聊天室、同学会等，为学校领导与学生之间、师生之间、学生与学生之间的沟通交流提供服务。

这七个服务平台能够互动交流，可以涉及学生的思想、学习、生活、交际、友谊、爱情、道德、理想、职业和未来等许多方面。

2.建立思想政治教育专题网站

针对大学生迫切希望了解新信息的特点，结合其关注的政治形势发展、国际风云变幻、毕业政策等热点，各高校都应加强网络思想政治教育的平台建设，建立思想政治教育的专题网站。各学院也应该建立具有学院特色的思想政治教育专题网站。利用从公共信息网、国际互联网上下载的资料，把形式的多样性和内容的趣味性有机结合，制作成图文声色并茂的宣传文本，随时接受学生的访问和浏览或以电子邮件等形式寄给学生，及时向其宣传当前国际国内时事、中央政策、外交事务问题、国法校纪、先进典型等，形成良好的舆论氛围和正确的舆论导向。通过信息服务，可以满足学生需求，将思想性、知识性、趣味性与信息性、交互性、服务性有机结合，使思想政治教育专题网站真正成为大学生喜爱、大学生关注的重要媒体，成为他们获取信息的重要渠道。

3.建立"两课"教学网

"两课"是对大学生系统进行思想政治教育的主渠道和主阵地。尝试网上"两课"教学，就是在网上提供课程的详细内容和各种参考资料，将课程内容结构由线性设计转变为网状设计，这种设计可以清晰地呈现课程的主要知识点及其有机联系，给学习者一个较完整、系统的知识框架，既便于教师对课程内容的更新，又便于学生自主地、有选择地学习。同时建立相应的德育资源信息库，上传领袖人物的著作和有关资料，学生能随时阅读和下载，拓展和升华课程内容，有助于学生探究式学习。网上"两课"教学方式由传统课程的一对多的单向传播模式转变为多对多的互动交流模式，发挥网络互动功能，增进师生的思想交流。网络课程以多元载体为环境，利用多种媒体元素，制作出人性化的网页界面，给学习者以听觉、视觉等多种感官的刺激，以调动具有不同感官优势的学习者的学习兴趣与热情，使单调枯燥的专业学习活动变得形象生动，消除学生在传统"填鸭式"教育中产生的消极心理和逆反心理。

此外，组织网上"两课"考试和试卷的评阅，将与学生切身利益相关的考试置于"两课"教学网中，从而有力督促学生自觉上网参加考试，并通过网络查询考试分数以及教师的评阅。积极利用网站平台，开展丰富多彩的网络思想政治教育活动。

随着网络信息技术的不断发展，为学生提供了全新的人文精神，是存在较高文化含量的。教育内容是存在政治性本质的，且这种本质是包含在现代科技信息当中的。从本质上来说，网络属于比较典型的社会文化载体，不仅承载着人们的行为规则，还承载着人们的道德规范等。

传播人类的公理、正义和良知，对社会发展的热点、疑点、重点、难点问题进行广泛宣传，追踪报道，深入探讨，客观公正地揭露一切妨碍社会进步的丑恶行径，以净化提升人类的精神世界，是网络应该承担的基本社会职能和义务。高校必须凭借网站平台和相关系统，实现网络信息和思想政治教育内容的有效结合，保证思想政治教育活动的多样性和丰富性。

（三）加强队伍建设，为高校网络思想政治教育提供人才保障

1. 加强队伍建设，提高自身素质

一是要加强思想政治教育工作主题网站的队伍建设。由学校主管领导牵头，组成由宣传部、学工部、教务处、团委、网络中心、"两课"教师、计算机专业教师、美术教师等组成的学校思想政治教育工作主题网站的建设队伍，成立策划、技术、美编等小组联合攻关，进行精心策划、设计和制作，保证网站内容的系统性和形式的多样性。

二是要高度重视网上德育信息的传播与管理。组成由高校党委宣传部、学生工作部、校办、"两课"教学部、各学院分管学生工作的副书记等有关人员组成的网络思想政治教育工作管理队伍，并建立科学、开放又具有监控能力的管理机制，做到信息与传播的决策权、管理权、网络运营权和网络管理责任、利益的一体化，出台网络管理的法规、条例，分解管理责任，落实到具体部门和个人，使责任、权力、效益相统一。对这支管理队伍定期培训，掌握各种软件的应用技能，懂得网络的基本原理，掌握网络运用规范，学会网上查询方法、信息下载和网上通信、交流的技巧，学会多媒体网页的制作技巧，网上监控的方法与阻挡有害信息的技巧等。使他们具备坚定的政治立场和敏捷的判断能力，成为掌握网络工作技术的行家里手。

三是建立一支以学生辅导员为主体的兼职队伍，聘请有一定网络技能的"两课"教师和有一定思想政治工作经验的计算机专业教师担任兼职的网络辅导员。此外，为了保证网络思想政治队伍建设的长期性和稳定性，可在各高校设立网络思想政治教育专业，加强对网络思想政治教育人才的培养，培养既懂思想政治教育理论又懂网络技术的复合型人才，为各高校输送网络思想政治教育方面的专业性人才。

2. 建立完善的激励约束机制

学校领导和教学管理部门要进一步改进思想政治教育的考核内容和方式，建立完善的激励机制，鼓励教师利用网络开展思想政治教育、教学和研究，尽可能给予一定的经费支持，把教师的网上思想政治教育工作计入教师的工作量。逐步建立由学校党委书记为组长、各学院党委书记分管负责的网络思想政治教育领导小组，具体负责全校网络思想政治教育工作的管理、监督、考评。对分管工作的学院党委书记和各年级辅导员分别进行考评。网上辅导员在网上开展学生思想政治教育的工作情况，要作为年终工作考核的重要内容和评价条件，并与考核结果、学位进修、晋职提级挂钩。在每年的学生工作评估中，将学院对开展网上学生思想政治教育工作的重视程度与工作开展情况，纳入总体评估内容，同时进行考核。各学院在制定年度、学期学生工作计划时，要有网上学生思想政治教育工作内容和工作目标。每学期各学院召开一次网

上学生思想政治教育工作总结会或经验交流会，不断总结经验。学校建立《网络思想政治教育评估细则》，从网站建设情况、网站运行方式、网站点击率高低等方面对各学院的网络思想政治教育进行全面的考核和评估，并公开考核和评估的结果，对于考核不合格的学院要批评，并督促其限期整改。学校每年召开一次"网络思想政治教育先进集体"表彰大会，对于在本学年度中开展网络思想政治教育的先进集体进行表彰和奖励。

（四）加强大学生网络道德教育和法治教育

1. 加强网络道德教育

大兴网络文明之风，深入开展文明办网、文明上网活动，为大学生成长创造文明健康的网络环境是高校网络思想政治教育的重要任务。教育部在《关于加强高等学校思想政治教育进网络工作的若干意见》中强调，要加强对上网大学生的自律教育，培养他们的健全人格和高尚情操，培养良好的网络道德，坚持"思想保健"，自觉构筑抵制不良冲击的"防火墙"。由于网络的开放性，大学生如果缺乏道德自律，很可能会放纵本我的欲念，偏离道德的轨道。在网络道德建设中，必须加强"网德网风"建设，将工具理性与价值理性，网络技术发展与人文精神培养有机结合起来，使道德成为网络文明最坚实的依托。为此，网络思想政治教育应特别注重培养学生的道德自主性，做到自己管理自己，自己对自己行为负责，自觉做网络的主人，自觉遵守网络规则等，树立正确的网络观，塑造良好的网络道德人格，提高大学生对网络信息的鉴别能力，加强学生自我教育、自我管理，提高大学生的自律意识和自控能力，使学生由自发行为逐渐转变为自觉行动，使其明白能做什么，应该做什么，不能做什么，主动选择有利信息，自觉抵制有害信息的侵扰，使他们在与各种不同的网络道德准则发生冲突时能做出正确的判断和选择，并最终承担起网络文化秩序维护的重担。要求大学生，一是不做"网虫"。即不沉迷于网络聊天和网络游戏等，要有节制地使用网络；二是不做黑客。即不要利用网络攻击他人邮箱和网站，不做危害他人和国家利益的事；三是不抛垃圾。即不要在网上发布垃圾信息，污染网络环境；四是不浏览和传播淫秽物品。即要克制自己不去查看黄色网页和传播黄色信息，当无意中上了黄色网站要马上自动离线并及时向有关机关报告；五是不侵权。六是不轻信。即始终保持清醒的头脑，不随便相信甚至附和网上的过激言论、虚假信息和反动信息等。

2. 加强网络法治教育

网络环境下的违规、违法现象仅仅依靠技术上的"防火墙"是远远不够的。网络化是现代社会的一个标志，因此必须强化学生的法治观念，完善和健全网络法治建设，将互联网的管理真正纳入法治化轨道，向学生普及网络知识和宣传法治教育，使网络得到健康发展。在法治教育中，一是要培养大学生的网络法治意识，特别是增强网络空间的权利、义务观念，使其认识到任何科技成果包括网络技术，都要受到法律法规约束；二是要增强大学生的网络自我保护意识和能力，帮助他们明辨在网络社会中，由于主体的匿名隐姓而导致的合法与非法，有罪与无罪等问题，提高对网络陷阱的识别能力，正确运用网络法律武器，维护自己的合法权益。同时，学校要将网站管理纳入法治化的轨道。例如，开展网上"文明活动"，协助有关部门制定网上法规法纪。

（五）加强高校网络思想政治教育工作的理论探索

网上思想政治工作的开展，使思想政治教育理论的跨学科研究变得更加紧迫。计算机基础知识、网络基础知识以及传播学的基本原理，都成为网络思想政治教育学的重要基础知识和理论。这也说明，思想政治教育的理论研究工作，在掌握政治学、教育学、心理学、伦理学等基础理论和最新的形势政策的基础上，还必须在马克思主义理论的指导下，充分吸收其他相关学科的理论知识，并密切关注其他学科的最新理论发展，才能使思想政治教育理论研究与时俱进、不断创新，从而对思想政治教育实践提供理论指导。此外，网上思想政治教育的原则、理念、途径、载体、方法、技巧，网上思想政治教育发挥作用的机制，以及对于网上思想政治工作的评估等，都具有不同于网下思想政治工作的特点，都需要思想政治教育理论工作者做出理论上的创新。因此，面对新形势，广大高校思想政治教育工作者和思想政治教育方面的专家学者要紧密结合网络基础知识、传播学、政治学、教育学、心理学等基础理论，深入研究探讨分析网络对思想政治教育带来的影响，对网络思想政治教育遇到的问题进行正确客观的判断和分析，提出有针对性的应对措施和防范手段，提出适合高校特点、有推广价值的理论成果，从而指导网络思想政治教育实践，进一步丰富和发展思想政治教育的学科建设。

第三节　高校学生思想政治教育信息化的实施策略

思想政治教育信息化是一项庞大的系统工程。它涉及教育观念、手段、方法和教育体制等多方面的变革。高校学生思想政治教育要注意在借鉴、吸收、继承优良传统的基础上不断开拓创新，加快思想政治教育信息化的建设步伐，才能适应不断变化的新情况，更好地解决新问题。

一、树立正确的观念

无论进行什么方面的改革，都必须首先更新观念，只有保证观念及时更新，才能促进教育改革和发展。在当前的思想政治教育信息化趋势下，出现了多种障碍，其中最大的障碍不是技术障碍，而是观念滞后和思维模式较旧的障碍。所以，我们必须在树立正确观念的基础上，为思想政治教育信息化建设奠定坚实基础，为思想政治教育信息化建设提供充足力量。

（一）树立信息观念

站在信息论角度来看的话，思想政治教育是思想信息和行为信息不断搜集、处理、运用和反馈的过程。在网络信息技术的快速发展下，相关信息和资源也逐渐增加，必须树立正确的信息观念，增强高校学生思想政治教育服务的观念和意识，才能实现信息技术和高校思想政治教育的有效融合，实现网络信息在思想政治教育中的正常传递，最终将各种信息传播媒体综合使用，实现思想政治教育和相关大众传播途径的有效结合，凸显出高校思想政治教育的引导性作用。

（二）树立长期观念

思想政治教育信息化是一个新生事物，没有太多的经验可以借鉴，需要在实践中不断总结经验教训。同时，思想政治教育信息化本身也是一个动态的发展过程，其内涵将随着信息技术的发展和社会的进步不断地丰富和升华。因此，思想政治教育信息化不可能一蹴而就、一劳永逸，它是一个相当长的建设过程。目前，我国思想政治教育信息化建设还处于起步阶段，在某些方面存在着制约因素。

（三）树立全局观念

从整个社会大系统来看，思想政治教育信息化建设涉及面很广，单靠学校的力量是不行的，其建设不能局限于学校内部，也不是几个学校的思想政治教育信息化建设问题，而是全社会的问题。因此，在思想政治教育信息化建设过程中，要树立起全局观念，把思想政治教育信息化建设的各个部分有机地结合在一起，使各要素互相促进、互相补充。同时，动员全社会的力量进行思想政治教育信息化建设，并将各种社会信息传播媒体综合使用，实现思想政治教育与其他大众传播手段的结合与互补，保证思想政治教育信息化建设的顺利进行。

二、确立正确的指导思想和原则

思想政治教育信息化必须在正确的指导思想和原则的指引下，才能顺利有效地进行。我们除要坚持统筹规划、协调发展的指导思想外，还要坚持以下四个原则：方向性原则，思想政治教育信息化的建设始终要坚持为社会主义现代化建设服务、为人的全面发展服务的方向，要坚持与思想政治教育、教学、管理的改革相结合，与思想政治教育现代化建设相结合；层次性原则，高校学生思想政治教育信息化是随着现代信息技术的发展和人类信息时代的到来而提出的一个高校学生思想政治教育的发展目标，其发展会受到社会发展现状和信息技术发展水平的制约。同时思想政治教育信息化本身也是一个动态发展的过程，其内涵也将随着信息技术的发展和社会的进步不断地丰富和升华，因此，我们不能好高骛远，应该坚持从实际出发，根据现有的社会发展现状和信息技术发展水平积极有序地、分层次地推进思想政治教育信息化建设工作；高起点原则，现代信息技术的发展十分迅速，新思想、新观念、新技术、新装备、新应用层出不穷，因此，高校学生思想政治教育信息化建设必须密切注意信息技术发展的动态，在规划和实施过程中坚持高起点、高要求、高标准，力求符合信息技术发展方向和信息社会的发展要求；适度性原则，现代信息技术只能是工具，是思想政治教育者对教育对象进行教育的助手，因此，在进行思想政治教育信息化建设时，要坚持适度性原则，不能一味地夸大信息技术的作用，而忽视了人的作用。

三、对思想政治教育手段方式方法进行创新整合

（一）化"封闭式"教育为"开放式"教育

思想政治教育在方法上必须破除封闭状态，在采取各种技术手段对有害信息进行"堵"的同时，还要主动展开开放型的思想政治教育，对大学生进行正面引导，通过正确分析受教育者的主观状况，根据客观条件，采取疏导的办法，提高大学生自我教育、自我监督、自我管理的能力，使他们的思维方式、行为准则和价值取向等沿着健康轨道发展，增强他们抵御不良信息的能力。

（二）化"经验型"教育为"科学式、技术式"教育

针对高校思想政治教育工作人员来说，单纯进行"经验型"教育是不够的，还必须把经验转化为符合时代发展需求的工作方法，并把该方法技术化和信息化，熟练运用该方法。通过应用科学合理的工作方法，可以从根本上提升思想政治教育工作者的综合素质，思想政治教育工作者必须熟练应用多样化的网络信息技术手段，提升思想政治教学效率。

（三）化单纯的语言文字表述为多媒体形象感染和情境教育

传统的思想政治教育主要靠教育者以语言文字为媒介对学生进行思想政治教育，载体比较单一，教育信息不够形象，大学生接受的信息量有限。现代信息技术为高校学生思想政治教育工作提供了现代化的手段和工具，运用信息技术开展智能型的多媒体教育，能大大增强思想政治教育的感染性。通过图形、图片、动画、音乐、影视插播等多种媒体手段的综合运用，学生受到的是立体的多重知识的冲击和信息刺激，不仅使枯燥的思想政治理论教育变得生动活泼，还可以通过运用多种传播方式激活学生的认知模式、使学生的多种感官同时感知教育者输送的信息，易于引起大学生内心的呼应。

（四）化单向"指令型"教育为双向"引导型"教育

思想政治教育作为一种特殊的社会实践活动，必须适应人的思维发展规律，有目的、有计划地对被教育者施加思想意识和价值观念的影响，以期改造大学生的思想，进而规范他们的行为方式。我们应当充分认识到这一点，改变传统的"指令型"的教育方式为"引导型"教育方式。

思想政治教育机构和人员的职能也要发生相应的变化，即逐步削弱其作为行政管理的指令性职能，转变为对大学生进行指导的顾问机构，使之发挥研究、指导、咨询和顾问的作用。组建包括就业指导、勤工助学、心理咨询、学生活动在内的各类学生服务机构。这种变化不是削弱而是强化了思想政治教育机构和人员的职能，这是适应新形势要求的明智选择。这样，一方

面可以保持教育者在教育过程的主导作用和主动地位，使他们主动应战各种不良信息，提高学生的认识、改变学生的观念、统一他们的思想；另一方面，可以发挥受教育者的能动作用，通过双向"互动式"引导教育来调动教育对象的主观能动性，通过交流、对话，潜移默化地对他们的思想进行引导教育。我们在进行思想政治教育工作时，要做到虚拟世界与现实世界并重，科技运用与人文关怀相结合。充分利用现代信息技术，抓住大学生自主性、个性在虚拟空间中得到加强和张扬的情况，有针对性地开展师生之间的交流室等服务项目。

四、加强高校学生思想政治教育信息化队伍建设

高校学生思想政治教育信息化队伍建设涉及思想政治教育工作者队伍建设和思想政治教育信息化工程技术队伍建设两个方面。

（一）加强思想政治教育工作者队伍建设

高校思想政治教育信息化过程属于变革过程，在这样的变革过程中，必须加大对思想政治教育工作者队伍的建设力度。在这场变革当中，思想政治教育工作者是核心主体和引导者，也是影响思想政治教育信息化变革效果的主要因素，思想政治教育工作者素质的高低，会从根本上影响学生思想政治管理工作的正常开展，也会影响高校育人目标的正常实现。所以，必须加大对思想政治教育工作者的培训力度，培养出充足的专业的思想政治教育工作者，不仅要加强对思想政治教育工作者的理论知识培训，还要加强对思想教育工作者的实践操作技能培训，最终提升思想政治教育工作者的综合素质，因此，加强思想政治教育工作者队伍建设已经变得越来越重要。

其一，鼓励思想政治教育工作者加强学习。信息时代，信息大爆炸，知识更新加快，从而要求社会政治经济文化结构、人际关系和思想观念意识都要随时代的发展变化而变化，思想政治教育工作者只有不断加强学习，努力掌握现代科学文化知识，把握时代发展的脉搏，才能适应信息时代的发展要求。尤其要加强计算机知识、网络知识和多媒体知识等各种信息科学知识的学习，使之掌握大量的科学方法和科学手段，并能正确有效地加以运用，从而能有效地实施育人功能。

其二，引导思想政治教育工作者积极实践。马克思主义哲学告诉我们，实践是检验真理的唯一标准。思想政治教育工作者不仅要加强各方面的学习和技能的提高，同时要积极主动地把他们应用于教育实践，善于运用科技手段开展思想政治工作。针对信息时代大学生思维等方式日趋开放性和多样性的特点，引导广大教育工作者学会运用各种信息渠道和手段进行生动活泼的教育实践，拓宽思想政治教育发展的新路子。

其三，加强教育队伍的管理。首先要引入激励机制，在信息化背景下，要把信息素质、科技意识、创新能力等纳入对思想政治教育工作者的考核、评优、晋升、职称评定等项目中来，而且要作为一条重要的衡量标准。因为，在实际思想政治教育工作过程中，许多教师并不是没

有信息意识、科技意识和创新观念，也不是不愿意使用现代信息技术，而是如果采用现代信息技术来实现教育教学，往往要花费大量的精力和资金来收集信息、整合信息、开发软件。但教育者在教育中是否使用了现代信息技术、科技含量如何，往往不能引起有关部门或领导的重视和注意，用和不用一个样，从而大大削弱了教育者使用现代信息技术来进行教育和管理的积极性。因此，要通过目标、政策、物质、精神等激励机制来激励教育工作者积极主动地增强科技意识、提高信息素养，并勇于应用于教育实践。其次，建立健全培训机制，重点是对现代信息技术和科学方法的培训。可以采用岗前培训、业余教育培训和短期培训的方式进行。

（二）加强思想政治教育信息化工程技术队伍建设

思想政治教育信息化建设、维护、运作和管理队伍建设是思想政治教育信息化建设的迫切任务，也是思想政治教育信息化建设顺利发展的重要保障。加快推进思想政治教育信息化建设迫切需要富有创新思想的科技人才队伍、富有创业精神的企业家队伍、优秀的信息技术应用人才队伍，以及富有前瞻性眼光的政府管理人才队伍。其中，重点要加强科技人才队伍和信息技术应用人才队伍的建设。具体措施如下：第一，加强学校尤其是高等院校信息科学技术的教育，健全和改进现代信息技术方面的专业设置，鼓励学科交叉，为思想政治教育信息化建设提供新生力量；第二，强化在职人员的培训，全面提高现有从事信息产业的工程技术人员、软件开发人员的整体素质，提高他们信息基础设施建设和信息产品开发能力。

第五章　信息化思维下高校管理队伍建设

第一节　信息化思维下高校管理队伍的地位和作用

一、信息化思维下高校管理队伍承担着重要职能

高校信息化专业队伍承担着学校信息化规划、设计、建设、应用与推广等技术与服务职能。

（一）信息化的引领者和设计者

在高校信息化管理建设过程中，教学技术与网络中心起到的作用是比较大的，不仅要进行信息化思维下的管理建设、规划制定，还要进行后期的任务实施。在高校信息化管理建设规划和实施过程中，还需要网络信息技术以及多媒体专业人员的参与与合作。在具体的信息化建设过程中，必须在及时了解信息化发展技术动态的基础上，引进和应用先进的信息化规划设计方法，并将相关方法运用到具体的实施过程中，只有这样才能不断完善学校信息化管理建设方案。在大力开展科学研究和实践工作并分析之后，能及时明确信息化管理建设当中的相关问题，并明确问题产生的原因，及时总结和深入分析，促进高校信息化管理建设工作的正常开展。

（二）信息化的支撑者和保障者

教学技术与网络中心具有信息化建设日常运行的保障职能。在学校信息化建设和全面应用过程中，一支责任心强、实践技术过硬的信息化专业技术维护队伍，负责排查校园网络、应用系统、多媒体教学设备、公共微机及校园内各终端出现的故障，确保信息化基础设施的正常运行和系统数据安全。在计算机技术、网络技术、多媒体技术等领域提供专业技术援助和服务，成为教育信息化的支撑者和保障者。

（三）信息化的指导者和管理者

对于高校教学技术与网络中心来说，是存在多种职能的，不仅具备信息化建设职能，还具体培训职能和指导职能，另外还具备管理职能。在具体的信息化管理建设当中，要想让师生等人员熟练应用信息化工具，必须采取有效的指导和管理措施。对于学校教师来说，要加大信息化教学培训力度，让教师了解和掌握信息化教学技术和工具的应用方法，实现网络信息技术和

学科教学的有效结合，最终提升教学效率。针对教师培训，帮助和指导教师及时掌握新技术新应用，将信息技术与学科课程有机整合，提高教学质量。针对全员培训来说，要通过培训，增强相关人员的信息安全意识，提高他们的信息素养。教学技术部门与网络中心是高校的教学辅助部门，不仅要管理计算机机房和多媒体教室，还要保证校园的信息安全，因此对于学校网络技术人员来说，不但要具备专业化技术，还要有一定的管理意识，成为信息化教学管理的引导者。

二、信息化专业队伍建设是高校信息化建设的重要内容

（一）观念需要更新

在高校中信息化专业队伍往往被忽视，人们在观念上存在误区，认为信息化部门工作从属于服务性的工作，忽视了其具有的科学性和特殊性。在聘岗、培训、培养等方面缺乏激励政策，致使一些年轻人对职业前景迷茫；还有的因岗位任务重、压力大、服务性工作多且经常得不到理解等原因，而产生了职业倦怠感。这些问题的存在，制约了信息化专业技术队伍的稳定和发展。因此，转变观念，加强信息化专业队伍建设，营造有利于他们职业发展的良好环境，使他们提升自我价值感，将自身发展目标与学校战略发展目标相一致，是非常重要和必要的。

（二）机制需要创新

随着高等教育的发展，信息化应用越来越多，一方面广大师生员工对信息化环境的需求和依赖程度越来越大，近乎达到了日常生活中人们对水、电等基本生存条件的需求程度，对信息化技术服务的要求也越来越高，另外，高校普遍存在着多校区办学现状，更加大了信息化建设和管理工作的难度；而另一方面学校教辅人员编制缩紧，人员管理机制僵化，难以适应新形势的要求。怎样让大家在信息化的教学、科研、管理环境中，网络用得好、用得快、用得安全，是摆在我们面前亟待解决的新问题。因此，深化管理机制改革势在必行。

（三）素质需要提升

随着高校信息化建设的不断发展，对信息化专业技术队伍素质提出了更新、更高的标准，不仅需要技术人员不断更新知识内容，改善知识结构，增加知识存量，提高业务素质，还要不断提高职业道德素质，强化服务意识。对他们个人而言，来自工作压力、个人发展动力的学习需求也很强烈。不久前，笔者曾在本单位做过一次相关调查，在 19 份有效答卷中，对培训需求调查表明分别有 58% 的人选择每年至少一次、31% 的人选择每年至少两次专业培训的需求。因此，在队伍建设中良好的个人素质培养和知识更新显得尤为紧迫和重要。

第二节　信息化思维下高校管理队伍现状及存在的问题

一、高校管理队伍专业化程度不高

高校管理队伍专业化是指能够掌握高校管理专业知识、具备较高的专业工作能力、相对稳定的职业化管理队伍。有这样的一支队伍是实现高校管理专业化的保障，直接影响着高校管理和教学工作的效率和水平；建设具有专业化的高校管理队伍也是高校实现科学管理的要求，有利于提高高校的管理效能，而科学管理能够有效促进管理者的职业拓展的空间，增加管理人员的积极性和创造性。在当前由于对专业化的认识不足，更对高校管理工作和队伍建设的重视性不够，导致目前管理人员在专业化建设方面存在着诸多的问题，主要表现在：缺乏现代的管理观念，缺乏科学的管理知识，习惯凭借个人经验来进行管理工作；管理人员知识结构不合理，学历水平普遍低于教师队伍，降低了管理者的威信力和学校的凝聚力；管理人员专业学术水平低，专业知识不足降低了为教师队伍提供支持的服务水平；管理队伍职业化水平低，管理队伍中大部分都不是专职的，没有受到过系统的管理学或高等教育的训练，不能适应高校科学管理水平。

二、高校管理队伍建设缺乏科学的管理制度和机制

在当前的一些高校管理队伍建设过程中，还有运用传统化观念和方法的现象，学校已经习惯于应用以往的方法加强信息化建设以及信息化管理，且在具体的机构设置以及人员编制问题上，无法及时解决，无法组建出专业素质较高的信息化建设队伍。

首先，目前各高校都已改革人事制度，实施分岗位设置管理制度挫伤了管理干部的积极性。管理岗位与专业技术岗位相比较，发展的空间狭小，晋升的机会较少，而且由于工资待遇是按照职员职级来确定的，因此管理岗位的待遇要相对低于技术岗位。其次，目前的考核制度很难对干部能力作出全面准确的评价。对干部的考核一般形式是民主推荐与测评、个别谈话、请群众评价等方式，在定量与定性方面缺乏科学的指标，导师考核内容模糊笼统，结果大同小异，难以激发干部的责任心。再次，干部流通与竞争选拔的机制不健全。高校内部存在着干部能上不能下，能进不能出的现象，因此干部在高校中处于流动静止状态，更别说干部轮岗了。而在不同的高校之间，或者高校与党政机关之间的交流也非常有限，不少优秀干部，由于学校对外交流闭塞，而内部消化能力又不足，而不得不在同样的职级上工作多年，挫伤了工作的积极性。另外，高校的用人选人机制很不健全，还未制定出系统的、切实可行的竞争性选拔干部的具体措施和办法，导致有些优秀人才得不到发展的机会。

三、教学管理信息化建设经费投入不足

对于高校教学管理信息化工作来说，其属于一项较大的工程，在这个工程建设当中，不仅需要加强基础设施建设，还要加强教学信息资源建设。在最初的教学管理信息化建设阶段，需要的资金往往比较大，高校具备一定程度的经费保障。但在我国很多高校当中，都存在办学经费不足的问题，这样就会导致教学管理信息化建设工作无法落实。

四、教学管理内容的信息化含量和程度不高

在教学过程的组织上，多媒体技术特别是网络技术还没有得到广泛的应用。在教学行政管理手段上，网络化、智能化普及面窄，管理效率低下。软件重复开发，数据不能共享，信息资源建设滞后，建设上缺乏协调和合作，分散了信息资源建设的人力和物力。教学管理人员信息技术应用能力水平较低，信息管理能力不足，网络技术、智能技术还未能在实际工作中得到普遍的应用。

五、高校管理人员个人综合素质有待提高

首先，高校管理队伍个人素质问题体现在政治素质方面。这是指从事高校管理工作所必备的政治立场、观点和品质。一些管理干部的理论水平不够深厚，学习主动性和自觉性不强，在思想道德与党性觉悟方面也有一些不足。

其次，管理理论和水平专业性缺乏，同时对高校管理规律缺乏认识和研究，学习能力不够，更缺乏创新，不能适应新形势下管理工作的要求。另外管理人员的服务意识薄弱，"官本位"思想和特权意识膨胀，官僚思想浓厚；并且高校管理人员臃肿，层级节制的官僚机构也对其服务能力造成损害。

第三节　信息化思维下高校管理培养措施和方法

一、认识高校管理队伍建设的重要性，加强专业化队伍建设

认识到高校管理队伍的重要性是进行管理队伍建设的首要任务，要明白为什么需要高水平的管理队伍，以及高校究竟需要怎样的管理队伍。"所谓专业是指一群人在从事一种需要专门技术的职业，专业是一种需要特殊智力来培养和完成的职业，其目的在于提供专门性服务。"要改变过去忽视管理队伍建设的错误观念，更加重视高校管理队伍的重要性，并通过切实措施，制定有效规划来实现管理队伍建设的专业化提升。

为了加强管理队伍的专业化建设，提高管理队伍的整体素质，首先，应当实施职业资格证书制度。"职业资格证书制度是国家对各个行业从业人员规定的职业准入制度，它要求管理人员必须具备管理的实践经验，经过严格的职业培训，丰富自己的专业知识来提高自身的综合素质"。同时，建立高校管理人员职业资格证书定期培训制度，并进行严格考核，不合格者取消其证书，以保证管理者从业能力的不断提高。其次应该构建管理人员培训体系，要有针对性地，根据各个岗位、职位层面的不同来采取不同的培训方式，同时促进管理者将学习的知识合理地运用到高校管理工作中去，以知识来指导实践，促进管理者的知识水平和管理工作水平的提高。

二、保证高校管理科学化

（一）树立科学的管理理念

管理理念是管理者对管理所持的信念和态度，是对管理的理性认识和理想追求。科学的管理理念是科学治校的先导。高校的管理者应深刻认识和掌握高等教育的发展规律以及管理自身的运行规律，全面分析学校的内部环境和外部环境，对办什么样的学校和怎样管理学校做出理性的全面的思考；应树立"管理是科学、管理出效益、管理是生产力"的理念，自觉运用科学的管理理念指导学校管理工作的实践。

1. 树立系统理念

高校既应把自身作为社会大系统的有机组成部分，不断强化社会责任感，积极履行社会职能，为促进经济的持续健康发展、维护社会的协调运行和动态平衡做出应有贡献；又应把自身的管理看作是一个系统工程，自觉运用现代管理科学系统论原理来实现学校管理组织的系统化。应整体规划，统筹兼顾，使系统的内部结构有序、合理，与外部关系协调，使有限的人力、财力、物力合理、协调地统一使用，以发挥最大的效能；应科学地认识高校管理系统的层次性，自觉地按层次进行管理，使管理的各层级、各机构及其工作人员各就其位、各司其职、各行其权、各尽其责，保证系统高效率地正常运转。

2. 树立以人为本的理念

现代管理理论已不再把人视为"工具人""经济人""社会人"，而把人视为"资源人"，强调以人为本。高校是高层次人才的集聚地和培养地。

高校的教育者大多学历层次较高，他们具有较强的社会责任感，更加注重精神上的追求和待遇，更加关注个人的发展机会；高校的受教育者作为培养对象，是正在形成的高层次人才。因此，高校的各项管理工作更应体现以人为本的价值取向，尊重人、依靠人、为了人，凝聚人的力量，提升人的素质，开发人的潜能，促进人的全面发展，以集聚更多的高层次人才，培养更多的全面发展的人才。

3.树立依法办学的理念

在具体的办学过程中，高校相关行为是受法律监督管制的，高校必须主动配合法制部门的管理，还要把法治精神带到院校管理当中，通过完善和严格执行校内规章制度，可以从根本上维护好校内规章制度的权威性，实现校内管理和运行的规范化。

（二）构建科学的管理组织

所谓组织，就是具有一定的共同目标和一定的活动规范的社会群体。

高校作为实施高等教育的社会组织，其组织结构较复杂，内部分工在很大程度上与学科有关，组织成员的智能水平较高。因此，构建科学的管理组织对提高高校组织系统运行的有序性、提高工作效率具有现实意义。

1.创新组织结构，完善权责体系

坚持和完善党委领导下的校长负责制，科学、合理地配置校党委、校长、学术委员会、教职工代表大会的权力，使其既相互配合，又相互制约，以保证学校组织系统运行的规范、有序、健康、高效。应正确处理党政关系，校党委着重抓重大问题的决策、抓制度建设、抓保证监督，支持校长独立负责地行使职权，同时强化对学校行政工作的监督，保证其依法办学、按章办事，防止滥用职权和行政不作为，以改善和加强党委对学校工作的领导；应正确处理校长负责和民主管理的关系，适当扩大院（系）职权，强化院（系）职能，尊重和支持教职工代表大会和学术委员会依法履行职能，充分发挥他们在学校民主管理、学术管理中的作用，以实现学校管理的民主化和科学化；正确处理学术自由和行政调控的关系，在学术事务的管理中应尊重学术权力，不应脱离学术权力的支持而行使行政权力，更不能以行政权力代替学术权力，以保证学术管理的科学化和权威化，同时坚持正确的政策导向，正确运用行政权力和政策"杠杆"，强化行政调控，以提高行政效率。

2.完善组织管理制度，用制度约束干部的行为，规范权力的运行

根据学校组织结构中各权力主体的职权划分等做出制度安排，对组织结构中各组成部分内部的机构设置、职权划分、人员编制以及各级各类人员的岗位工作规范等问题做出具体的规定；根据党的方针政策和国家的法律法规，结合学校的实际，制定贯彻落实党和国家有关规定的更具针对性、操作性的具体规定，又在不违背党的方针政策和国家法律法规精神的前提下，遵循高校的办学规律，总结高校改革发展的经验教训，研究制定指导和规范各项管理工作的规章制度，以及应对学校改革发展中遇到的新情况、新问题，通过创新生成新的规章制度；进一步完善实体性规章制度，重视程序性规章制度建设，重视保障性规章制度建设，用制度保障对违规行为进行处理和纠正。

3.探求科学的管理方法

要想促进信息化管理建设工作的快速落实，高校必须在结合内部管理情况的基础上，不断

创新和完善信息化管理方法，要通过管理创新，改变以往落后的办学思路，还要在结合社会发展需求和市场发展需求的基础上，适当调整和增设新专业，及时修改和完善人才培养方案，加强科研课题立项等，强化市场意识，挖掘信息化管理资源的潜力，最终提升办学水平和办学效率。另外在具体的信息化管理过程中，不能一味依靠个人经验进行管理，要应用科学合理的管理方法，还要严格遵循相关制度和标准进行管理。

三、转变观念，切实提高对管理干部队伍建设的重要性和紧迫性的认识

我国高等教育正阔步迈入一个新的发展时期，因此，建设高素质的高校管理干部队伍已成为当务之急。它要求教育工作者转变观念，走出对高校管理干部队伍认识的误区，理解并强化科学管理，认识到提高管理水平对学校乃至中国高等教育的紧迫性和重要性；积极行动起来，制订适合本校实际情况的管理干部队伍建设规划，积极稳妥地推进管理干部队伍建设。

四、树立全面的信息化教学管理观

（一）确立以现代教育理论为指导的教学管理创新理念

推进教学管理信息化还必须进一步解放思想，以现代教育理论为指导，以变革传统的教育思想为先导和动力，实现管理创新。信息化的教学管理创新，要求教学管理主体对传统的教学管理理念、教学管理模式、教学管理方法进行客观分析和取舍，根据知识经济时代对人才培养的要求，充分吸收借鉴校内外教学管理改革和实践的有益经验，探索与知识经济时代教育改革发展相适应的教学管理新路子。

（二）推进教学管理信息化必须强化教学管理观

第一，在人才培养模式上需要强化的观念是：培养厚基础、宽口径、复合型、能创新的高素质人才；把素质教育、创新教育贯穿于人才培养的全过程，坚持通识教育与专业教育并重，学问修养与人格修养并重，知识、能力与素质并重；针对不同教育对象因材施教，实现人才培养模式多样化，而人才培养模式改革必须落实到课程体系、教学方式和管理方法等方面；第二，在学科专业建设上需要强化的观念是：学科建设是高校建设中一项综合性、战略性的建设工作，是高校建设的龙头，是高起点的科学研究和高质量的人才培养的基础；当代科学技术迅猛发展，使各类学科既高度分化，又高度综合，学科之间交叉、融合是信息技术发展的必然结果。

（三）在教学过程组织与管理上需要强化的观念

制订教学大纲和教学内容要体现以信息资源为基础的改革思想；课堂教学要积极引进现代教育技术，要实现网络进课堂，扩大课堂教学信息量，提高学习的效率；在实践性教学环节上，

要积极创建实践基地，实现实践基地网络化。

（四）管理注重效率

在高校信息化教学管理过程中，要想真正管理出效益，就必须进行科学合理的教学行政管理改革，通过加强教学行政管理，可以从根本上提升高校信息化管理效率。具体来说，在高校教学管理中，要明确教学行政管理运行机制，还要建立有效的信息渠道，实现网络信息技术和信息服务的有效结合，并加大技术创新以及服务创新力度，在提升教学行政管理效率的基础上，促进高校信息化管理建设的有效落实。

（五）在教学质量管理上需要强化的观念

教学质量是高校办学水平的综合反映和集中体现，是高校的生命线。要建立和完善教学质量管理信息化体系，实行全方位、全过程的教学质量管理。要充分利用各种信息渠道，制定教学质量评价标准，做好教学评价工作，建立健全教学质量监控与保障体系。

五、在运行机制上必须转变教学管理职能

教学管理信息化不仅涉及观念的更新、资金的投入、技术的变革和管理队伍水平的提高，而且还涉及教学管理组织结构、管理体制、运行机制的变革问题，需要把教务处从繁杂的日常事务性工作之中解放出来，建立一套与信息化相适应的教学管理体制。在传统教学管理体制下，以教务处为主的教学管理职能部门作为教学管理的指挥中心和管理中心，陷入繁杂的日常事务性工作之中，无暇顾及教学信息的建设，没有畅通的信息渠道，缺乏信息反馈机制。而教学基层单位缺乏教学管理的自主权和信息处理能力，始终处于被动地位，严重影响了教学管理信息化的实施与建设，以致教学管理效率低下。

要尽快实现日常办公自动化、教学管理科学化。通过教学管理体制改革，建立起以院系管理为主的教学管理体制，下放管理权，扩大院系办学和管理的自主权，利用网络召开电子会议、传递文件，尽可能减少集中开会、公文旅行，提高对一线教学、科研信息的收集、处理能力，把领导和机关的精力集中到研究解决重大问题的决策上，努力实现决策的民主化、科学化，拓宽广大教师、学生参与院校管理的渠道，利用校园网设置领导信息、留言板，通过电子邮件、联机交互交谈等方式，提高民意在管理中的参与度，决策更加科学民主。成立教务中心、教学信息中心、学籍管理中心、教学质量评价中心等机构，出台相应的教学管理制度，加强信息反馈功能，提高对日常教学活动的信息监控和反应能力，实现信息管理的分流。通过教学管理体制的改革，可以实现教学管理职能的转变，教学管理职能部门从原来的全方位、全程式的计划管理转变到宏观调控和增强服务上来，从而使教学管理部门有更多的时间和精力从事教学管理信息化的建设。

六、研制科学的教学管理信息处理系统

在具体的高校教学管理信息系统建设当中，不仅需要专业化的信息技术，还需要充足的信息化资源，高校教学管理信息处理系统的建设，归根究底是信息技术和信息资源的有效结合。因此，必须把网络信息技术和资源带入到教学管理当中，还要加大对智能化信息技术的应用力度，建立现代化技术平台，为实现高校教学管理的智能化提供重要依据，并提供必要的技术支撑。

信息资源的开发与建设是教学管理信息化的核心内容，也是教学管理信息化建设的基础。教学管理的信息资源主要有专业信息、课程信息、学生信息、教师信息、教学条件信息、教学档案信息、教材信息等。这就要求我们对信息的编码进行规范，依据国家、部委主管部门已制定的编码原则及结合本校的实际情况，教务处会同学校行政办公室、人事处、资财管理处、学生处、科研处等有关职能部门进行统一制定。对部分软件开发，应根据学校的教学特点提出教学与管理需求，学校进行招标，引入企业竞争机制，由校方与公司人员共同组织，在统一的数据库平台下开发。特别强调的是要重视系统安全性，建成后的教务管理数据库是教务信息的枢纽，一旦遭到破坏会影响全校教务管理工作的正常运转，要重点防范来自网络上的对软件和数据库的破坏，防范网络"黑客"和"病毒"的攻击。同时，对重要的数据要经常备份，以防万一。

七、实现教学管理信息化，加强教学管理队伍建设

（一）信息意识即驾驭信息的能力（意识层面）

信息意识能力包括：高效获取信息的能力；熟练、批判性地评价信息的能力；有效地吸收、存储、快速提取信息的能力；运用多媒体形式表达信息、创造性使用信息的能力。随着教育信息化建设的飞速发展及高校教学规模的不断扩大，使得高校管理工作中的信息量越来越大，这就要求高校教学管理人员必须具有较强的信息意识，面对日常大量纷繁复杂的信息保持一贯的敏感性和判断力。教学管理人员具有较强的信息意识，就会在日常工作中积极主动地挖掘、搜集、利用教学管理中的各种信息，服务于本职工作。高校教学管理人员除了要保持对传统媒体信息的敏感性外，更要对网络信息有积极的内在需求，要能够在大量的网络信息中敏锐地发觉、判断、提取与教学管理工作相关的信息，并且能够开发和利用好信息，使信息的价值得到充分、持久的应用。

（二）信息技能（技术层面）

信息技能是运用信息技术进行高效学习与交流的能力，也就是将以上一整套驾驭信息的能力转化为自主、高效地学习与交流的能力。作为科技发展最前沿的高校，管理信息化的程度已日益成为衡量学校管理水平和综合实力的重要标准之一。

教学管理人员要培养自己快速获取信息、鉴定评估信息、加工提炼信息的能力，才能及时捕捉信息，高效制作信息，快速传递信息。教学管理人员要加强综合信息素质的提高，要学习管理学的知识和教育管理规律，提高辅助管理的能力，明确为领导提供管理和决策信息的重要性。这就要求教学管理人员一方面要系统学习信息学理论，掌握信息知识和网络技术常识，能够应用信息解决日常管理工作中的实际问题；另一方面，能够熟练运用各种媒体，特别是在网络传播手段上实现部门之间、上下级之间、同事之间的信息交流。

（三）信息道德

信息道德对应的是伦理规范，这种规范的体现过程往往有信息获取过程、信息使用过程、信息创造过程以及信息传播过程。

对于高校教学管理人员来说，必须在严格遵循信息法律法规以及相关制度的基础上，加大对知识产权的保护力度。管理人员必须有良好的人生观和价值观，从根本上提升自己的自律能力，能拒绝不良信息的干扰和影响。管理人员还要加强对保障信息安全、计算机维护等知识的学习，了解网络犯罪的相关常识。只有在加强对管理人员信息伦理道德的培养，才能从根本上规范高校管理人员的管理行为。

从信息素养的教育关系到人们如何立足于信息化社会这一基本点，其不是简单的超前教育观，是必须重视的现实问题。在信息化教学管理思维下，必须提升管理人员的综合素质和管理能力。只有提升教学管理者的信息技术运用水平，提升教育管理者搜集信息、研究信息和处理信息的水平，才能最终满足高校信息化管理的最终需求。因此在具体的信息化教学管理队伍建设过程中，必须严格遵循重在培养的原则。

一方面，要引进具有较高信息素养与信息能力的人才，充实教学管理队伍；另一方面，要着重培养提高现有教学管理人员的信息化能力，通过培训提高他们的现代信息素养，提高他们应用和开发信息技术的能力。同时，必须建立科学的信息管理制度，加强规范化管理制度的建设。

八、加强职业理想和职业道德教育，培养敬业、乐业的职业精神

高校管理者树立了正确的职业理想，能够正确面对和处理工作中的困难，能够激励他们把个人理想与奋斗同本校的战略目标结合起来，认识到自己工作的价值与意义，并努力实现自我价值，激发奋发向上的意识和信心，树立起牢固的职业理想和敬业精神。"职业道德则是从业人员应当遵守的职业行为准则和规范，高校管理者的职业道德是指在高等学校管理、教育与服务工作中所遵守的道德准则"。高校管理者的工作有其特殊性，主要表现在两个方面：高等教育是一种传播精神与知识的生产活动，不同于物质生产，具有自身的规律；高校管理者的工作对象是具有较高文化修养与专业学术领域的教师与学生，他们的荣誉感和自尊心比其他社会成员更强，因此对高校管理者们的职业道德水平有更高的要求，也赋予了高校管理职业道德更为丰富的内涵，这就要求管理者在工作中要遵循以下两个方面。

（一）坚持正确的政治方向和思想觉悟

必须具有较高的思想觉悟和政治觉悟，能够抵制各种不良风气和腐朽生活方式的侵蚀，始终保持坚定的政治方向，把爱国主义、集体主义和社会主义教育作为思想政治教育的主旋律。同时正确处理好奉献与索取的关系，将个人利益、集体利益与国家利益统一起来，把自己所从事的管理工作同学校、社会的发展联系起来，为教育管理工作贡献力量。

（二）激发管理人员工作的热情及动力

新形势下的高校管理工作对管理人员提出了更高的要求，尤其是信息化建设的普及所带来的教育环境的改变，更要求管理人员边工作边学习，从传统的经验型的管理者转变为紧跟时代潮流的学习型管理者。另外随着管理人员工作年限的提高，高校也应该采取多种途径来保护与激励他们的工作热情。通过加强职业理想与道德教育，既能够丰富管理人员的理论知识，又能够增强他们工作的幸福感与积极性，既提高了管理人员的综合素质，又能够提高工作质量，从而形成高涨的工作热情、积极的学习热情、提高业务水平的良好状态。

九、加强职业理想和职业道德教育，努力培养敬业、乐业的献身精神

高校管理者的职业理想，应是以提高全民族的科学文化水平为己任，努力培养出更多的德、智、体全面发展的社会主义建设者和接班人。目前一些管理者未曾树立职业理想，我们必须采取各种有效的措施，帮助他们树立起正确的人生观、价值观和道德观。引导他们认识到在社会主义中国，每个岗位上的服务者，相对于别的岗位上都是被服务者；职业是平等的，没有高低贵贱之分。激励他们把个人的奋斗目标同本校的发展前途联系起来。

认识到自己所从事的管理工作的崇高价值，从而增强自信、自强和奋发向上的意识，努力去实现自身价值，牢固树立起职业理想和敬业精神。管理者的职业理想一经确立，就能面对管理工作中的困难和挑战，有勇气克服它、战胜它、超越它，而不被它所压倒，同时，还能在实际工作中体会到无穷的乐趣。职业道德是职业行为者所应遵守的社会职业行为准则和规范。高校管理者的职业道德，是指在高等学校管理、教育、服务的具体工作中所必须遵循的社会行为准则。

第六章 信息化思维下的高校学生管理创新

第一节 信息化思维下高校学生管理创新的基本思路

一、信息化思维在高校大学生教育管理中的优势

（一）借助信息化，发挥社会主义核心价值观的引领作用

社会主义核心价值观是中华民族精神与意志在信息化时代的生动展现，既是社会主义意识形态在本质上的体现，也是全党全国各族人民团结奋斗的共同思想基础。社会主义核心价值体系在不断完善中形成了完整的内涵。其中马克思主义指导思想是灵魂，中国特色社会主义共同理想是主题，以爱国主义为核心的民族精神和以改革开放为核心的时代精神是精髓，社会主义荣辱观是基础。每一个组成部分都可以相对独立地构成一个次级的价值系统，又可以耦合成为一个完整的价值体系。这四个部分既各有侧重又互相补充，共同体现着社会主义的本质、原则、精神、方向，具有高度的整合性和思想创新性，为教育管理创新提供了有效的载体与途径，突破了教育管理工作在内容上整齐划一、在层次上不明晰的问题，实现了教育管理工作内容系统化、表述规范化、内涵明确化、体系稳定化。中国特色社会主义的高等院校培养的是社会主义现代化建设事业的合格建设者和接班人，这是以育人为本的内在含义在教育管理中，借助信息化的优势，充分培育和践行社会主义核心价值观，引领大学生健康成长，坚持德育为先的首要选择。

高等学校坚持"育人为本、德育为先"的教育理念，就是要解决依靠什么来"培养什么人、怎样培养人"的重大问题。借助新媒体这一信息平台，在潜移默化中将社会主义核心价值观内化为大学生的价值观念，从而转化为大学生的价值追求。培养社会主义现代化建设人才，就要坚持社会主义核心价值观，以此引导大学生的思想健康成长，在大学生思想意识中巩固马克思主义指导地位，坚持不懈地用马克思主义中国化的最新理论成果武装大学生的头脑，用中国特色社会主义共同理想凝聚建设者的力量，用以爱国主义为核心的民族精神和以改革创新为核心的时代精神鼓舞建设者的斗志，用社会主义荣辱观引领社会道德风尚，巩固全党全国各族人民团结奋斗的共同思想基础。在大学生群体中培育和践行社会主义核心价值观，既是在高等学校进行思想政治教育的重要内容，也是建设社会主义强国、实现民族伟大复兴所赋予的历史任务。

这就需要充分发挥各种教育载体特别是新媒体的作用，采用喜闻乐见的信息发布形式，激发学习兴趣，形成教育合力，提高教育效果。促进大学生思想的成熟与健康发展。

（二）运用信息化，构建践行社会主义核心价值观的有效载体

当前，由于经济转型和社会发展变迁的影响，市场经济大潮汹涌澎湃，各类信息呈现出大爆炸状态，引发人们价值观念的变迁和社会心态的流变，导致了功利性价值观的增强；随着改革开放的深入，大学生受到外来思潮的广泛影响，助长了价值多元化的倾向；新媒体的推广运用，促进了自主意识的觉醒，催生了以自我为中心的价值观，这些因素都对大学生的教育管理带来影响，大学生的教育与管理上出现了一些不容乐观的问题，也对践行社会主义核心价值观的有效性提出了挑战。在新媒体时代，发挥新媒体信息化的优势做好大学生教育管理工作，培育和践行社会主义核心价值观，用社会主义核心价值观指导对大学生的教育，不断提高大学生的思想政治素质与理论水平，把他们培养成中国特色社会主义事业的合格建设者和接班人。而如何运用新媒体发挥信息化的长处是当前必须面对的富有挑战性的任务，利用青年大学生对新媒体熟悉、对信息接受反应快的特点，发挥信息化在践行社会主义核心价值观过程中的积极作用。

（三）开拓信息化渠道，发挥新媒体在教育管理创新中的功用

要想促进学生信息化管理创新，必须借助新媒体的力量，把抽象的观念具体化、大众化，还要实现学生思想管理和社会主义核心价值观的有效结合，在明确教育管理理念的基础上，将新媒体应用到学生学习的各个方面，并通过推动社会实践，开展多样化的主题活动，开展大量的志愿活动，提升学生的自身修养，外化为大学生的自觉行动，规范学生的自身行为，促进学生全面发展。

1. 构建大学生教育管理的信息化宣传平台

围绕立德树人的根本任务，构建网络信息平台，建设培育和践行社会主义核心价值观的信息化阵地。《中共中央国务院关于进一步加强和改进大学生思想政治教育的意见》中强调新时期的大学生思想政治教育工作，要主动占领网络思想政治教育新阵地，加强网络思想政治教育队伍建设，形成网络思想政治教育工作体系，牢牢把握网络思想政治教育的主动权。在大学生群体中运用新媒体践行社会主义核心价值观进行思想教育，必须要建立足够多的网络信息宣传平台，拥有足够多的信息宣传渠道，用社会主义核心价值观占领舆论阵地。在当前信息化时代，各种文化、思潮、观点、言论、诱惑汹涌而来，突破了传统意义上的校园围墙，高校校园也不复是一方思想净土，各种不同的价值观、各种异质的文化、各种信仰不同的宗教都在全时空、全方位地推销各自的思想和价值取向。"近朱者赤近墨者黑"，长时间地接触这些信息的大学生往往在潜移默化中接受影响，在不知不觉中改变了原有的理想信念，对大学生社会主义核心价值观的培育带来负面的影响。

高校与相关主流网站应融合社会主义核心价值观，充分运用信息化的形式，加强对大学生

的教育，注重在网页建设中贴近大学生的思想、生活、情感与实际，坚持唱响社会主义主旋律，用马列主义、毛泽东思想、中国特色社会主义理论体系主宰网络舆论阵地。坚持网上时时有党、团的声音，坚持用社会主义核心价值观引导学生，避免空洞的说教与灌输，充分依靠学校宣传部门、技术中心、专职教师、辅导员、班主任等的技术与学科优势，动员各系部、社团、党支部、班级和全体大学生的积极参与建设，设置大学生喜欢关注的文化、艺术、生活、服务等相关栏目，把学校的主流网站建成集教育教学、宣传栏、学术论坛、院报、校刊、社团论坛、BBS、后勤服务等功能于一体的综合性平台。建立党支部、团支部、班级等组织的 QQ 群、微博、微信群、人人网朋友圈等。在宣传教育服务的同时融入社会主义核心价值观，在服务大学生的同时注重社会主义核心价值观的引领与践行，贴近学生，增强网站的吸引力与影响力，激发大学生访问、交流、参与网站建设的兴趣，逐步吸引大学生把浏览主流网站、参与互动交流作为用手机、电脑上网的首要选择，用网络凝聚大学生对学校的感情、对老师与同学的亲情，在互动交流中培育并践行社会主义核心价值观。

2. 建立大学生教育管理的交流平台

信息化的有效运用，需要构建培育和践行社会主义核心价值观平台，运用新媒体进行深入的交流，发挥信息交流平台的宣传与引导效用。教育管理工作者需要树立大学生在信息化环境下教育管理的新理念，调整教育管理工作创新的思路，并与传统的教育管理方式有机结合起来，形成相互配合、互相补充的新方式，把握大学生教育管理信息化的主动权。积极探索在信息化背景下，大学生教育管理的新特点、新规律和可能出现的新问题，针对这些新情况，深入分析问题产生的外部、内在的原因，找到根源，寻求解决的办法，在解决问题的过程中促进大学生全面发展。主要通过网页搭建师生信息互动交流平台，建立党支部、团支部、班级等组织的 QQ 群、微博、微信群、人人网朋友圈、贴吧等，辅导员、班主任建立工作博客将个人的工作日志、邮箱、微信、微博，QQ 等以博客网页的形式提供给学生，形成交流的圈子，构建集教育、管理、交流、服务于一体的网络信息园区，成为思政教育、网上学习、信息传播、交流沟通和管理服务的载体。在管理实践中，如有的大学生喜欢在 QQ 签名或者空间发表意见，表达自己的心情，也曾经有过大学生在签名中流露出轻生想法的案例，细心的辅导员及时了解了这一情况，积极进行心理干预与疏导，避免了悲剧的发生。可见，教育管理工作者通过这些载体及时关注大学生对网络文化、网络动态、网络话语、网络心理、网络舆论的反应，针对性地做出解释、沟通、疏导，给大学生的学习、生活带来更多的指导、安慰与交流，及时针对大学生的动态准确地了解学生真实的想法和存在的困难与疑惑，较好地实现与学生进行交流和沟通，并进行答疑解惑。

利用信息化平台，举行主题教育活动，结合价值观教育，普及社会主义核心价值观弘扬社会主义、集体主义、爱国主义价值观等社会主义意识形态主旋律，牢牢把握中华民族社会发展的历史规律和未来趋势，为实现中华民族和人民的根本利益、全局利益和长远利益而刻苦学习。在教育管理中，创新信息交流形式，结合具体的主题教育活动加以落实。在班级博客中结合着"中国梦•青春梦"进行征文比赛，面向全班同学结合中国梦畅想自己的青春梦，在展开民族伟大复兴憧憬的同时，放飞自己的远大理想，把握青春时光，立志成才，勤奋向上。在班级 QQ 群中，可以针对时事热点、时政新闻等进行讨论，多方面多角度地了解大学生的思想动态，以社会主义核心价值观引领交流过程，从而提高共同认识；针对班级中存在的问题展开分析，及时褒奖先进，针对不足深入讨论，集思广益，找到裨补缺漏的办法，提高班级的凝聚力与进取心。在微信、微博、人人网上发表或者转载一些弘扬正能量的励志性文字，能够起到激励理想，唤醒进取心，达到人文熏陶的好效果。通过在运用新媒体进行交流学习的过程中，不断增强大学生的民族自尊心、自信心和自豪感，在潜移默化的熏陶中自觉调整和修正价值选择，引导大学生培养正确的健康人格和伦理道德，不断强化自身的价值追求和价值理想，在社会主义核心价值观的范畴内树立起自身的人生观、价值观，使个人的发展与民族的伟大复兴紧密联系在一起，树立长远的人生理想，并承担起自身的历史使命。

二、信息化思维下高校学生管理工作的新理念

随着我国网络信息技术的不断发展，人们的人生观和价值观都开始变化，且这种变化是非常大的。对于现在的高校大学生来说，其思想观念和自身思维特点也开始改变。虽然当前大部门学生的思想都比较积极健康，具备较强的控制能力和鉴别能力，但在社会环境的重大变革下，学生的思想观念也开始有新的变化。

（一）群体观念相对淡漠而唯我独尊意识增强

由于当代大学生大多数都是独生子女，在家里从小就受着祖父母、父母的呵护和宠爱，享受着"小皇帝"般的待遇。因此，在相当一部分人的意识里，"唯我独尊，自私自利，一切以自我为中心"的观念非常根深蒂固，尤其是上了大学，在一定程度上更加助长了这种思想意识的膨胀。他们不懂得"只有我为人人，才能人人为我"的道理，反而形成了"不合群、独往独来，缺乏群体意识"的观念。

（二）社会公德和奉献意识相对淡漠而个人功利意识增强

在社会经济不断发展的同时，当代高校学生的人生价值观也开始改变，逐渐变得混乱。在当前的经济市场上，人才竞争比较激烈，社会形势越来越严峻，导致高校学生的价值观念逐渐现实化，高校大学生开始更加重视个人利益和个人发展，越来越重视追求私利，开始失去原本的无私奉献精神和崇高人生信仰。

三、推进高校学生管理创新是形势发展的迫切需要

（一）推进高校学生管理创新是适应高等教育大众化发展的需要

近年来，我国高等教育步入快速发展的轨道，高等教育规模的迅速扩大，学生人数的成倍增长以及高校内部改革的逐步深化，尤其是学生生活社区化、弹性学分制的实行和班级概念的淡化，都不同程度、不同方面地影响着学生管理工作，并对高校学生管理工作提出了新的要求与挑战。高校学生管理工作只有积极创新，优化管理资源配置，才能适应大众化发展的要求。

（二）推进高校学生管理创新是加强和改进学生工作的内在需要

学生管理是对学生的学习、生活、思想、行为等进行科学的教育引导的特殊管理活动。当前，社会生活方式多样化、思想观念多样化、经济成分多样化使学生的价值观念、生活方式都打下了深刻的时代烙印，尤其是互联网的发展和信息的多元化，对学生的学习、生活、思想观念产生了巨大的影响与冲击，而开放的教育背景，学生主体意识、民主法治意识的增强，使学生个性更加张扬，更加关注自我。在这种形势下，学生管理如果仍沿用传统封闭、单一的管理模式，将很难开展工作，只有顺应时代潮流，尊重学生的个性与主体意识，以非常规的思维，进行管理理念、管理手段、管理模式的变革与创新，才能发挥其管理育人的作用。推进学生管理创新，既是加强和改进学生管理的内在需要，也是提高高等教育质量的迫切需要。

（三）推进高校学生管理创新是培养创新人才的需要

随着科学技术的不断发展和进步，要想满足社会对人才的需求，必须加大对高校学生的培养力度，培养出综合素质足够高的专业化人才。要想实现这个人才培养目标，必须加大教育创新和制度改革，不仅要创新教育管理观念，还要创新人才培养模式。在高校教育当中，学生信息化管理工作比较重要，也是培育人的主要方式，学生管理不断创新是培养创新人才的需要，也是高校教育创新的主要内容之一。

四、开拓大学生管理工作的新思路

面对当代大学生中所出现的新特点和存在的新问题，如何做好高校大学生的管理工作，培养出高素质的合格人才，已成为一些教育管理者研究的课题。以往单纯说教式的管理方式已不适应新时期的发展要求，必须调整我们的工作方法，树立新的管理理念，开拓新的工作思路。

（一）注重情感教育

所谓情感教育，就是要求我们在日常管理工作中，要晓之以理、动之以情，以理服人、以情育人，理中有情、情中有理。首先，应该尊重学生个性发展；其次，在学生教育管理工作中，

要以情感为基础，以教育为目的，寓情于教；再次，在教育管理过程中，要以情感为基础，以尊重为前提，因势利导地教育和管理学生，做好转化工作；最后，要以情感为动力，以舆论为导向，不失时机地赞扬、鼓励学生，以情激情，培养学生高尚的道德情感。

（二）树立人本观念

1. 师生之间应树立平等意识

要想促进师生之间的良好交流和沟通，必须采取有效措施，改善师生关系，对于师生关系来说，对应的是平等的关系，是基于人格平等上的合作交流关系。在建立师生关系当中，必须凸显出学生的核心主体地位，教师要起到良好的引导作用，学生才是学习的主人。在具体的教学管理活动开展中，教师要让学生学会自我管理，不要进行过多的干预。

2. 要让规章制度充满人情味

制度建设是班级管理中的重要举措，但是制度的制定与实施，应适应不同班级的特点，符合大学生的年龄特征，而不能以检查、纠偏、惩罚为目的。

3. 教师要尊重学生的个性差异

针对素质教育来说，其核心是个性化教育，针对不同的学生来说，是存在一定差异性的，要想从根本上提升教学效率、保证教育的成功，就必须尊重学生，采取个性化和专业化的教育方法，针对不同的学生，要采取相应的教学方法，通过加强个性化教育，可以为学生创设良好的学习环境和学习氛围，从根本上提升学生的思维创新能力。

4. 教师要树立"学生是发展中的人"的意识

在教育过程中，作为被教育者的一代年轻学生，他们身心发展与成人有所不同，从他们的纵向成长和横向变化来看，都还处在不断发展的过程之中，具有极大的发展潜力。他们的发展，除了先天遗传素质外，往往与外界的环境、教育条件密切相关，无论生理方面和心理方面都在学习过程中通过遗传、环境、教育的交互作用，逐步趋向成熟。这种成熟时而发展迅速，时而发展缓慢，呈波浪式前进。因此，作为教育者和管理者，就不能用对成人的标准去要求学生，更不能用凝固的观点去看待、指责他们，或是听任他们自由发展。相反，应该针对他们身心发展不同阶段的具体特点，加以引导。

5. 培养学生的责任意识

班级管理中的责任意识主要是指道德意识。一方面，要培养学生认清一切束缚个性、奴化愚民、等级观念的旧意识；另一方面，又要教育学生存大义去自私，做一个有责任感的人。

（三）树立以学生为本的管理理念和全员参与的大教育管理观

有什么样的教育观念，就有什么样的教育活动。推进学生管理创新，首先要树立切合学生特点，树立"以学生为本"的管理理念和全员参与的大教育管理观，这是学生管理创新的前提和先决条件。现代管理学认为，人是各种资源中最重要的资源，是管理中的首要要素。树立以学生为本的管理理念，就是要求管理者在管理的过程中，把学生看作管理的核心，一切工作以学生为中心展开，把关心学生、尊重学生、激励学生、解放学生、发展学生放在首位，最大限度地满足学生的需要，最充分地调动学生的积极性、主动性、创造性。具体而言，就是要求我们在学生管理的过程中，深入了解学生，认真研究学生的需求，把发展学生的综合素质和创新能力作为学生管理工作的出发点和落脚点。同时，在管理中充分发扬民主，发挥学生的主观能动性，让学生明白，学生既是管理的对象，又是管理的主体，提高学生自我管理、自我教育、自我服务的能力。全员参与是指高校学生管理工作主体的全员化。高校学生管理工作千头万绪，只靠政工干部难以完成。推进学生管理创新，要树立全员参与的大教育管理观，强化学校党政各部门和单位的育人和管理意识，充分调动学校内外各方力量和各方面人员参与学生管理的积极性，建立起以学校学生工作部门与学生工作队伍为主体，校内各部门、教学人员、教辅人员、学生干部、社区管理人员齐抓共管，管理、教育、服务相结合，学校、家庭、社会相配合的全方位学生管理新格局，从而形成管理合力。

（四）运用现代科学技术，构筑学生管理信息平台

随着高校校园网络化、数字化进程的加快和校园网的普及与发展，大学校园正成为我国互联网用户最密集的区域，大学生已成为上网的最大群体之一。作为新的信息传播媒体，互联网已成为大学生们获取知识和各种信息的重要渠道，并对他们的学习、生活、思想观念、行为方式、个体心理产生了深刻的影响，对大学生教育管理带来了一系列革命性的挑战。作为管理者，必须学习掌握计算机应用技术，努力探索网络时代学生管理的新方法、新途径，创新学生管理手段，提高学生管理工作的信息化水平、科学化水平，只有这样，学生管理工作才有吸引力。

具体来说，一是要建立学生信息管理数据库。信息是管理活动不可或缺的资源，全面、详细地掌握学生的信息，是做好学生管理工作的必备条件。为此，我们从大学新生开学伊始，就要开始收集、整理学生各方面的信息，比如建立新生录取信息数据库，做好学生登记表，学生家庭联系表，困难学生情况表等，同时将学生成绩、获奖情况、组织发展等学生发展的动态信息及时输入，进行加工、处理，制成电子档案，为有的放矢地开展对学生的管理和教育奠定基础；二是建立学生管理服务平台。如通过学生工作专题网页、微博、博客、QQ群等形式建立学生管理服务平台，主动占领网络阵地。学生管理服务平台的内容要符合学生的生活、学习、思想需求，各种信息要贴近管理、贴近生活、服务教学。民主、开放、平等、互动的讨论与沟通，受众面广，不受时空限制，可以改变过去以单向型为主"你听我说"的教育管理模式，有利于激发学生的参与热情和主体意识，增强学生管理工作的亲和力。

第二节　信息化思维下高校学生管理创新的方法

一、思想理念创新

高校学生管理工作创新的基础和前提是理念创新。理念是高度凝结的集体式智慧，核心是自主创新能力，既强调外在显性理念，还强调潜在的隐性理念。高校学生管理工作的创新，要让学生管理工作人员都能够与时俱进，及时更新个人理念，形成创新高校学生管理事务，提升管理工作效率的新理念。

（一）领导者要有与时俱进，以人为本的理念

高校的信息化建设是一项需要消耗巨大人力、物力和财力的工程，同样也是牵扯到多个职能部门和一线人员的工程。因此，高校的学生管理信息化项目在实施前必须要经过一个科学合理的规划，同样也需要高校领导者对信息化的趋势有一个清醒的认识，对时代的浪潮有正确的眼光，能够紧跟时代的步伐，大局观念强，能够花大力气对高校信息化建设的规划和部署进行严格把关。领导要主动自觉地学习先进的信息化理论，能做到从自身做起，统揽全局，高瞻远瞩，全盘规划。同时，还应该在充分调研论证的基础上制定出适合自己学校的信息化建设方案和长远目标。

现在许多高校提出了建立专门的校级信息化管理机构，为了使信息化发展能统筹规划、集中建设，也为了让大家对学校办学目标、策略能够有个透彻的理解，很多高校在信息化建设过程中设立了全程负责校园信息化建设的首席信息官 CIO。这些事例都反映了信息化建设的成功需要加强领导者的建设理念，信息化建设需要具有先进理念的领导者。最后，领导干部需要有以人为本的理念，必须从源头上重视高校学生信息化的服务宗旨，同时可以使用目标管理和过程激励的方法，保证全员参与信息化建设。在开展信息化建设时应加强系统动力学理论的应用，运用项目管理思维进行建设管理，主旨是将学生管理信息化的过程当作一个具体项目来运作，从管理系统的整体出发决定信息管理资源的配置和平衡，有利于现有的学生工作管理能力下的整体最优化，能够进一步提高学生管理工作的效率，对高校学生管理工作有较强的指导意义。

（二）管理人员应着重培养服务的意识

校园的信息化系统是为高校所有人服务的，同样高校管理人员也是校园信息化系统使用的重要主体，而采用网上办公使高校教师参与信息化建设是一个重要手段。高校管理人员应该加强自身服务意识的培养，在使用信息化办公系统时能够从服务的层面提出相应的意见和建议，以加强对信息化系统的进一步改善。同样，由于我国多数高校的管理人员属于不同教师阶层，

来源于很多不同的专业，许多非计算机或信息化相关专业的人员信息化水平较低，因此，信息系统的使用对他们而言有时候使用起来往往会出现不同程度的问题，因而他们仍然习惯于按传统的手工模式进行日常办公。所以，高校应该在信息化建设的同时加强对学生管理工作人员的教育和培训，引导他们积极养成自觉利用信息化平台的习惯。而管理人员本身则要在观念上加强对信息化的理解，在理念上要跟上学校和社会信息化的步伐。高校要通过培养管理人员的信息化意识，使其能够轻松使用信息化系统的基础上实现成本的节约和效率的提高。

（三）学生要充分理解信息化带来的便利，积极使用信息化系统

现代化信息手段的应用不但使学生的学习效率有了大幅提升，而且使学生在学习和生活上有了更大的自主性和灵活性。当前很多高校都实行了校园一卡通，像银行卡一样大小的信息卡片集成了学生证、门禁卡、饭卡、借书卡等一系列与学生密切相关的信息，给学生提供的极大的便利。同样，大量信息终端的设立也使学生传统的学习生活融入了大量的信息化内容，在某种程度上对学生信息化素养的要求有所提升，其所带来的优势不言而喻。在现实生活中，学生乐于接受新事物的特性也让学生更加热衷于信息化产品的使用，但是由于高校学生自身的心理和性格特征，高校还是要在加强学生信息化素养的培养、信息化资源开发和使用上给予必要的引导，使他们能对不良的上网习惯和网上诱惑增加免疫力，保证信息化能够成为学生学习和生活的重要工具。

（四）技术人员在加强服务意识的同时也要树立合作的意识

高校信息技术人员在高校信息化的建设和维护中发挥着主导作用，因此高校应该确保管理和维护专业技术人员能紧跟科技发展的步伐。由于专业的原因，很多高校信息技术人员工作的出发点往往只停留在技术层面，很难对各部门实际的需求很好地把握。因此，高校信息化技术人员应该与一般技术人员不同，高校要努力培养他们的服务意识。前期调研时，要通过对学生、行政管理人员和其他管理人员的交流，了解不同人员的信息化需求。在信息化产品使用过程中，信息化技术人员也要对产品有一个清晰的把握，以求根据学校的实际情况，加强信息化产品的创新性和务实性，从技术层面和实际应用的需要对信息化进行相应综合的设计和建设。切实树立"三分重建设，七分重管理和维护"的理念。

在高校学生信息化管理中，还要严格遵循"以人为本"原则，要做好关爱学生和保护学生，促进学生的个性发展，从根本上提升学生的独立思考能力，加大对学生全面发展以及学习需求的关注度，旨在促进学生健康成长和高效学习。

信息技术提供的自动化功能和通信功能，有助于构建各类管理应用系统，提高管理的效率；信息技术强大的通信和交互功能，有助于畅通与学生沟通的渠道；借助信息技术构建各类应用平台，开展管理机制创新和应用，可以不断提升学生管理和服务水平，让网络成为传输人类道德价值的新工具。高校要重视网络平台的建设，开展以人类普遍道德价值教育为主题的网上论坛、网上交流、网上辩论赛、网上教学等活动，在校园博客、论坛中将人类普遍道德价值贯穿

于新闻的报道，通过大家的相互交流、对话和积极渗透，倡导积极、健康、文明、进步的价值观，不断改进和提升网络平台，强化民族精神，增强网络的宣传力和影响力。

二、组织结构创新

（一）建立高效的学生管理信息化组织结构

高校信息化建设中成立信息化工作领导小组或委员会，设置信息主管 CIO 职位，并在学校一把手的直接领导下具体负责校园信息化建设的体制是目前高校信息化建设所推崇的。在具体实施中，学校信息政策、标准由 CIO 负责制定并对全校信息资源进行管理、协调校内各个职能部门和行政管理人员，从管理的层面有意识地选择和使用信息技术，通过对筛选后的信息资源进行进一步筛选和挖掘以实现对数据的有效利用。CIO 结构的信息化组织体制，在促进高校学生管理体制的变革和学校专业结构的调整与重组，提升高校的管理决策水平方面发挥着积极的作用。其次，在调整信息化组织结构的同时，还要对学校信息化领导小组的组织体制进一步完善。在浙江省高校信息化的建设进程中，信息化领导小组作为全校信息化建设的授权委托机构，有着管理和规划各职能部门以及各院系师生的作用，信息化办公室作为信息化领导小组的实际职能部门同样既是信息化校园的用户和服务对象，也是信息化校园的服务提供者，并代表各自所属实体维持整个校园信息系统的运作。

（二）优化学生管理体制

1. 目前高校学生工作组织的主要结构

（1）直线型层级结构

目前，我国众多高校的学生工作组织结构主要是校与院（系）两级管理和条块结合的运行机制的直线型层级结构体制。直线型层级结构依靠迅速决策，灵活的指挥，让决策层能够快速控制相关的职能部门和院（系），进而整合校内各种资源，推进学校全局工作的开展。这些优势让直线型层级结构体制仍然广泛应用于高校学生管理中，但是其管理过程中多层领导条状分割，职能内容交叉重叠，沟通协调困难等问题也是显而易见的，如高校学生军训工作多由保卫处（人武部）、资产管理处、学生处、院系等多个部门参与，需要很大的横向协调性，如果在工作的开展中不能进行专业化的指导，那么很容易造成非整个军训工作的领导出面负责，而应该负责的领导又不出面的两难境地。同样，我们不难看出，直线型层级结构组织跨度很大，致使院（系）的党政一把手很难完全控制所有的学生工作。与教学、科研的重要性相比，学生管理工作往往游离于高校的中心工作之外；另一方面，目前高校学生工作的信息传递往往需经过学校党委、行政、学工部、团委、院（系）、辅导员、班级干部等流程，高校如果使用直线型层级结构的模式就很容易因为层级多致使信息不畅，更严重者容易导致信息传递障碍和信息失真。最后，由于学生工作部门在党委的领导下，党委负责辅导员等学生工作人员的教育、考核、评价，但辅导员的用人权限却在院（系）。这一人事分离制度，很容易产生学生工作部门职能管事不能管人，而院系管人多于管事的人事分离现象。

（2）横向职能型结构

以一级管理体制和条状运行机制为特点的横向职能型结构管理模式目前仅在国内的少数高校实行，它们最初也是借鉴或参考美国等西方高校学生事务管理模式建立的。由于其只在学校一级层面进行学生工作管理机构的设置和权限分配，然后再根据分工由各个职能科室直接面向学生和学院社团组织开展工作，学生管理工作由学校直接面对学生开展和多头并进条状运行是其最大特点。同样，其所具备的管理扁平化、分工明确、组织跨度大等特点使其减少了管理层级，工作职能直接延伸到学生之中，横向协调也更加容易，指挥也更加灵活机动，致使决策者对管理的潜在影响增强。但是在这种组织结构下，高校学生工作人员往往会因为组织结构本身对专业化和管理层次的减少过分专注，致使工作的强度增加，心理压力增大。在工作负荷增大的情况下必然会导致学生管理工作人员的工作效率低下，而如果继续在院（系）一级保留辅导员制度，依然会使辅导员因为隶属关系不明确而产生工作职责不清晰的问题。

2. 网上业务协同矩阵管理结构是信息化背景下学生工作的有效组织形式

（1）学校的信息化平台

应统筹学生处、教务处、就业指导中心、图书馆、校园卡管理中心、财务处和宿舍管理中心、心理咨询中心等与学生学习和生活密切联系的部门，合理规划平台的功能模块，并以统一的学生基本信息数据为基础建成学生电子档案库，将学生在校期间的学习、生活、获奖及获资助、违纪处分等各种基本信息包含在内。在实现功能发挥的同时，能综合反映学生在校期间的表现，体现学生在学习、奖惩和获得资助方面的真实情况，最终实现对学生综合素质的客观评价。统一的学生基本信息数据是实现平台数据统计的核心要素。

因此，要确保学生电子档案库中学生基本信息的准确。基本信息应包括学生的姓名、性别、出生年月、生源地、学习经历等一些固定不变的内容，也包括在校期间的家庭基本情况和家庭成员信息等可能发生变化的信息，还应包括学生奖学金及助学金的获得情况和实习、培训等需提交后由院系、学生处审核通过的信息。而数据的更新可根据学校的特殊情况，由学生在特定时间修改，相关部门进行审核。另外，该平台要通过其他设置附加一些功能以达到全面记录学生情况的要求，如一卡通消费情况、图书借阅情况和宿舍进出情况等，以便于进行调查统计分析。

（2）平台应具有数据收集和数据分析的功能

该平台的数据来源应直接、客观，适合用于调查统计分析。通过对相关数据进行统计分析，可以对学生在校期间的学习和生活等情况进行综合客观的评价。例如，将从校园卡管理中心中调取的学生消费信息与学生资助管理中心调取的贫困学生统计信息进行对比，可以帮助学校对贫困学生的情况核实与监督，对补助发放进行相应调整；将从图书馆调取学生的借阅记录、进出记录与从教务处调取的学生成绩进行相关对比，对促进学生加强课外阅读和学术研究做出有效分析；对学生的就业信息进行统计，然后与学生在校期间的情况进行对比分析，为如何提高学生综合素质和就业能力提出相对客观的建议。同时通过对部门之间相关数据进行交叉对比，了解学校在教学管理、其他学生事务管理过程中存在的问题，进而对学生工作和教学管理提出建设性的意见。如果平台的规划不合理，那么信息化平台运行将会十分混乱，信息化管理也无从谈起，推动学校的学生工作发展则是奢谈。

（3）关注平台的权限分配

权限分配可以采取给予角色分配权限的模式，对不同部门的工作人员根据职务和工作内容分配不同级别、不同内容的操作权限，以达到对每个操作环节的细化，提高系统的安全操作。该学生管理系统应支持学生事务管理部门的工作人员、班级辅导员和学生本人使用，同时也可为其他部门人员设置相应的查阅权限，以便于了解学生的学习和生活情况。同样，"只有拥有用户管理权限的辅导员、学生处、教务处、财务处、团委等才有权对其相关信息进行修改。"

三、管理手段创新

（一）适应发展需求，革新管理方式

信息技术的快速发展，必然要求对原有的管理方式进行创新，要适应学生管理信息化的需求，转变对学生管理的方式。在学生管理信息化项目实施前，高校应设置信息化工作领导小组，兼顾目标管理、过程激励、项目管理及系统动力理论，运用项目管理系统的观点、方法和理论，对项目涉及的全部工作进行有效地管理，以成功地达到预期工作的目标。信息化项目随着管理的需要而提出，必然在流程上、结构上体现管理的思路与方法，不同的管理体制需要不同的软件产品来适应。因此，在高校学生管理信息化项目的推进过程中，必然需要了解原有的管理方式，需要找出现行学生管理方式与软件产品的最佳结合点。在后期的学生管理信息化过程中，高校学生管理一线人员要从封闭的局域性管理向开放式的网络化管理转变，由手工的定性单项管理向网络化的定量综合科学管理转变，高校学生管理一线工作人员应努力使用现代信息技术，大胆探索学生管理的新方式和新途径。

（二）抓好队伍建设，增强人员素质

万事"人"为先，人是任何管理工作中最关键的因素，管理成效很大程度上取决于人的素质。首先，在信息化条件下，高校要建立一支高质量的信息化学生管理工作人员队伍，是加强学生管理，完成人才培养任务的根本保证。高校学生管理工作者的队伍应该由专兼结合、多层次的人员组成。这支队伍不仅应当具有较深厚的学生管理理论水平，而且又具有强烈的政治使命感和责任感，不仅应当具有实际的高校学生管理工作经验，而且又具有较熟练使用网络技术和软件开发技术的能力与水平；还要具有新形势下学生管理工作的开拓和创新精神。其次，要建立一套与人才培养相适应的日臻完善的学生工作管理体制，理顺关系，分清职责，加强学校学生管理部门的宏观管理和决策功能，充分发挥学生管理人员的主观能动性。再次，要建立培训机制，根据队伍中人员的素质、层次特点，实行交叉融合培训，让具有丰富学生管理信息化经验的专业人才培训辅导一些新的学生管理工作一线人员，同样，要加强信息化理论的培训，让有扎实计算机网络、软件基础应用的人才培训辅导信息化产品的使用，使高校学生管理者能提升其在学生管理与信息化管理优化组合中的能力及网上操作的能力，确保高校学生管理信息化建设的深入进行。

（三）依托信息化平台，提升学生管理精细化程度

学生管理工作精细化，是指学生工作不仅要做好，更要做精、做细，精则精益求精，高标准，严要求，一丝不苟；细则细致入微，春风化雨，润物无声。要积极推进信息化技术在高校学生工作精细化管理中的应用，在推进学生管理工作整体高水平高质量的同时也要使用信息化技术追求学生个体个性发展，促进学生的全面成才。信息化背景下学生工作精细化的出发点是以学生为本，因此，在具体工作开展中应使用信息化手段注重个体指导，有效提高教育效果。但同时，学生工作精细化又是一种形式、一个目标和态度，学生工作精细化就像是农业生产的精耕细作一样，只不过我们的工作对象换成了学生，并结合信息化技术。要达到精细化的学生工作就要充分利用信息化平台，做好学生教育工作的精细化、学生管理工作的精细化和学生服务工作的精细化。

（四）加强管理，完善信息化保护体系

信息系统安全等级保护是信息化保护系统的重要组成之一，对照公安部发布的《信息系统安全等级保护基本要求》，信息系统安全等级保护可以定义为："信息系统根据其在国家安全、经济建设、社会生活中的重要程度，遭到破坏后对国家安全、社会秩序、公共利益以及其他组织、法人、公民的合法权益的危害程度等，由低到高划分等级，实施相应的保护措施。"

高校学生管理信息化作为学生管理工作中的一项重要工程，其设置信息系统安全等级保护就显得尤为重要。首先，在具体实践过程中高校应该充分考虑网络信息安全问题，按需购买硬件设备及网络防火墙、检查系统设备等。其次，在各信息系统的使用过程中应该设置严格的等级权限，给各个职能部门分配各系统的账号同样应该适合该部门的职能和权限要求，没有必要就不应该出现交叉重叠的权限，同时应该提醒各具有管理员权限的工作人员注意保护好账号的安全，以防泄漏。最后，应该制定规章制度保护信息的安全，对于因学校内部人员疏忽或者恶意入侵学校信息系统的人员应该予以严厉的处罚，同样，对于私自盗用系统账户的学生也应该加大惩罚的力度，以确保在主观意识上保证学生管理信息化的安全。

四、技术支持体系创新

（一）加大硬件方面的投入是实现学生管理工作信息化的必要条件

计算机、网络的配置是学生管理工作信息化建设的硬件基础，要想真正实现学生管理工作信息化，学校必须加大投入力度，完善信息系统基础设施建设。高校学生管理信息化要切实贯彻《国家中长期科学和技术发展规划纲要（2006—2020年）》的同时也要落实好《国家"十二五"科学和技术发展规划》，根据国家科技计划管理改革的总体精神，在信息技术领域按照"使以网络为基础、以计算机为核心、以应用为导向、以安全为保障"的指导思想，关注信息产业发展的方向，寻求信息化的核心技术，努力在信息技术前沿领域寻求基础性的突破。高校学生管理信息化也要求能够创新应用模式，积极加强新信息技术应用与尝试，试图建成以校园网为骨干，依托网络技术和各种信息化系统，重视信息化的实用性功能，整合自动办公系统、无线电信资源，借助网络以数据流的形式在各个角色之间流转与共享。同时，应加大基础设施建设力度，这既要靠高校自身的资金投入，另一方面也要靠引入市场机制，通过与信息化企业（如中国联通、中国移动）的合作，全方位提升学生管理信息化水平。

（二）以数字校园智慧校园为基础进一步推动学生管理信息化建设

尼葛洛庞帝是美国麻省理工学院的教授及媒体实验室的创办人，他的《数字化生存》一书深入浅出地讲解了信息技术的基本概念、趋势和应用、巨大的价值和数字时代的宏伟蓝图。在高校，数字化把高校的管理和教学带入一个全新的网络信息化时代，也给高校的学生工作带来了极大的便利。同样，近年来，随着信息技术，特别是信息高速公路的发展，世界各国都已大踏步地迈入网络化、信息化的大门，信息技术的发展和应用，极大地改变了人们的生活方式，也给各行各业带来了深刻的变革。与此同时，信息化的发展开启了智能化的时代。

（三）使用物联网及 LBS 技术创新学生管理工作

保障高校学生安全是目前高校工作的重点，创建平安校园也是目前高校的一项重要任务。但是如何能够在最大限度地为学生提供服务的高校的日常管理中做到学生在校生活的安全，这是目前各高校迫切需要解决的问题。目前，物联网的应用在高校日渐增多，物联网能够借助无线数据通信等技术完成对信息的收集，同时还能对搜集的数据进行进一步处理并发送给用户。在学生日常安全管理工作中，如果能够把相关感应器和识别设备置放在像教室、食堂、图书馆、寝室等学生活动的相关区域，那么一旦学生进入或者离开，手机就会发出相应信息提示或者警告，同样，如果在寝室里安装感应识别系统，那么晚上学生进出寝室就可以通过自己的一卡通实现楼层、寝室门的开关工作，极大地便利了学生的日常生活。通过"物联网"，学生管理者可以通过随时掌握学生的准确位置和其他情况起到预防不安全事故发生的作用。学校也可以把

RFID 读取器架设在教室、寝室门口、大楼入口处、走廊、图书馆和顶楼等地点，同时在每个学生的手机或者饭卡中安装 RFID 标签。这样当学生离开寝室时，学生手机就会通过 RFID 读取器会提示今天上课要带哪些书，有哪些活动需要参与。同时，物联网还能给学生的日常学习和生活提供便捷。如，当学生到图书馆借书时，通过 RFID 读取器，图书馆的门禁系统也会自动打开，这样不但加强了图书馆的安全，也同样给学生借书提供了方便。而基于位置服务简称 LBS 是目前刚刚兴起的一项技术，据调查显示，所有受调查的学生都至少拥有一部手机，而且 80.3% 的学生所使用的手机为智能操作系统，这极大地给 LBS 的应用奠定了物质基础。LBS 完全可以应用于学生日常的学习和生活，如果说物联网是被动地管理学生，那 LBS 完全可以为学生管理工作的主动性提供便利。

五、绩效评价体系创新

（一）战略地位评价指标

高校信息化的战略地位决定了信息化工作在学校工作中所处的地位，是高校信息化成功的前提，只有确定了高校信息化的战略地位，对信息化予以重视，才能保证信息化工作的资金来源，让高校信息化能够顺利进行。在信息化战略层面，一般认为信息化年度运营维护投资、信息化年度资金投入占学校总投入的比例、信息化投入经费增长率等三项指标能够反映和评价信息化的战略地位。信息化年度运营维护投资是学校对信息化的投入力度的反映，要想信息化取得成功就必须有明确的信息化规划和充足的预算资金。学校对信息化的实际投入情况则选用了信息化年度资金投入占学校总投入的比例和经费增长率并从静态层面和动态层面进行考察，学生管理信息化年度投入则包括硬件基础设施建设、管理信息系统开发与应用、人员培训等诸多与信息化建设相关方面的资金投入总额。

（二）基础设施评价指标

信息化基础设施是反映高校信息化水平的一个重要指标，也为信息资源的开发与应用提供了直接的平台。其主要包括个人电脑拥有率、校园网出口带宽、校园网覆盖率及学生管理信息系统的普及率。校园网出口带宽是信息传输、交换和资源共享的必要手段，也是反映学校通过网络与外界交换信息资源快慢的重要指标，其包括网络设备的规格、性能等内容，是基础设施的重要组成部分，校园网出口带宽指标可以随着网络技术的不断发展而调整其评估标准。个人电脑拥有率则可以简单地理解为在校师生计算机的拥有率。校园网覆盖率则表明学校内部网络的建设、推广情况。学生管理信息系统的普及率则主要是指各职能部门的业务情况与其信息化的使用比例。

（三）应用状况评价指标

基于网络及信息化的综合办公系统如财务、教务、学生管理、毕业离校以及招生与就业等各种管理信息系统的应用情况评价是高校学生管理信息化的重点，高校通过这些系统的应用能够集中体现高校信息化建设的成果和效益，也能极大地方便学校的教学、科研以及行政等各方面的工作。本文选用了其中最主要的各系统学生注册数、学生每日访问校内各信息系统的次数、学校主页平均每日访问次数、高校师生使用相关管理信息系统次数等指标来对应用状况进行综合评价。一般来说，高校使用的系统是有一定要求的，首先是必须使用经教育部指定或是相关的认证的系统，其次对于已经通过教育主管部门的认证管理系统，学校可以根据使用的实际情况再进行二次开发，毕竟只有符合学校实际情况的系统才能更好地为学校服务。

（四）信息资源评价指标

学生管理信息资源是高校信息化的重要内容，信息资源的开发与利用也是高校学生管理信息化的核心步骤。对高校学生管理信息化而言，如果把高校学生管理信息化的各个层面进行对比，那么校园物理网络就可以比作是公路，各式各样的管理信息系统就可以比作车，而货物就是各种信息资源了。高校学生管理信息化是一项系统化的工作，高校学生管理信息化的目的不只是建设物理网络，也不仅仅是应用各种管理信息系统，只有将学生、教务等信息资源都收集整理成数据库，并让所有师生在可允许范围内共享才是高校学生管理信息化的目标。本文选取了学生信息的数量，各职能部门的信息数量两个层面进行评价，意在从学生和教师层面的所需信息资源入手，对高校学生管理的信息资源进行客观的评价。

（五）人力资源评价指标

人力资源通俗讲就是一种以人为载体的资源。人力资源是一切工作的基础，在高校信息化过程中，同样，以人为本的理念能够充分得到支持也是高校信息化成功的重要保障，这就要求高校把人才当作信息化取得成功的根本。对于人力资源评价指标，一般可以用一年内参加高校组织的信息化培训的人次、高校信息化建设部门规模（人数）和给学校提供技术支持和运行维护队伍规模（人数）这三个指标来具体衡量。信息化培训的人次是学校对学生和教职员工信息素养的培训情况的具体反映。高校信息化建设部门规模则是参与信息化建设的力量体现。给学校提供技术支持和运行维护队伍规模则在很大程度上反映了高校学生管理信息化的后勤保障机制是否健全。

（六）组织机构和管理评价指标

高校信息化组织机构和管理评价是高校学生管理信息化工作的组织、管理水平主要评定依据。在实际生活中，针对组织机构和管理的评价主要是从信息化建设中应用教育部的行业标准程度和执行明确的信息化安全相关规范程度两个方面来考虑的。为了让战略地位和组织地位相辅相成，可以通过机构设置来考察信息化主管部门的职能及实际的执行情况。信息管理、网络管理和安全管理等方面措施的制定及实施情况则共同组成了规章制度层面的考察，他们是保障高校信息化有效运转的基础。高校是各种网络信息人才高度密集的地方，也是各种网络安全事故的高发地，为了充分考虑网络安全问题的响应和解决，高校必须建立完善的网络信息系统安全的响应机制和解决机制。

第七章 "互联网+"时代 转变高校学生管理模式的途径

第一节 管理层面

一、管理者提高自身的综合素质

随着我国高等教育的逐步普及以及与国际接轨，各高校面临着激烈的竞争，高校管理者也面临着新的任务和挑战。高校学生管理者除要承担教师应尽的责任之外，还因其管理者的身份，承担更多特殊责任，这就要求必须全面提升自身的综合素质。

（一）高校管理者的责任体现——促进高校教育发展和推动大学生成长成才

一所高校的成败很大程度上取决于这所高校领导者的水平，高校管理者的能力素质对高校的发展和大学生的成长成才有着至关重要的影响。然而，近年来在从事高校学生管理的这个群体中，却有些管理者存在着责任感不强的现象，影响着学校的发展和大学生的健康成长成才。具体体现在：部分高校学生管理者对大学生的管理缺乏科学性，不注重调查研究工作，不注重大学生的成才规律和大学生的个性发展规律，在工作中缺乏社会责任感、缺乏持久性和稳定性，工作不得法，影响了大学生的健康成才。为了使高校学生管理者对所处的时代和所肩负的责任有一个具体深入的认知，高校学生管理者要注重自身管理能力的提高，不断地吸收新的信息，不断地实践和总结，培养良好的执行力和良好的沟通协调能力。管理能力的提高是一个学习和训练的过程，过去的知识和能力固然重要，但并不等于说我们就可以用过去的知识和能力应对现在和未来，要用发展的眼光培养自我的责任意识。要注重高校学生管理方法的研究，增强自身科研能力，明确管理的目的，为管理素质的提高奠定基础。高校学生管理者如将科研作为管理过程的先导，管理就能深入下去，就能在学生管理中不断发现问题，不断完善管理方法，不断探索新问题的发生过程，使高校学生管理活动沿着科学化、规范化的轨道进行研究实践。因此，高校学生管理者素质的提升是培养创新人才的保障。高校学生管理者的责任体现必须围绕着高校建设发展、大学生的成长成才的需要。

1. 促进高校教育发展的责任

目前，高校学生管理者基本上都接受了系统的高等教育，掌握着先进的科学技术和管理方法，是高校发展中一支朝气蓬勃、出类拔萃的队伍，应该努力用自己的聪明才智为高校的发展尽一份力量，为大学生成长成才服务，这是历史赋予高校学生管理者不可推卸的责任。在科技进步突飞猛进，知识经济已见端倪的今天，民族科技正面临着一种咄咄逼人的挑战。高校学生管理者接受了正规而严格的治学熏陶，领略着各门学科的无限风光，探求着自然与社会的最新宝藏，因此有能力更有责任和义务，促进中国教育的发展，在高校竞争的舞台上一显身手，推动高校的进步。高校学生管理者要对祖国的教育和人才的培养事业有着高度的关注和思考，对建设有中国特色的社会主义教育、办好人民满意的大学有着比较深刻的理解，能积极投身于高校的建设，为不断推进高校的发展而努力。

2. 推动大学生成长成才的责任

当前，部分高校大学生至今仍存在科学思想缺乏、故步自封等弱点。对高校学生管理者而言，不仅要注重自我的发展，更重要的是要挑起高校教书育人的重担。高校学生管理者要勇于冲破旧势力的束缚，清除各种历史的和现实的陈腐观念，在办人民满意大学的道路上实现自身的发展和完善，并以此促进高校教育的发展和大学生的健康成才。责任感的重要性是不言而喻的，责任感的培养和增强既需要高校学生管理者本身的努力，也需要社会外界条件的帮助来共同完成。引导高校学生管理者通过实践来体现责任，积极拓宽高校学生管理者与社会沟通的渠道，提供各种各样的锻炼机会，使其能够真正接触社会，以成熟的观点认识社会现象，宣传倡导良好的社会风尚，坚决批判和抵制不良社会风气，从而培养自身判别是非、应对复杂局面的能力，只有这样才能帮助大学生明辨是非，树立正确的政治观、人生观、价值观。

（二）高校学生管理者的素质优化——全方位、多角度相结合

高校学生管理者在工作中除了集思广益、博采众长之外，还应具备管理、规划、发展、远景展望的能力，工作不能停留在表面上，必须有计划，有总结，这样才能保证执行的效果，执行过程中绝不能随遇而安，要打破因循守旧的观念，树立大胆创新的观念，自觉运用创新思维，完成高等学校的教学目标，这就必须培养自我管理能力与社会责任感。

1. 注重知识更新，加强责任引导

高校学生管理者要在意识到自己责任的同时，把它升华为一种自觉的内心信念，升华为义务感，形成强烈的社会责任感。培养自我管理能力，要把高校学生管理者所具备的政治素质、业务能力、增加工作经验等作为能力管理的主要内容，根据高校学生管理者的具体情况和需求，有针对性地加强学习与培训，保证获得工作急需的技能和方法，促使高校学生管理者运用自己的理论优势帮助大学生成才，促进学校教育的发展。高校学生管理者作为教书育人的责任主体，具有公民的权利和义务，也必须具有办人民满意大学的责任意识，从而引导高校学生管理者正

确认识个人与社会的关系，认清承担社会责任是实现自我价值的必由之路和强化构建和谐学院的思想基础。个人与社会之间既有区别又有联系，是共生共存、辩证统一的。发挥好高校学生管理者的主观能动性和创造性，使他们善于运用科学理性的思维去分析问题、解决问题，充分发挥高校学生管理者自身的优势，鼓励自我，勇于创新。青年高校学生管理者接受新鲜事物快，上手能力强，勇于创新，可以通过以老带新、亲力亲为拓展渠道，根据"求新""求异"的特点，加强其社会责任感的有效引导，帮助青年高校学生管理者用理性的思维处理各种纷繁复杂的事物与矛盾，在实践中提高青年高校学生管理者的责任感和事业心。只有这样，高等学校才能培养出服务社会的人才，自身价值才会得到充分体现。

2. 注重能力培养，拓展创新载体

高校学生管理者要培养健康心理素质，锻炼坚强的品质并增强抗挫折能力。高校学生管理者在学生管理工作中常常会遇到不顺心的事情，会感到委屈、郁闷，这种心情会在很大程度上影响工作的效率和准确度，甚至使面临的情况愈加困窘，所以要注重培养自己的心理素质。高校学生管理者要有坚定的职业精神，只有对自己的本职工作付出热情和心血，才能真正把事情做好，在繁重而枯燥的工作中，高校学生管理者只有选择耐心与认真，才能不折不扣地完成教书育人的任务。曾子曰："吾日三省吾身。"如果每一个高校学生管理者都能经常对自己的表现进行反思，不断克服自己身上的惰性和私心，那么高校的学生管理水平就能日益提高。高校学生管理者面对学生工作中"繁、急、难、重"的工作，要创新载体，注重能力管理，要不断去探索新方法，找出新程序，不断提高管理质量，打破因循守旧的观念，树立大胆创新的观念，注重教育的实效性，从而实现个人价值与社会价值的统一。高校学生管理者最终的目的是为学院发展服务，为社会培养优秀合格的人才。高校学生管理者只有具备了社会责任感，才能培养出社会需要的人才。对高校学生管理者能力管理和社会责任感的培养二者良性互动，是高校学生管理者全面、和谐、自由发展的必要途径。

二、切实落实高校学生管理工作

（一）辅导员在高校中的地位及作用

高校辅导员在教育学生、管理学生、服务学生方面肩负着主要责任，同时又是高校对大学生开展思想政治教育工作的骨干力量，组织大学生接受思想政治教育，切实落实高校思想政治教育工作，指导管理学生的日常生活。

1. 管理协调

高校辅导员要对学生进行无微不至的关怀，做到事无巨细，让学生感到温暖。比如指导学生如何管理日常事务、如何管理班级规章制度、如何'组织班级活动、如何动员和促进学风建设等，高校辅导员在班级管理工作中要付出足够多的汗水和心血。高校辅导员被高校师生们公

认为"学生工作管理员"，其在工作过程中要协调校内各部门与学生之间的关系，做到对校内各个环节进行有效衔接，充分发挥高校的管理育人职能。

2. 纽带桥梁

通过辅导员可以架起高校与学生之间沟通的桥梁，辅导员要负责收集掌握和处理学生的意见和要求，贯彻落实学校政策法规、规章制度，组织学生开展各种校园活动。由此可见，高校辅导员加强学校与学生之间的思想沟通，能够为高校的育人工作创设和谐稳定氛围，促进高校管理工作高效稳定运行。

3. 教育疏导

高校辅导员采取近吸式教育模式对大学生进行教育，教育工作涵盖大学生的各个方面，不只停留在思想教育层面，进行的重点工作是帮助大学生进行职业生涯规划，促使大学生树立远大理想，形成正确的世界观、人生观和价值观，使大学生在学习、生活和工作方面端正态度，为高校培养高素质人才提供保障。

4. 成才导师

辅导员会影响到学生的方方面面，比如思想观念、价值取向、处事态度、行为方式以及学习成绩等，优秀的辅导员可以对大学生产生积极影响。辅导员是大学生进入大学生活以后面对的第一位导师，其负责大学生四年的学习和日常生活，并且对大学生的学习和生活予以引导，直至大学毕业。大学阶段学生的身体发育以及思想成长逐渐成熟，辅导员对大学生能够产生潜移默化的影响。

（二）高校辅导员工作问题分析

1. 工作热情不高

辅导员队伍中年轻教师居多，其工作待遇和条件并不好，而且他们的工作没有得到足够重视，对其培养和扶持力度较小。高校辅导员不仅要管理学生的日常学习和生活，自己本身还有沉重的学习任务，其工作责任很重，加上存在工资低、住房小的问题，使得辅导员内心出现了极度不平衡现象。

2. 轻视思政教育

高校辅导员最基本的工作是对学生的思想政治教育，受到种种原因影响，高校辅导员思想政治教育工作方面没有摆正位置，出现了"说起来重要、做起来次要、忙起来不需要"的错误思想观念，思想政治教育工作没有得到高校辅导员的足够重视。

3. 责任心缺失

辅导员的个人责任意识不强，才会出现责任心缺失现象，但是影响其责任心的还有很多客观因素，比如大学生在复杂的社会环境下，思想变得活跃，言论变得更加自由。高校的扩招提高了生源率，但是却存在生源良莠不齐的现象，高校辅导员面对日益增加的高校舆论压力，形成了强烈的"怕出事"心理，工作变得被动，责任心渐渐消失，并且逐步形成了"多一事不如少一事"的错误观念，其工作过程中注重的是"维稳"，而非正确疏导和引导。

4. 公正性失衡

辅导员在实际工作中涉及比较多的环节是学生推优和评审，但是这些环节大都存在权利纷争。辅导员的工作压力在社会以及学校内部因素的影响日益变大，受到关系的影响，辅导员工作的公正性开始出现缺失现象，比如家长、领导或者同事和社会等干扰学生的党员评选和奖优活动。

5. 专业知识不足

在高校担任辅导员角色的主要是专业学习中的拔尖者，或者是优秀学生干部，辅导员学习的专业涉及面很广，也很齐全，理、工、文、教、经、艺等不同的专业都有涉及。专业门类虽然非常多，但是学习心理学、管理学以及思想政治教育专业的辅导员却很少，辅导员主力队伍学习的是一些其他门类专业。高校聘任辅导员重点考虑的不是其所具备的教育管理能力、心理学科背景和个性特长，而是其所学专业是否与所管理学生专业一致或者是相近，这对辅导员的管理工作也有一定影响。比如在理工科院校中很多辅导员也是理工专业，在文科院校中很多辅导员也是文科专业，无论文科还是理工科院校辅导员，其所具备的思想政治理论、心理学以及管理学方面的知识都是通过后期参加培训得到的。在高校不断扩招的背景下，学校规模也在不断扩大，也对高校辅导员的专业知识能力提出了更高的要求，其所具备的知识很难满足组织学生开展思想政治工作的需要。

6. 岗位认可度低

很多辅导员在工作过程中还要进行学习，并且学习负担很重，但是辅导员的工资一般比较低，使其在家庭生活以及住房方面存在困难，这就大大降低了辅导员的工作满意度。很多高校辅导员都想着能够尽快摆脱辅导员角色，被安排进教师或者是行政岗位，这使得辅导员队伍非常不稳定。

（三）高校辅导员工作策略

1. 加强学习，做个"教育通"

辅导员的一项非常重要的工作是针对大学生开展思想政治教育，为学生与学校之间架起沟通的桥梁，因此高校辅导员要努力成为"教育通"，积极引导学生参加各种思想教育活动，提高学生的思想政治觉悟。

第一，学校要积极开设思想政治教育课程，或者是进行专题讲座，组织学生在课程或者讲座中积极进行讨论，充分发表自己的见解。之后，辅导员再予以补充，让学生在学习过程中树立正确的世界观、人生观以及价值观。

第二，辅导员要引用一些经典话语对学生进行思想政治教育，做到用事实讲话。

第三，辅导员要提高自己的思想政治觉悟，教育学生的同时要以身作则，正确对学生进行思想政治教育。辅导员要不断提高自身的思想政治认识，努力树立在学生心目中的良好形象，为学生树立榜样。

第四，为了能够及时、了解学生思想动态，辅导员要及时与学生进行交流，针对学生的实际情况采取不同的教学方法。

第五，考虑到学生通过网络渠道来获取信息的特点，辅导员要充分运用网络技术对学生进行思想政治教育。

2. 身体力行，做个"好榜样"

第一，与其他课程教师相比，辅导员与学生进行交流的时间更长，所以辅导员很容易在学生心目中树立良好的形象。学生的素质直接受到辅导员素养水平的影响，因此辅导员要不断提高自身的综合素质，时刻注意自己的言行举止，做到以身作则，为学生树立良好的榜样。

第二，学生中有很多可以作为榜样，教师要积极发现并且要善于利用，使学生能够感受到身边同学的榜样力量，激发学生的学习积极性。辅导员可以选取一些有代表性的学生作为榜样，发挥其带头作用。

第三，辅导员要积极组织学生开展学习榜样活动。比如学习雷锋活动、鼓励学生到社区做义工、到养老院慰问老人，充分发挥学生的助人为乐精神。

3. 全面发展，做个"多面手"

第一，辅导员是学生思想上的引路人。以提高学生的思想觉悟作为出发点，辅导员要不断加强自身的思想政治素质，并且积极组织学生开展党团思想教育活动，为学生树立起学习典范。

第二，辅导员是学生学习上的引导者。辅导员在学生工作方面不仅要发挥管理者职能，也要发挥教育者职能。以教授学生有效学习方法作为出发点，要积极学习并且掌握相关专业知识，并且通过课程教学和活动教学等方式向学生传授学习方法。

第三，辅导员要做学生的知心朋友，要关爱学生。大学阶段的学生还处于成长阶段，辅导员要给予学生更多的关心和爱护。辅导员要及时了解学生的学习和生活状况，及时帮助学生解决学习和生活过程中遇到的问题，让学生感受到温暖，赢得学生的尊重和信任。

第四，辅导员要充当学生的心理疏导者。大学阶段的学生，还没有摆脱青春期带来的烦恼，面对就业压力和升学负担，大学生心理上很容易出现问题，辅导员要积极学习并且掌握相关心理学知识，及时疏导学生心理，帮助学生形成良好的心理状态，促进学生健康成长。

第五，辅导员要对学生的就业进行指导。大学生临近毕业时往往就业方向不明确，辅导员要引导学生设计职业生涯规划，让大学生对自己准确定位，在明确自己就业目标的前提下，制定符合自身实际的职业生涯发展规划，促进自身职业目标的实现。要积极组织学生开展职业生涯评比活动，使学生能够根据自身发展实际制定职业生涯规划。辅导员还要积极引导学生进行社会实践，让学生在社会实践中学习知识，积累经验，帮助学生顺利实现就业。

总之,在法治化社会环境下,辅导员所扮演的角色越来越多,面对思想活动日趋活跃的现代大学生,辅导员要不断学习相关专业知识,不断提高自身修养,提高自身综合素质。辅导员在管理学生过程中要及时了解学生各方面状况,对其予以正确引导,让学生少走弯路,进一步提高学生学习效率和综合竞争力,促进学生全面发展。

三、掌握高校学生管理的关键点

学生管理工作是高校整体工作的重要方面。在具体的实践中,学校的教育管理工作者应注意把握其中的几个关键环节,主要包括:入学教育、学生干部选拔、评优评模组织纳新、军政教练员选拔、开学和放假、大学生基本信息管理、就业信息提供等。全面把握大学生管理的关键环节,才能使大学生的管理工作走上更加规范、科学的轨道。

(一)入学教育环节

高校的招生对象为高中毕业生。高等教育实行的是自我教育、自我管理和自我服务的管理模式,而大多数中学生的自我管理能力和自我约束能力较差。因此,高中毕业生如何实现向大学生的转变和过渡,入学教育是大学生管理工作的第一个关键环节。在入学教育方面,要重点搞好军政训练,从队列、内务、学籍管理规定、日常行为规范、考试制度等方面进行教育和强化训练,同时,对学生还要加强不同专业的专业思想教育,使学生真正明白,科教才能兴国,中华民族要想在世界上永远立于不败之地,首先要振兴教育事业,同时还要使学生了解本省乃至全国各行各业尤其是本专业的发展现状和前景,使学生尽快树立一种"今天学知识,明天建祖国,现在准备好,将来去奉献"的职业道德观念,使"奉献自己、服务他人、努力打拼、不断创新"的信念成为他们的终生追求。笔者经实践总结认为,军政训练每个教学班配备两名军政教练员,在早晨、上午、下午分别安排军政训练内容,晚自习时间安排教唱革命歌曲、学习规章制度、个人才艺展示活动,最后经系部初赛,评出军政训练先进班集体,在新生军政训练和入学教育总结大会上,进行汇报表演,在入学教育的过程中,各系部的学生主管领导和辅导员应切实负起责任,加强指导和督查,确保新生入学教育的环节搞得扎实并富有成效。

(二)学生干部选拔环节

学生干部的表率作用和榜样作用是无穷的,目前,由于我国社会仍旧处于转型时期,社会出现了道德失范、拜金主义严重等问题,这对学校也产生了一些不利的影响,圣洁的学校目前也不完全是净土一片。一些学生的能力有限,学业成绩一般,在遵守校规校纪方面也没有突出的表现,但他们想通过种种不正常手段,在班委会、团支部、学生会或团委会弄个"一官半职",这在学生眼里,班干部的经历有助于他们今后的发展,因为当了学生干部,不但荣耀,而且是党组织纳新的优先对象,同时,学生干部的经历会对他们今后的就业产生积极的影响。

"不想当将军的士兵不是好士兵",这种想法不能说不正确,但这些学生当了学生干部后,因其本身自制力较差,很难做到"以身作则,率先垂范",同时给自己的学习也造成了很大的压力,给学生管理工作带来了不利影响甚至后患。所以,在选拔学生干部上,必须要坚持原则,把那些品学兼优,具备一定组织能力,在学生中威信较高的学生选拔上来,是至关重要的。在选拔和配备学生干部时,辅导员应当在新生入学前首先审查相关教学班新生的信息资料,全面掌握学生的思想政治情况和家庭基本情况,把那些政治上可靠、学业上优秀的新生作为学生干部的备用人选。新生报到后,辅导员可以提名一些优秀的学生担任班委会、团支部临时干部,经过1~2个月的实践考察,履行民主推荐的程序,分别确定正式班委会和团支部的学生干部人选。

(三)评优、纳新环节

在学生管理方面,评选"优秀团员""三好学生""优秀学生干部""优秀毕业生"以及奖学金的评定、党组织纳新是建立良好的班风、学风和校风的重要激励机制。"优秀团员""三好学生""优秀学生干部"以及奖学金的评定,每学年评定一次,"优秀毕业生"每届学生评定一次,党组织纳新一般每学年进行两次。每次评优、评奖和党组织的纳新工作,高校学生管理部门都会印发相关文件和要求,关键是各系部和辅导员要按照文件精神认真抓好落实,认真履行职责,真正把那些政治上可靠、学业上优秀的学生评选上来,把那些拥护党的领导、积极要求上进的学生早日吸收到党的组织中,把评优和组织纳新的激励作用发挥到最大。

(四)关心爱护和严格要求环节

无论是辅导员,还是专职的学生管理者,如果只注重关心爱护,容易使学生形成姑息迁就甚至纵容心理,如果只注重严格要求,学生容易产生逆反心理,就会对教师敬而远之,关心爱护和严格要求,二者是相辅相成、缺一不可的。所以,当学生遇到生活、学习上的困难时,辅导员和专职管理者及时给予关心爱护和帮助是非常必要的。同时,当学生自由散漫、不尊敬师长、不能遵守校纪时,教育管理工作者应当注意及时对学生进行批评教育。在对学生进行管理时,关心爱护和严格要求二者不可偏废,二者缺一管理就不能成功。

四、掌握高校学生个体管理的艺术

(一)制度的规范和激励功能在高校学生管理工作中的显现

规范性制度和激励性制度在高校学生管理中都有其存在的合理性和价值。分析制度这两种主要功能的价值取向和限度,并不是要否定规范性制度在高校学生管理中的作用,而是要注重两种制度功能的价值取向和限度,在各自的层面上发挥其有效性。大学生已具有很强的独立人格和尊严,有非常明确的是非观和价值判断,他们不完全受他人设计、操纵和灌输,而是基于自身理性进行价值认知和选择。规范性制度应是对学生的权利和义务进行准确的定位,保障学生完整的公民权和受教育的权利,明确大学生作为公民和学生应有的行为规则和责任。所以,规范性制度的内容是对大学生行为的基本限定，对大学生基本行为规范提出要求，对不符合的行为给予强制性处理。

这类制度往往与大学生的义务和责任性的内容联系在一起，只有这些义务性的内容和责任性的内容，才可以用规范性的制度加以保障和规范。某种程度上也可以认为，规范性制度具有"普识"性权利和义务的要求。不能让规范性制度的触角伸得太长，那样就陷入了学生管理制度设置的固有思维方式，把管理制度定位在"管住"学生，重点放在约束学生的行为上，以不让学生出事为目的。所以我们说，规范性制度的价值取向是向内的，通过基本的行为规范和强制性的要求，形成良好的习惯，达到品德和素质符合社会公民的要求或达到良好公民的素质，引领社会文明。

除此之外，在学生管理制度中，我们应尽可能不采用规范性制度或强制性措施达到管理的目的。在我国，学校管理制度的制定与实施具有自上而下、以行政规划与管理为主的特点，学校的科层化倾向明显，层次结构划分的是权利和责任。科层制在社会组织管理中具有良好的效率和作用，但作为培养人的高校，本具有效率意义的科层制最终成为束缚人们自由的规定，那么我们会将学生的生活建立在一种由科层制统治的"铁笼"里面。科层制的无情扩张，以及随之而来的科层权力的无情扩张，进入高校学生管理层面就呈现出对规范性制度的重视、偏向和喜爱。正如韦伯所描述的那样，科层制的激情足以压倒单个的情感。

更多的高校学生管理制度应以积极引导的价值取向，激发和激励每个学生的个体价值，充分肯定和体现学生的个体价值，增强学生积极向上的欲望和动力。激励性制度可以有效地启迪、敞开学生的价值世界，提高他们的价值判断能力、选择的意识与能力，敞开他们通向生活的价值路径，让他们面对开放的、无限沟通的社会生活空间，从容、自主地建构个人的价值世界，成为生活的主体。人才有基本要求，但没有一致的标准，基本要求可以通过规范性制度加以养成，而对人才自身的发展，要通过多样的激励措施和多层面的肯定加以激发。制度或规则应该只是创设一种"教育的情景"，提供学生实践个体价值的活动场所或空间，以贴近生活实际的内容，提高学生价值认识、探究和体验的能力。

（二）以激励性制度引领高校学生管理工作的价值创新

在高校学生管理工作中加强对激励性制度的重视，要将制度从激励性功能出发，进行适当的目标定位：一是实现对学生的不同认识，引导其不同个性的激发与彰显，推动其明确自身的价值取向；二是改变管理者的工作方式，逐步弱化强制性特征，突出以服务为主的角色意识，给学生创造一个既渗透制度规范，又充满生机与活力的实践提高平台；三是达成人才培养方式的转变，避免制度规范性的固化趋同，帮助学生在个性可以得到张扬的情境中通过自我学习、自我管理和自我服务，实现自我价值。

（三）制度设计

高校学生管理工作创新应高度重视制度创新，并努力使之健全、规范与科学。完整、成熟、合理、先进的学生管理制度，反映着一所学校德育工作的理念与机制，反映着学校人才培养的目的与要求，反映着学校学生管理工作的思路、模式与方法，同时也综合反映着学校学生管理工作的境界与水平。理性把握学生管理工作中制度功能的特点以及制度设计的原则要求，在突出制度执行的严肃性、规范性和教育性的同时，更注重加强制度设计，注重制度激励功能的发挥，是实现高校学生管理工作价值创新的重要途径。

制度设计要建立健全评价机制，优化绩效考核激励机制。正如柯尔伯格所言，道德发展取决于规则如何被理解，而不是取决于文化内容。我们从这句话认识到，规则带给他人是一种限制性的价值灌输，还是一种开放性的价值引导？一般意义上，学生的行为要求与个人自身的发展目标是相一致的，限制向内，开放向外。通过制度激励性功能的发挥，对学生的教育价值的引导渗透于学生个体成长的过程之中，注重对学生道德德行的养成教育，无疑应该是高校学生管理工作的基本出发点和重要归宿。"教育要通过生活才能发出力量而成为真正的教育"，同样，德行教育也必须通过生活发出力量才能完成，日常生活是个体德行的养成之所。

制度设计就是要把个人的道德理性与生活结合起来，通过发挥制度的静态与动态有机结合的激励性功能，强调细化管理、量化管理，在生活中验证、丰富、实践个人的价值理念，并且逐步形成稳定的道德行为习惯，形成个人在日常生活中稳定的道德思考、判断、选择以及行动的基本方式，从而实现学生在综合素质提高方面保持一定的张力和维度。

（四）价值实现

当代大学生管理制度应以开放、踏实、平等、尊重的内容、方式、方法面对这个复杂多元的世界，而有效发挥制度的激励性功能对于实现高校学生管理工作创新则有着显著的积极意义。

首先，激励性制度与学生个人的生活紧贴，可以加强学生对个人生活世界的体悟。人是社会关系的总和，人总是与周围世界发生着关联，通过追寻自身与他人、社会与自我的关联而获得意义。关注这个"我"生活于其中的世界，并作为一个真实的生命体在这个"生活的世界"中去积极地交往、感觉、发现、理解，增进个人对自我生活世界的自觉意识，逐步形成个人与生活的世界之间和谐、稳定、深刻的联系。

其次，激励性制度引导学生在价值冲突中审慎决断。生活中，我们常处于两难甚至多难的价值冲突困境之中。罗宾斯说："没有冲突，就不会有新的挑战，思考和思想的发展就失去了刺激和动力。"道德主体"只有在同环境的相互作用中借着自己的选择才能实现自己的发展。社会提供了无限可供选择的道德情境，个体的道德习惯便是借助自己一定的思维和感情对这些具体的道德情境自由选择的结果"。在对多元价值的冲突和选择中促进个体道德理性的发展和个体道德主体性的全面提升。

再次，激励性制度可以反复强化与训练，形成行为习惯。我们反对简单灌输和对行为的控制、强制。强调在过程中发挥价值引导的作用，积极鼓励和肯定学生对自身、对他人、对社会有益的行为，制度中加以认可，不断地对学生的有益行为加以肯定和延伸，实现对个体差异的尊重，促进良好行为习惯的养成。

最后，激励性制度注重学生行为的自我反思与评价。苏格拉底说："未经审视的人生不值得度过。"激励性制度中肯定式的价值评价，必然会激发和引起学生自我行为的认识和思考，并通过对道德行为的不断反思和循环问答，澄明价值并促进道德理性的发展。

第二节　学生个人层面

一、发挥学生的主动性

大学生的自我管理，包括大学生对自身的生理、心理、行为等方面的自我认识、自我感受、自我料理、自主学习、自我监督、自我控制、自我完善。具体来说，我认为，大学生自我管理就是通过反馈分析服务好自己三个方面，即了解自我长处、管理自我目标、学会做事和与人相处。

（一）自我管理的入门——了解自我长处

了解自我最重要的就是找到自己的长处——这是大学生首先要做的事情。也许要用整个大学的时光，但越早发现对将来的发展越有利。发现长处不能靠闭门苦想，而要通过实践检验并实施反馈分析。所以，作为大学生，要敢于尝试，在大学学习期间要尽可能地涉猎广泛的书籍，在假期时要抓住每一个实践机会。一个有效的方法是，无论何时，只要你做出一个重要决策或采取了一项重大行动，你要把期望的结果记录下来。3至6个月后，把实际结果与你的预期进行比较。通过比较，你会清楚在众多的抉择中，哪些是自己的弱项。而在另一些方面你却一点即通，上手很快。人生短暂，善于明白自己长处的学生就懂得学习自己擅长的东西，从"入流"向"一流"冲刺，而不会在自己能力低下的领域里浪费精力。一个人的成就，只能建立在长处和强势上，不可能建立在短处和弱势上。

当然，一个人的成长是动态的，特别是对于可塑性强的大学生而言，其具有的长处也是不断发展补充的。长处可以靠挖掘，也可以靠培养。为了更好地生存，人的无限潜能能帮助自己激发和形成新的长处。因而，寻找长处不是固有的模式和框架，而是不断定期进行反馈分析，把寻找长处、培养长处与发挥长处统一于实践，才能让长处充分发挥作用而真正成为一种竞争的优势。

在大学，学生在不断的学习生活中难免有诸多抱怨，对自己对身边总有着这样的不满意和那样的不顺心，这也很正常。也许对于很多人来说，当年青有精力时，却没有做事的外部条件，当外在条件成熟时，可能人老没精力了。但所谓"非才之难，所以自用者实难！"善于自我管理的人，才擅于自用其才，才能在广阔天地间让长处充分发挥，抓住机遇，走向成功！

（二）自我管理的核心——目标管理

第一，设立目标，让生活有明确的方向。不想当将军的士兵不是好士兵，作为一名大学生，首先要志向远大，目标明确。设立目标，要把握三个要点，一是你的目标一定要结合你的优点，围绕你的长处来构思。设立的目标，要能强化你的长处，专注于你的长处，把潜在的优势转化为现实的优势。二是目标必须具体，不能含糊其词，任何人都不可能去实现一个模糊的目标。比如，你打算考某个资格证，打算毕业时考研，并且打算毕业后找一份什么样的职业等，一定要把资格证的名称、考研的专业、职业的性质确定下来。三是目标要适中，既不能眼高手低，也不能自卑自贱。虽古人云："取法乎上，得乎其中；取法乎中，仅得其下。"但我们设立的目标如果太超过自己的知识、能力水平了，那么目标就会成为空中楼阁。

第二，要分解目标，让你随时充满紧迫感。目标可区分为长期目标、中期目标、短期目标三类。长期目标要瞄准"未来"，要把眼光放到毕业后的人生当中；中期目标是当你设定了长期目标后，将它分为两半的目标。若设定一下 10 年期的长期目标，就把中期目标定为 5 年，5 年比较 10 年，其实现的可能性更大。接着将 5 年再分成两半，直到您得到了 1 年期的短期目标时，再按月分下去；短期目标是你应该最为关注的目标，其一般不要超过 90 天，这样能取得更好的效果。通过这样分解，你就可以把有限的精力放到当前的目标中去，全力以赴。

谈起目标，像大学生最为看重的英语四六级考试。对于学生来说，英语的底子都比较薄，所以学习英语、学好英语是一个很让大学生们头疼的事情。曾经背单词作为学习英语的经验交流，如果一下子让你把 5000 个单词记住，你可能觉得任务太艰苦，沉重，不可能，但如果计划一年的时间呢？半年要记住 2500 个，一个月可以计划记住 417 个，每天只需要记熟 14 个单词。与其我们定个气吞山河的目标——5000 个单词，除了吓倒自己没有其他任何意义以外，还不如用务实的心态将之必要地切割，定下一天背熟 14 个单词的目标。当然，对于任何目标而言，没有坚持的目标谈不上是目标，只是念头。

（三）自我管理的重要内容——学会做事和与人相处

自我管理最终是要去服务社会，融入他人，而不是一味地管理"自我"。所以自我管理很重要的作用和意义是在于它的社会性——学会做事和与人相处。学生经过了大学教育，最终是要进入社会的，所以在大学教育中，在学生自我管理的内容中，重视社会性素质能力的提高是十分关键的。归根结底——"学会做事做人"。

做事，除了做好事，做对事外，还要提高工作效率，以最佳的方式完成。做人，除了做好人，做对人外，还要做个成长快，成功快，受人欢迎和敬佩的人。

（四）学生"自我管理"在高校管理工作中发挥着重要作用

学生自我管理渐渐成为高校学生管理的重要方面。

首先，能够有效地提高大学生的主动性，增强解决实际困难的能力。"自我管理"是以大学生为主的管理模式，大学生扮演管理者和被管理者两重身份，学生主动参与管理，又接受来自自己的管理，充分体现了学生的主体性。

其次，有利于塑造大学生独立性品质，增强社会责任感。"自我管理"实质上是学生的自我约束。在高校规章制度的监督下，增强学生的自我控制能力和独立感，加强学生的主观能动性，使学生在学习生活中，对自己负责，对他人负责，对社会负责。

再次，能够帮助学生认识自我，发展自我。"自我管理"是一种软性的管理，学生在学校制度的约束下，能够充分了解自己的真正需要，在进行自我教育的过程中，有效地弥补自身的不足，实现自我发展。

最后，有助于丰富学生的校园生活，增强学生的实践能力。学生如果自我管理，更能积极地去开展校园活动，丰富文化生活，增强交际能力，社会实践能力也会有所加强。

（五）学好做事做人有几个基础

1. 顺应良好的个性习惯

尽管我们说大学新生是站在同一条起跑线上，但他们实际上是带着将近二十年的人生履历进入大学生活的，一般都有自己的习惯。帮助学生区分他们习惯中哪些是好的习惯，哪些是不良习惯，并设法改掉不良习惯是非常重要的。美国的富兰克林会把坏习惯开列一个清单，按程度排序，下决心一个一个地改掉，每改一个划一个，直至划完为止。对于好习惯，要强化并顺应。比如在学习方式上，有的人是阅读者——通过读收获最大；有的人是倾听者——通过听收获最大。只要能学到知识，这两种都是好习惯。关键在于你自己属于哪一类。

2. 合理利用时间

微软公司董事长比尔·盖茨就把自己的成功归于抓住机会并学会时间的掌控。大学生最大的资源就是年轻，充满活力。掌控时间，就是要合理利用学生拥有的时间（青春年少）和精力（充满活力）资源去换取知识和能力。我们要帮助学生学会善于协调两类时间、一是他控时间，如学校安排上课、实验的时间；二是自控时间，即属于自由支配的时间。一个人每天效率最高的时间只有20%，所以要用20%的时间做80%的事情。此外，锻炼身体并不是浪费时间。

3. 借助他人的力量

一件事情的成功往往是多方面合力的结果，而我们每个人的能力是有限的。因此，你要善于利用这些资源和能力来完成共同的任务。所谓聚沙成塔，众人拾柴火焰高！

4. 善于沟通

现代社会是一个竞合时代，单枪匹马的孤胆英雄基本没有用武之地了。即使是英雄，也要有人支援。大学生生活的圈子小，人际关系相对简单，但学生要学会把所处的环境看成是练兵场，培养与人相处的技巧，学习建立良好人际关系的能力。沟通，只要生活在社会上，就要与人打交道，相互沟通至关重要。了解别人，也让别人了解自己。互通有无，才会有 1+1>2 的结果。要了解别人，就要学会换位思考，站在他人的立场上来分析问题，以同情的心态接受别人的观点。培养自己迷人的个性、得体的衣着、善意的微笑、诚挚的言谈、积极的进取心，从而让别人了解自己，欣赏自己。通过沟通，建立起牢固的人际关系网。

善于做人做事是一个较大的范畴，涵盖很广，市场上也有很多相应书籍和碟片。学校管理做得再好，对于大学生来说只是一种外部的知识灌输和秩序的强制执行。而此时的大学生正在积极发展探索、发现、分析、解决问题的能力，也正处在一个自我分辨、自我抉择的时期，这种积极的、主动的认识自身主体的意识是很重要的。

（六）高校学生实行自我管理的实践途径

1. 改变传统的管理观念，加强对自我管理的认识

高等教育不断普及的同时，高校学生管理正凸显一些问题。比如说，学生管理仍实行一种强制性的管理模式，学生只有遵守学校的各项规章制度，从而限制了学生的自我发展；从事学生管理工作的人员，包括班主任、辅导员整天都在忙于日常事务，或从事自己的工作，没有时间去了解学生的思想动态，不知道学生的真正需要，把握不了学生管理工作的关键所在；学校领导对学生工作不够重视，整天忙于学校大大小小的事务中，把学生管理置之度外；有的高校不断修建新的校区，之后的工作没有跟上，对新校区的学生采取听之任之的态度，不闻不问。以上的这些情况，在很多高校都很常见。然而，这种传统的管理模式已经不再适应新时期高校管理，因此学校学生管理者必须转变这种观念，接受新思想，树立以学生为主体的学生自我管理理念。

2. 创造大学生自我管理环境，实行有效的自我管理

环境的作用对一个人的发展是有很大影响的。环境包括人和物两方面。大学生是学校的主体，是建设文明校园的主力军。高校只有充分发挥学生的自我管理作用，才能建设文明校园，才能培养出合格的大学生。宿舍是学生主要的生活场所，因此，宿舍氛围的营造是一个重要方面。良好的宿舍环境对于培养大学生的自我管理能力，发挥着巨大作用；教室是学生学习的地方，保持教室的安静是每个学生必须遵守的首要原则。

3. 制定大学生自我管理的一些制度，引导大学生进行自我管理

要使大学生进行有效的自我管理，就必须有相应的制度来约束。实行自我管理，并不意味着放任自流，而必须有一些制度作为底线，否则，难以把握大学生的发展方向，违背高校人才培养的初衷。因此，相关制度的建立，对于大学生的自我管理，起着一定的引导和约束作用。

总之，要想有效地实行大学生自我管理，高校全体师生必须意识到自我管理的必要性，在班主任、辅导员或学生管理工作者的指导下和一些相关制度的约束下，充分挖掘学生的潜力，增强学生自我控制能力，在自我管理中全面发展。

二、改变学生的思想观念

伴随社会主义市场经济的逐步发展，高校学生的思想观念呈现出多元趋向的新特点。

（一）价值观念的多元趋向

其一，价值取向的多向化与功利化共存。高校学生面对经济、政治体制大变革的社会环境，每天都在经受着改革开放的洗礼，感受着来自国内外各种政治、经济、文化思潮的影响，"供需见面""双向选择"也迫使他们去推销自己；社会现象和育人、用人的新模式深深撞击着他们的心灵，使他们的价值取向多元化发展。突出表现在就业选择上，他们认识到实现人生价值有多条途径，既可以在国内生根开花，也可以到国外拼搏；既可以到党政机关、国有企业工作，也可以到"三资"或私营企业服务或当个体户。同时，社会上纷繁复杂的经济生活的"投射"，使他们对个人利益的关注和反思明显增多。

其二，价值主体的自我化与社会化共存。改革开放以来，高校学生在进取精神得到弘扬开拓的同时，自我意识得到明显增强。他们既赞成个体社会化的道理，又全面重新审视并高度重视自我价值，崇尚价值主体的自我化。他们认为在竞争激烈、优胜劣汰的市场经济中，在多元经济成分、多元经济利益、多元经济分配形式共存的社会主义初级阶段，必须凭借自我的主体性、能动性和独立性，才能实现自己的人生价值；进而特别珍视发展自己的个性兴趣，期望在竞争中表现自己的个性。当前，"以自我为主体"的人生价值观在高校学生群体中得到普遍认同，"自我设计""自我成才""自我实现"的意识已充盈其脑海。因而，其思想行为常处在自我化和社会化的矛盾之中，表现出一种身不由己处于社会大潮的无奈，而看问题总是从自己的角度出发衡量一切的倾向。其价值取向在一定的程度上是以自我为中心向多元辐射。

其三，价值目标的理想化与短期化共存。每个考入大学的高校学生，在心底里都拥有一幅或大或小的宏伟蓝图。在知识选择上，往往更注重直接应用于生产、经营方面的专业知识，而对见效迟缓，但是实现远大理想所必需的基础理论知识则较忽视和冷落。有些人甚至片面地认为社会活动能力，特别是社交能力是一个大学生应具备的首要素质。其价值目标的理想化和短期化两种现象矛盾地共存于一体，心目中追求价值目标的理想化，但在行动中价值取向的短期化行为又显而易见。

（二）是非标准的多元趋向

改革开放以来，高校青年学生的是非评价观念发生了重大而深刻的变化，对善与恶、道德与不道德、成功与失败的评价标准不再是过去那么单一、纯正。西方种种思潮的不断涌入，更起着推波助澜的作用。他们的观察力敏锐但认识较片面，求知欲强但鉴别力较差，对是非标准缺乏辩证统一的把握能力，往往呈现出多元趋向，甚至处于矛盾之中。这种是非标准的多元趋向在另一方面的突出表现，是青年大学生头脑中的榜样模式的多元化。传统的先进人物、榜样力量对他们的影响在悄然下降，他们特别容易把与自己的价值取向、理想信念和个性兴趣相同的著名人物作为自己的楷模。

（三）思想情感的多元趋向

高校学生思想观念多元趋向的客观效果具有二重性：一方面反映出高校学生的思想观念随着社会主义市场经济的建立得到了极大的启迪和更新，优胜劣汰观念、自主自立观念、效益致高观念、民主与开拓精神在高校学生中得到了确立和张扬，使他们对我国改革开放和社会主义现代化建设事业更加充满了信心，这无疑是积极的有益的效应。另一方面，思想观念的多元和无序则可能导致高校学生的无所适从；无论是价值观念、是非标准，还是思想情感，在根本上只能是一元而不能是多元。否则，"自我"意识的恶性膨胀将导致个人主义，功利意识的盲目发展会形成功利主义和享乐主义，是非标准的多元和思想情感的多向，会使其政治、道德乃至整个人生的成长与培育失去思想基础和方向目标。

高校学生思想观念的多元现象虽然是根植于经济体制多元的社会基础之上，是社会变革、思想跃进的客观结果。但是，客观结果并不等于正常结果。决不能让多元思想观念蔓延、演化成政治上的多元意识；也决不能让高校学生被陷在思想观念多元无序状态之中而找不着正确的成才方向。因此，如何用科学的理论武器，使高校学生的思想观念由多元走向归一，即如何加强正面教育和引导，使之扬善弃恶，已成为当前思想政治教育的当务之急。

三、提高其参与程度

（一）学生参与高校管理的特征

学生参与高校管理，既是学生作为教育消费者的重要权利，又是学生保障自身正当利益的合法权利，尽管这一理念已成为欧美国家高校广泛认同与实践的共识，但其在我国还处于初步发展阶段。

关于学生参与高校管理的含义，典型的有"全面参与说"和"部分参与说"两种。前者强调学生全面参与学校的各项管理，"大学生参与管理是指为实现高校教育与管理目标，大学生从高校正式的组织机构中分享一定的管理权，承担一定的管理责任，在参加高校发展的计划、决策、资源协调和管理中，推进高校管理的民主化、科学化"。后者主张学生部分参与学校管理，"大学生参与学校民主管理是指在学校管理过程中吸纳学生参与学校和学生利益直接相关事务的评议、管理和监督。它既是学校民主办学的重要途径，也是学校尊重、培育学生主体性，造就创新人才的重要渠道。"上述两种观点都以高校管理民主化和科学化为出发点和落脚点。然而，学生身心发展水平的差异性以及学校本身所固有的管理职能，决定了学生参与学校管理是以促进学生主体性发展为前提，所以学生参与管理更多的是从学校的教育教学活动、校园文化建设和学校生活等方面来强调其主体地位和作用，促进其主体性的发展并提升高校管理的科学化水平。也就是说，学生参与高校管理的本质既是高校管理工作中的一个重要环节，又是高校学生教育的一种重要手段。

（二）学生参与高校管理的策略探析

学生参与高校管理应该是一个循序渐进的过程。高校应充分重视学生参与管理的权利，落实学生参与管理的权利，为学生参与学校管理提供更适宜的环境与更完善的制度保障。

1. 重视"学生权利"，更新学生参与高校管理的理念

支持和促进学生参与高校管理，在本质上是尊重学生作为受教育主体与受教育者的合法权利、合理诉求。受传统的思想观念制约，大部分高校管理者都认为以大学生的现有能力和素质还无法胜任复杂的管理工作，所以在保证学生参与高校管理的方面通常持相对保守的态度。从人才培养的角度看，支持学生参与学校管理是促使人才全面发展、培养学生民主意识的重要手段；从学校科学化管理的角度看，支持学生参与学校管理又是促进服务水平提高的必要途径。学生是学校服务的直接体验者，吸纳学生直接参与到学校管理当中，不仅可以使学校的管理更有针对性，还能够加强学生的自我管理。因此，高校管理者需摆脱传统的"替代家长"观念，重视大学生在高校中的主体性地位，尊重学生参与高校管理的合法权利，信任大学生的认知和判断能力，赋予他们更多更高层次的管理决策权利。

2. 赋予学生权力，完善学生参与高层管理的机制

"明智地分享权力并不等于削弱权力，反而可以多出成果。"通过构建与完善相关的学生参与机制，更多地赋予学生参与学校管理的权力，是未来高校管理体制改革的重要趋势之一。

（1）构建并完善高校学生管理听证制度

近年来，听证制度在我国法治建设过程中发挥了举足轻重的作用，把听证制度引入高校，使其作为保证学生参与学校管理的制度保障，已经引起了人们的广泛关注。目前，我国各高校纷纷建立学生管理听证制度，探索与学生成长需求相适应的学生参与学校管理制度体系，保障学生参与学校管理的合法权利。如2012年厦门理工学院就成立了由学生代表组成的学生听证委员会，实行"学校怎么做，先听学生怎么说"的做法，让学生"真正参与到学校管理当中，而不是机械地执行学校下达的命令"。

（2）实行高校学生代表大会提案制度

学生参与学校管理是我国现代大学制度建设的要素之一，健全的现代大学制度理应为大学生参与管理提供有力保障，借鉴教代会模式实行学代会提案制度，也应当成为保证学生参与高校管理的组织保障。

（3）完善学生参与高校管理的规章制度

建立和完善学生参与学校管理的规章制度是学生参与学校民主管理和高校依法治校的制度保障。近年来，国内各高校积极探索推进大学生参与民主管理的途径和办法，努力为保证学生参与学校民主管理提供有力的环境。

3. 优化"学生参与"提升学生参与高校管理的品质

促进学生参与高校管理,不应仅仅停留在低层次、低水平的"形式阶段",而应致力于层次的提高和品质的提升,达到有效、积极和高水平的"实质阶段"。

(1)提高大学生参与高校管理的层次

参与高校管理可分为三个层次,"初级层次以行使知情权、监督权和建议权为核心;中级层次以行使行动权、咨询权和评议权为核心;高级层次以行使决策权、表决权和投票权为核心"。目前我国大学生参与学校管理的途径和方式主要集中在初级层次或者中高级层次的初级阶段,如高校普遍设置的校务公开栏、校长信箱、校长接待日以及实行的学生助理制、学生评议制等,都只停留在知情权、监督权、建议权等初级阶段和层次。学生组织、学生干部参与管理也仅仅停留在宿舍、食堂等生活服务管理层面,对学校重大方针的决策根本无从参与。鉴于大学生身心发展的特殊性以及群体功能的特殊性,学生参与高校管理的范围和程度可以是有限的,但学生作为学校主体参与学校各个层次管理的权利却是不可忽视的。高校应充分尊重学生参与学校重大决策领域管理的权利,让学生真正享有"参政议政"的权利。

(2)创新大学生参与高校管理的方法

随着网络技术的成熟以及高科技产品在高校的广泛应用,学校可以充分借助当前先进的技术和技术手段拓宽学生参与学校管理渠道。例如,南开大学就通过开设"小开"微信平台来专门用于校园信息咨询、交流和反馈等事务,学校不仅能够用它发布各种公告信息,还可以将其用于向学生征集各方面的提案和意见,成为"随时随地"任何学生参与学校事务管理的一种新的便捷途径。此类形式创新与方法创新,能够打破以往学校管理工作在时间和空间上的限制,提高管理工作的效率,使学生参与学校的管理更加人性化和现代化。

(3)增强大学生参与高校管理的能力

无论是我国还是西方国家,学生与教师和专职行政管理人员相比,在知识、经验和能力方面都是不足的,但这不足以成为限制他们参与学校管理的理由。大学生作为由成年人组成的群体,已经具备较成熟的思想和独立判断的能力,同时还兼具较强的可塑性和巨大的培养空间。高校应当重视对学生参与学校管理能力的培养,创造机会让更多学生关心和了解学校的发展并积极参与到学校管理当中,尤其要鼓励学生参与教学管理、干部选举及奖惩制度等事关自身发展和切身利益的重大事务。例如,辽宁大学曾实施大学生入机关挂职锻炼计划,每年选拔一定数量的优秀在校大学生,安排他们担任校内重要行政岗位的助理工作,包括教务处处长助理、后勤集团总经理助理、学生处处长助理等,锻炼学生参与学校民主管理的素质与能力。

第三节 环境层面

一、营造健康积极的高校学生管理大环境

（一）加强学校网络思想政治工作队伍建设

在信息爆炸的电子时代，网络思想政治教育日益显得重要而迫切。当务之急，高校需要建立一支高素质的网络思想政治工作队伍，这支队伍不仅要具有较高的思想政治教育理论水平和丰富的思想政治教育经验，而且还要掌握计算机网络的基本知识和技能，熟练地利用网络平台开展思想政治工作。网络思想政治教育工作的展开，要以了解和熟悉网络语言、网络文学、网络游戏等网络文化的各种形态为前提，把握大学生的思想动态，关注和参与到他们的网络生活中，及时进行心理辅导和思想引导，使思想政治工作渗透到学生的虚拟生活之中，使网络时代的思想政治工作取得更好的效果，这就要求加强高校网络思想教育工作队伍的建设。加强校园网络文化队伍的建设，还需要合理配套各类专兼职人员，既要有网络专业技术人员，又要有网络管理人员，还要有网络文化研究人员。按照"提高素质、优化结构、相对稳定"的要求，建立统一指导、各方配合、责任明确、优势互补的网络工作队伍。凭借这支队伍，努力实践并着力打造"绿色网络校园"。通过各种途径密切关注网上动态，随时与学生进行平等的沟通与交流，及时回答和解决学生提出的有关学习、生活、就业等方面的问题，增强大学生网民的信息解读能力，引导大学生运用辩证的观点和科学的方法，去分析问题，明辨是非，增强对网络文化的辨别力和抵制不良信息的能力，使他们健康上网。

（二）提高学生的文化素养、自我调节与管理能力

培养和提高大学生网民对有害信息的自觉抵制意识和能力，对于建设社会主义网络思想阵地具有基础性的意义。首先，要使青年学生学会做自己的心理医生。青年学生的情感丰富而又容易冲动，因此要学会保持健康的情绪，适时宣泄不良情绪，找到合理表达自己诉求的方法，防止过度迷恋网络游戏，就显得非常重要。其次，要使他们学会计划自己的生活，建立合理的生活秩序。现在的许多大学生尤其是大学新生，生活自理能力较差，有的甚至难以适应大学的集体生活；另有些学生不能进行正常的人际交往，而人际关系不良也会导致对网络游戏依赖和成瘾现象的产生。最后，培养学生的道德自律意识。学生阶段是一个人的人生观和世界观的形成与定型阶段，因此教育他们增强网络伦理道德观念，在网络社会里遵守起码的行为准则，自觉加强修养，树立正确的人生观和世界观，显得非常重要。在这方面，可以开展关于网络游戏道德方面的座谈会，让学生参与进来自由讨论，要使他们充分认识到网络道德失范的社会危害

性，提高大学生网络自我教育能力的提升。

（三）营造积极健康的校园文化环境

学校应该有意识地组织力量开展网络信息方面的科学研究，利用技术的力量对侵入网络的有害信息进行处理，努力净化网络环境，将有害信息拒之校园网外。学校应该加强校园文化建设，丰富学子们的业余文化生活。首先，要以学生为本，积极开展充满时尚和青春活力的文娱活动，想方设法来吸引学生们的兴趣和注意力。其次，及时对沉迷网络游戏的学生给予关心和帮助，为他们营造一个积极、健康的学习和生活氛围。最后，学校适度介入网络游戏，最大限度地控制暴力、色情等不健康信息的进入，为学生创造一个积极向上的、健康有序的网络文化环境。

（四）加强网络监管力度，有效管理网络文化

当代大学生，受世界经济浪潮的影响较深，对新鲜事物的探索和尝试较为积极。但是，由于涉世未深，自我控制能力差，一不小心就会做出违反国家法律和社会道德的事情。高校可以发挥思想政治教育的优势，引导大学生明是非，辨美丑，不制作、不传播、不散布有害信息，树立良好的网络道德品质，自觉抵制不良文化的侵蚀。

（五）以学生为本，创新高校网络思想政治教育

树立科学发展观，加强大学生网络思想政治教育，就要尊重大学生的主体意识，以学生为本，通过教育目标、教育过程、教育手段、教育方法的设计，凸显大学生的主体地位，增强其网络主体的自主性和创造性，提高大学生对网络的驾驭能力，在知识积累、能力锻炼的同时，提升思想道德水平，促进大学生的全面健康发展。主要做好以下几方面：1.网络环境条件下的高校道德教育需要重新定位自己的目标。遵循理解、尊重和信任的原则，以疏导为主要方式，把发展学生的主体性作为最迫切的目标，指导他们学会选择，着力培养和形成学生正确的道德价值观、道德评判力以及道德自制力，以培养具有自主、理性、自律的道德判断和道德实践的个体，使大学生成为网络道德的自觉倡导者和积极实践者。2.需要重新设计道德教育的内容。网络既是德育的手段，又是德育的内容。学校网络德育要在原有德育内容基础上突出价值观的教育和注重道德意志力的训练，使学生能够"辨别真伪、追求真理、慎于判断"，增强识别评价和选择道德信息的能力，抵制不良信息的诱惑。3.建立思想政治工作专业网站，占领网络"红色"阵地。专业的思想政治工作网站，是思想政治教育科学化、技术化、时代化的迫切需要。建立网络德育信息数据库，通过网上"两课"答疑和辅导，坚持马克思主义在网络文化中的指导地位。

二、与校园文化建设有机结合

（一）校园文化与学生管理的基本内涵

1. 校园文化的内涵

校园文化是指由全体师生员工在长期的教学实践过程中培育形成的共同遵守的道德标准、价值观念及行为规范。它以学生为主体，以校园为主要空间，以育人为导向，以精神文化、环境文化、行为文化、制度文化建设为主要内容。环境文化是校园文化的基础，主要包括"硬环境"和"软环境"；精神文化是校园文化的灵魂，包括校风、学风、教风、作风等；行为文化具体体现在师生员工的言行举止中，主要包括各类人际关系、道德行为规范等；制度文化是校园文化建设和学校正常运转的保障，具体包括各类规章制度，如校规、班规、宿舍管理规定、社团规章制度等。此外，校园文化具有五个方面功能，包括导向功能、教育功能、凝聚功能、约束功能、陶冶功能。此五项功能作用于学生学习和生活的全过程，正确地引导学生健康发展。

2. 学生管理的内涵

学生管理是指高校学生管理工作者通过各种手段，对学生在校期间的学习、生活行为进行管理和规范，旨在维护高校正常的教育教学秩序和学生的生活秩序，保证学生身心健康，促进学生德、智、体、美全面发展。其中，学籍管理包括入学与注册、考核与成绩记载、转专业与转学、休学与复学、退学与毕业、结业和肄业；校园秩序包括学生行为规范、寝室管理、环境卫生维护及其他规章制度；课外活动包括各类社团活动、勤工助学及社会实践等；奖励主要指对在思想品德、学业成绩、科技创造、体育文娱及社会服务等方面表现突出的学生，给予的物质或精神上的奖励或表彰；处分是针对违反学习和生活纪律的学生实施的惩罚，包括警告、严重警告、记过、留校察看、开除学籍。此外，随着高校学生管理工作的不断创新，高等院校也越来越注重对学生的服务，绿色通道、就业服务、心理辅导等工作也成为高校学生管理工作的重要内容。

3. 校园文化对学生管理的重要意义

校园文化与学生管理具有密切的关联性。第一，二者目标一致。校园文化与学生管理都以育人为目的，以为社会培养高素质的综合型人才为目标。第二，二者主体一致。校园文化以学生为主体，学生是校园文化建设的参与者与受益者。学生管理同样以学生为主体，学生是学生管理工作的中心。鉴于校园文化与学生管理在提高学生综合素质、培养复合型人才上的一致性，加强校园文化建设必定可以推动学生管理工作的完善和创新。学生思想和行为内容不断延展，新时期的学生管理离不开"学生本位"的教育思想。充分发挥学生的主观能动性，对于学校和学生的发展以及校园文化的建设大有裨益。因此，"一切为了学生，为了学生的一切""尊重人格，保护天性"等先进的教育理念必须被广大学生管理工作者所接受和运用。"以人为本"

的育人环境和氛围离不开校园文化的建设。校园文化作为一种群体性文化，通过长期的沉淀与升华，形成了人们共同遵循的价值标准、行为规范和崇高追求。而校园文化所具备的导向、陶冶等功能，潜移默化地影响着学生的思想和行为。学生在特定的人文环境的熏陶下成长，形成健康的人生信念和价值追求。

（二）构筑良好的校园环境文化，为高校学生管理提供物质保障

学生管理是以服务学生为根本目的，为学生构筑良好、有序的校园环境是管理学生的前提。高校校园环境文化首先包括校园物质文化，它是指高校为师生员工学习、工作、生活、娱乐等活动提供的物质条件。高校的物质文化环境是高校校园文化的"硬件"，也是高校学生管理工作的基础环境或基础条件，如果没有良好的校园物质文化环境，高校校园文化无法健康地发展，高校学生管理工作也会缺乏相应的物质保障。比如学校环境的幽雅，景色迷人，我们就可以用其自然美的景观来陶冶学生的性情，塑造学生美的心灵。校园的合理布局、花草树木、名人塑像、橱窗、宣传栏等，可让学生耳濡目染并感受浓郁的校园文化氛围。所有这些景观背后，都示意了包括建筑文化、历史文化、艺术文化、现代科技文化等"亚文化"的独特的内涵所在；而这种"亚文化"和校园总体建筑本身所构成的校园景观，使校园能处处洋溢浓厚的文化气息。学生通过干净、整洁、优美环境的陶冶和塑造，既约束了自己的行为，又提高了自身的人文素养，达到促进高校学生管理工作开展的目的。其次包括知识学术环境，主要指学术科研、教学管理、学风建设等方面的情况和条件。它是衡量一个高校校园文化建设的好坏、管理水平高低的重要因素，它甚至直接影响育人的质量。最后包括人际关系环境，主要是指校园内部的人际关系，比如学生之间、师生之间、领导之间、教师之间等多方面的关系，和谐、融洽的人际关系环境能使大家保持良好的心理状态，利于教，利于管理，利于学生的健康成长。

（三）营造健康积极的精神文化氛围，为高校学生管理提供精神动力

高校校园精神文化环境建设首先应在所有的教学和校园文化活动中坚持正确的政治方向，弘扬民族优秀文化传统，加强对学生进行科学的世界观、人生观、价值观和道德观教育，引导浓厚的舆论氛围，弘扬正气、树立新风、强化理想信念、崇尚奉献精神，这对学生的世界观、道德观、价值观有着树立、锻炼、修正和提高的作用，可以增强学生的民族自信心、自尊心和使命感，激发学生的爱国主义精神，培养学生健全的人格和高尚的道德情操，增强学生抵制错误思潮的能力。要根据高校总体培养目标和学生实际，开展丰富多彩的第二课堂活动，用健康高雅的文化和艺术，引导学生合理支配闲暇时间。并且注意将学生管理工作融汇在生动活泼的各种活动之中，寓教于乐，使学生在活动中展现自己、锻炼自己、发挥自己、实现自我的价值，这对培养学生健全的人格、创新的能力，有着不可替代的作用。由此可见，良好的"精神文化"氛围，是实现高校学生工作科学管理的前提。

（四）创建科学的制度文化，促进高校学生管理和谐有序

高校校园文化，是社会整体文化的一部分，必须加以科学引导和规范，因而要创建科学的制度文化。制度文化是校园规范化建设和制度化建设的集中体现，这要求高校学生管理必须在各种制度、规章的约束下进行，规章制度对教师教学行为的约束、对学生行为规范的养成、对校园健康向上氛围的形成有着很大的促进作用，这也将促进高校学生管理有序地开展。高校的制度文化，主要包括道德行为规范、公共生活准则、校规校训及课余活动规则等方面。要根据本校情况制定和完善学校各项规章制度，在校党委和行政的宏观领导下，调动学校所有职能部门的积极性，上下协力，齐抓共管，使校园生活规范化、制度化。

（五）校园文化建设促进学生管理工作的基本途径

1. 加强校园环境文化建设，提升服务学生能力

校园环境文化可称为校园物质文化，与精神文化相比它是校园文化中的基础系统，是校园文化建设的前提，是精神文化的有效载体和实现途径，也是校园文化的直观体现。

第一，重视校园"硬环境"的建设。所谓"硬环境"又称物质环境，主要包括校园建筑、校园景观、教学设施、体育文娱设施及周边环境等，这些能看得到、摸得着的实体无不反映学校的教育理念和精神风貌，物质环境是开展育人活动不可或缺的基础和物质保障。因此，这就要求学校加大对"硬环境"的投入力度，尽可能地完善校园基础设施，为师生开展丰富多彩的教学活动、文娱活动提供重要的载体，使师生学有其所、乐有其所。在打造校园"硬环境"的过程中，各类建筑和设施应达到美感教育的标准和功能丰富化的要求。如校园建筑，包括教学楼、图书馆、宿舍楼、体育馆等，作为学生学习和生活的重要场所，应具备实用与艺术的双重功能，愉悦学生的身心，使学生在不知不觉中受到影响和启迪。同样，校园景观建设也应达到使用与观赏功能的统一。校园的园、林、水、路、石等人文景观有助于陶冶学生情操，塑造学生美好心灵，激发学生进取精神，促进学生身心健康发展。学生在优美的校园环境中成长，有助于激发其爱校热情。

第二，重视校园"软环境"建设。"软环境"是相对"硬环境"的一个概念，也是一种精神环境，主要包括校园内的人际氛围、舆论氛围等。人际氛围主要指校园内的各类人际关系，包括教师与学生、学生与学生、教师与教师、领导与教师之间多层次的人际关系。每个人都不是孤立存在的个体，高校学生所有的学习和娱乐活动都是在与人交往的过程中实现的，大学是个小社会，社会交往是大学生社会化的根本途径。学生通过社交建立起相对稳定的人际关系，人际关系网对学生的一言一行和身心发展影响重大。和谐的人际关系有利于维护校园秩序，使学生形成正确的是非观念。因此，教师在学生人际关系形成的过程中应发挥主导作用，避免学生发生孤僻、嫉妒、自卑等社会交往问题，正确引导学生坚持平等、相容、理解、信任等交往原则，远离习惯不良、思想扭曲的人，选择道德高尚、心地善良、积极进取的人交往。此外，

教师作为学生间的裁判员，应坚持公开、公平、公正的原则化解学生间的矛盾，解除学生间的误会，做到不偏私、不歧视、不主观。

2.加强校园精神文化建设，营造和谐育人氛围

第一，重视传统教育。习近平总书记在全国宣传思想工作会议上指出，要"讲清楚中华优秀传统文化是中华民族的突出优势，是我们最深厚的文化软实力"。可见，传统文化对于公民形成正确的价值理念、行为规范、理想信念尤为重要。党的十八届三中全会在全面深化教育领域综合改革的决议中提出："全面贯彻党的教育方针，坚持立德树人，加强社会主义核心价值体系教育，完善中华优秀传统文化教育，形成爱学习、爱劳动、爱祖国活动的有效形式和长效机制，增强学生社会责任感、创新精神、实践能力。"中华优秀传统文化是中华民族的根基和血脉，也是大学生身心成长的指路明灯。高校教育工作者要坚持"取其精华，弃其糟粕""传承与创新相结合"等原则，通过各类教学和文化活动，如实践教学、演讲比赛、征文大赛、文艺会演等活动形式，传播优秀的传统文化，其中包括天人合一的和谐精神、自强不息的进取精神等。同时，深刻挖掘学校的文化底蕴和历史传统，讲清楚学校的历史和文化，使学生感受到学校的魅力所在，从而激发学生的自尊心、自信心以及爱国、爱校情怀。学生管理工作者只有本着与时俱进的原则，融入先进的教育理念，方能不断深化校园精神文化。在优秀传统文化熏陶成长下的学生，更易于塑造健全的人格、培养高尚的品格，这与学生管理工作的目标相一致。

第二，加强校风建设。校风即学校的风气，是一所学校鲜明的个性特征，它体现在全体师生的精神风貌上。校风是一个多层次、多要素的动态系统结构，涵盖教风、学风、作风、班风、舍风等各类校园风气。良好的校风有利于学生思想品德、道德情操、行为习惯的形成。因此，校风建设是育人的关键环节。教师是人类心灵的工程师，加强师德建设、提高教师的业务素质有利于形成良好的教风。良好的教风对学生汲取知识、培养能力意义重大。班级是学生获取知识和提高素养的主要场所。和谐、向上的班集体对学生的学习兴趣、道德品质、行为习惯和良好学风的形成有着促进作用。为加强班风建设，首先要对班级日常管理进行严格要求，用制度来约束学生言行；其次要营造浓厚的学习氛围，通过互帮互助、嘉奖优秀等方式激发学生的学习动力，培养学生良好的学习习惯，使每个学生都能成为群体的典范。

此外，宿舍是学生生活起居的唯一场所。良好的舍风有利于学生养成好的生活习惯，如早起早睡、勤奋上进、锻炼身体、读书看报等。好的生活习惯对于学生进入社会、成家立业有着长远、深刻的影响。为加强舍风建设，需要严格宿舍制度，对于不遵守宿舍制度的学生加以管教和约束。还要发挥学生干部和学生党员的榜样作用，带动普通学生养成健康的住宿习惯。

3.加强校园制度文化建设，建立完善规章制度体系

第一，完善规章制度体系。校园规章制度是全体师生共同遵守的行为准则。对于学生来说，规章制度犹如一面镜子，时刻提醒学生正其观、端其行，避免违反纪律、误入歧途；对于学校来说，规章制度是学校文明的标志，学校力求在育人实践中加强"制度化、科学化、规范化"的管理，努力使各项工作有章可循。严格的规章制度能保证教学工作的顺利推进，是学生成才

的重要保证。因此，建立和完善科学的规章制度体系尤为重要。随着高校教育改革的不断推进，高校的制度建设也应向人性化、科学化的方向发展，尊重学生的人格，倾听学生的诉求，使师生关系更加和谐，学生管理工作更容易开展。同时，规章制度的制定应具备科学性、合理性、可操作性等特点。缺陷重重的规章制度不能起到约束、教育的作用，会影响校园文化的整体建设。规章制度自身的完善是进入执行程序的前提，是学生管理工作顺利推进的保障。

第二，提高规章制度执行力。学生管理工作以学校各项规章制度为依据，规章制度的执行力影响着学生管理工作的成败。科学的规章制度是学校各项工作开展的保障，但若有令不行，有章不循，有错不罚，则再好的规章制度也是纸上谈兵，所以，提高规章制度的执行力是保障各项制度落到实处的根本保障。学生管理工作者在执行规章制度的过程中应做到事前防范、事中控制、事后监督。事前防范，可以防止违纪行为的发生，并减低管理成本，减少管理压力；事中控制，可以保证制度的严肃性，使制度在公平、公正的原则下运行，防止事态偏离正常轨道；事后监督，对制度执行者和制度执行情况进行考核，可以不断完善制度体系，使制度更加科学、合理。除此之外，应不断加强学生的思想政治教育工作，使学生认识到遵纪守法的重要性和违法乱纪应付出的沉重代价，积极号召学生自觉遵守规章制度，做到自尊、自爱，使每一个学生都能成为遵纪守法、道德高尚、素质优良的时代典范。

第八章 "互联网+"时代 高校学生管理工作的发展趋势

第一节 互联网媒介素养教育

一、参与式文化下高校学生网络媒介素养教育的特征

（一）教育理念的转变更新

在传统教育模式下，教师在教育教学中处于中心地位，对教学效果起决定性作用。但在网络时代，学生可以通过多种途径获取信息，教师逐渐失去了在知识传授过程的主导地位。有观点认为，随着网络媒体的普及，我国已步入"后喻文化"时期。这对传统的师生关系提出了新挑战，需要我们的教育者将教育理念由"教师中心论"向"师生相长型"转变，即立足学生参与互动融合理念，在分析学生诉求和认知行为、研究学生网络媒介使用习惯的基础上，制定出顺应时代的发展特征、具有针对性的现实媒介素养教育培养方案。

（二）教育方法的创新发展

新媒体因其交互性、时效性、多媒体性、多元文化性等特征而受到当代大学生热捧。现阶段，大学生不再将报纸、电视、广播等传统媒体作为获取信息的唯一渠道，而倾向于借助 APP 移动应用服务、SNS 社会性网络服务等新媒体平台获取资讯，享受参与和互动的乐趣。这就对教育方法的创新发展提出了更高要求，需要基于参与式文化形式，即联系、表达、共同解决问题和循环，改变原有灌输式、一言堂的教育方法，而变为注重学生与周边环境的融合、自身感受与意见的表达、团队成员的交流互动、多样化的传播形式和交叉性的传播平台等。

（三）评价反馈的机制完善

詹金斯曾提出 12 项新媒介素养能力，即：游戏能力、表演能力、模拟能力、挪用能力、多重任务处理能力、分布性认知能力、集体智慧能力、判断能力、跨媒介导航能力、网络能力、协商能力、可视化能力。这表明网络时代对于个人媒介素养的需求是新媒介发展在技术和内容上对受众能力有更高层次要求，也是来自受众在新媒介中希望满足自己在社交、尊重、自我实

现等更高层次需求的结果。为顺应新时代的人才培养需求，要进一步完善现有媒介素养教育中的评价反馈机制，将来仅仅注重媒介文本阅读理解能力延展至注重对实践参与能力、角色转换表现能力、信息采集再加工能力、监测环境把握事物关键细节能力、了解尊重适应多元文化能力等综合能力考察。

二、加强大学生网络媒介素养教育的必要性

虽然部分教育界及学界人士已经意识到网络媒介素养教育的意义和价值，但总体而言，我国的网络媒介素养教育依然处于初级阶段，具体表现为以下三个方面。

（一）缺乏公共政策的制度保障

大学生网络媒介素养教育作为一项亟待开展的系统工程，需要政府部门牵头制定相关公共政策，对该项工作的技术支持、经费保证、协调推广、具体职责等进行顶层设计和统一规划协调，建立覆盖课堂教育、社会教育、家庭教育的全方位、立体化的教育体系。

（二）缺乏课程体系建设和规划

目前，国内大部分高校未将大学生网络素养教育课程纳入教学大纲中，未明确要求学生掌握媒介素养基本知识和能力，未开设与媒体传播运作、媒介内容赏析批判、传媒法规与伦理等方面的课程。事实上，将媒介素养教育纳入高校课程体系建设，要求学生通过修习指定课程掌握有效获取媒介讯息、了解媒体运作功能、批判选择媒体传播内容、制作传播媒体作品等能力，是提高大学生媒介素养和综合素质的重要途径。

（三）缺乏科学调研和系统研究

目前，国内对于媒介素养教育的研究主要集中在介绍西方媒介素养教育开展情况、媒介素养基本内涵及认知、媒介素养教育的重要性等方面，缺乏对国内大学生开展网络媒介素养教育的科学调研和系统研究，缺乏符合我国国情和大学生特征的教材和教育宣传片等。

在参与式文化下，结合我国国情和高等教育发展现状，加强大学生网络媒介素养教育培养，可以从政策制定、课程开发、教师培养、社会实践、科学研究等环节入手，构建具有现实针对性和可行性的网络媒介素养教育体系。

1. 顶层设计

政府管理部门通过相关政策的制定，将网络媒介素养教育纳入教育规划体系和公民教育体系，明确网络媒介素养是新时期必备的公民基本素养。加拿大的约翰·庞甘特在调查世界各国媒介素养教育实施状况后认为，"媒介素养教育成功的要件包括教师的教学意愿、学校行政的支持配合、培训机构的师资设备、常态持续的培训、专家的支持、充分的教学资源、教师自发性成长团体运作。"为保证我国媒介素养教育有效开展，政府管理部门必须发挥顶层设计和统

筹协调作用，通过加强宣传教育，净化网络舆论空间，引导公民了解并自觉遵守网络法规和伦理；通过制度保障、经费投入、政策支持等手段，统筹协调高校、研究机构、新闻媒体、民间组织等社会资源，为大学生网络媒介素养教育工作的开展提供必需的政策支持、物质支持、智力支持，促成政府统筹、高校主导、社会参与的网络媒介素养教育体系的构建和完善。

2. 课程配套

高校加强网络媒介教育课程开发管理，将相关课程纳入人才培养规划和课程建设体系。学习借鉴国外的课程设置方式，采用专业课程、课程融合、跨学科整合、主题教学等课程模式。例如，德国将媒介素养教育融入计算机课程中，借此引导讨论社会政治议题；我国台湾地区将媒介素养教育与哲社课程相融合，注重学生的情感体验和互动参与。

3. 队伍建设

重视高校教师媒介素养能力的提升，将媒介素养纳入教师考核体系。媒介素养不仅是专业课程教师所需具备的基本能力，也是其他专业或学科教师、行政人员所必须具备的基本技能，包括感知理解媒介的能力、选择整合媒介内容的能力、利用媒介创造传播的能力等。提升高校教师媒介素养的根本目的在于使教师通过教学科研活动，将认识、理解、整合、批判媒介的基本素养在潜移默化中传授给学生，提升学生的媒介素养。高校可以通过完善优化现有考核体系，检验教师课堂教学和科研工作中体现出的媒介素养水平，以及授课过程中的媒介使用能力、利用媒介制作传播教学内容的能力、媒介整合和信息选择能力等，并对教师是否注重课堂内外学生的实际参与和互动体验进行重点考核。

4. 课程设计

将媒介素养教育与第二课堂教育相融合，在社会实践、志愿服务、科研创新等方面加强网络媒介素养教育。"参与式"文化体系所具有的注重个人体验和互动参与特性，与大学生第二课堂教育相得益彰，契合了其文化育人、实践育人、环境育人的育人理念。例如，引导学生利用网络媒介获取、创作、传播信息，选择网络媒介平台进行项目和实践的宣传，以网络媒介素养为研究对象开展研究，利用网络媒介开展社交，提高团队及项目知名度，在实践中提升并检验自身的媒介素养能力。

5. 实践结合

鼓励扶持对网络媒介素养教育的科研工作，在课题申报、征文、竞赛中予以重点关注，鼓励高校思想政治工作者、专业教师、行政人员开展网络媒介素养研究，并对具有一定研究价值的项目给予扶持，推动研究成果转化。对研究者给予技术、资金、物质等方面支持，提供平台鼓励研究者开展对外交流合作，学习借鉴其他国家或地区的有效经验，推动我国的大学生网络媒介素养教育的开展。

三、"互联网+"时代我国大学生媒介素养教育存在的问题

新媒体语境下大学生媒介素养存在的诸多问题，主要原因在于我国媒介素养教育的长期缺失。要想除此弊端，既要加强完善对新媒体的监督管理体系，更重要的是调动社会、学校、媒体与家庭四方面的联动作用，构建四位一体的媒介素养教育体系。

（一）高校媒介素养教育的缺失

高校的教育是大学生提高媒介素养最直接有效的途径，但目前我国大陆地区高校普遍不重视大学生的媒介素养教育，教学实践基本处于空白。尽管我国对媒介素养教育的研究已有多年历史，但仍然停留在理论阶段，没能从我国的媒介生态的大环境中对媒介素养教育实践提出有益的建议。

在实践中，只有少数大学生能通过有限的校园媒体资源去参与、体验媒介的运作，同时过程中缺乏专业老师的指导和培训，基本处于自发状态。在理论上，除了传媒相关专业学生，学校很少面向其他专业学生开展关于媒介素养教育的相关课程讲座。

（二）新媒体中"把关人"作用的缺位

教育并非一定来自课堂，大学生对媒体的接触、实践也是一种间接受教育方式。新媒体所提供的价值取向，无论是对信息价值的判断或对事件的思考，都会潜移默化地影响大学生对于客观世界的认知判断，甚至为他们形成价值观提供参照。在新媒体环境下，传者、受众的界限模糊，"人人都有麦克风"、人人都是"把关人"，但是专业素养的缺乏使得信息的真实性和质量难以保证。值得注意的是，在新媒体中是否进行把关，更多的不是能力问题，而是态度与观念问题。为了获得眼球经济，争取更多的受众，网络媒体的信息筛选加工往往只看市场标准，使得许多虚假、媚俗的信息充斥其中。新媒体公信力的降低和"把关人"的实际缺位，给大学生带来了负面影响，会使他们形成重物质享乐、轻责任理想的风气。

（三）国内媒介素养教育体系建构不足

在我国，"素质教育"的口号已经喊了很多年，许多地区也纷纷出台文件，试水教育改革，但是始终无法撼动拥有悠久历史的应试教育体制。这使家庭和高校对青少年的培养带有明显的功利主义色彩，追求实用和速成。而媒介素养教育的成果，寓于长期、持续的教育之中的。这两者间的矛盾揭示出我国媒介素养教育难以形成规模的历史根源。

此外，我国媒介资源有限而人口数量庞大的现状也使媒介素养教育的推行缺乏硬件支持，难以形成一定的规模和体系。同时，媒介素养教育缺少政府部门政策的支持和推行媒介素养教育的专门机构，这也是社会各界对媒介素养教育的紧迫性和重要性无法形成正确认识的根本原因所在。

四、针对新媒体环境下我国大学生媒介素养存在问题的解决措施

为了提升我国大学生的媒介素养，针对新媒体环境下大学生媒介素养存在的问题，汲取外国先进的媒介素养教育成功经验，我们可以尝试从以下几个方面着手：

（一）学校方面

1. 开设媒介素养教育课程，建设高素质媒介素养教育队伍

媒介素养是一个新的课题。目前为止，我国的媒介素养教育实践经验还未完全找出一条适合本国国情的道路来。大学生对于媒介素养这一名词既熟悉又陌生，对于媒介素养教育学科的含义也缺乏较为理性的认识。在大学教育中导入媒介素养教育课程，结合各高校的优势力量，是解决大学生媒介素养问题最有效、最科学的方法之一。高校在课程的设置上，可以专门开设实践性课程与多元理论性教育课程相结合的模式。并且，学校还可以通过举办相关讲座、辩论会等活动，以不同形式促使大学生树立正确的新媒体观念。

2. 营造媒介教育氛围，进行媒介素养宣传

媒介素养要进入校园，融入大学生的生活中，还要一个大家认识和认可的过程。因此，大学校园应充分利用自身传播知识和文化的优势，加大对媒介素养宣传力度。校园广播、电视台、报纸、期刊、社团等都是校园媒介素养宣传的舆论阵地，它们作为在校学生的精神环境，对大学生有着不可替代的潜移默化的影响。所以，加强校园媒介素养宣传，就要形成全方位的校园舆论环境，利用各种媒介形式和手段，营造良好的媒介教育氛围。

3. 充分利用大学校园资源，增加媒介认知

调查显示，很大一部分的大学生较少参与到媒介信息的制作与发布中，这无疑给媒介工作蒙上了一层神秘的面纱。传媒作为一种合理存在并蒸蒸日上的事物，它的内容和灵魂在大学生当今的生活中是无孔不入的。大学校园有着各式各样的教育、学习工具。校报、校园广播电台、电视台、校园微博等都是大学生可以接触并参与其中的媒介资源。高校应充分鼓励大学生利用校园媒介资源，如：建立校园校报编辑室，让学生亲自去采集、编辑、制作和发布信息；开设校园微博，建立校园微博管理委员会，让学生参与微博的开通、传播和管理的一系列过程。

（二）媒介方面

1. 媒体和大学校园合作，为大学生提供实践平台

媒介素养教育与媒介实践是双向互动的，大众媒介应与大学校园"联姻"，为大学生提供更多的实践机会。例如：传媒与校园联合发起一次"DV校园新闻制作"大赛，媒介专业人士走进大学为学生提供专业指导，大学生从拍摄—加工—制作全程亲自参与，最后评选出优秀的作品在媒体的某一平台播出，使同学们在获得成就感的同时还能收获到相应的媒介知识。网页

制作大赛、校园新闻制作大赛等无疑都可以成为媒介与校园合作的最好形式。与此同时，学校还可以定期邀请知名主持人、经验丰富的编辑人员、记者等走进高校，与学生们进行面对面的交流互动，增加大学生们对于媒介的感性认识，消除大学生对于媒介的陌生感。只有这样才能不让大学生被媒介的形式和内容"牵着鼻子走"，成为媒介的理智消费者而不是单纯地鉴赏、浏览传媒发布的信息或是仅仅热衷于新传媒所带来的新感觉。

2.媒介发挥"把关人"的作用，提高自身的公信力

媒介在信息生产和信息方面应扮演好"把关人"的角色，各式各样的传媒文化给大学生的价值取向会带去强烈的冲击，在很大程度上影响着他们的人生观和价值观。面对大千世界芸芸众生中纷繁复杂的各种信息，媒介往往掌握着这些信息能否发布和传播的选择大权。媒介理应帮助大学生认识社会、积累知识，使每一位大学生在媒介所传递的正确价值导向中耳濡目染地逐步得到提高。因此，媒介工作者就应努力提高理论水平，努力提升自身的采编写基本素质，同时，要坚持正确的舆论导向，以正确的舆论引导大学生，这样才能引导那些辨识能力低的大学生认清真实的信息；最后，媒介从业人员必须具有职业道德，对自己职业行为所产生的社会作用和社会意义承担相应的责任。

第二节　构建专门的网络平台

当今社会，网络以其丰富的信息储备，已成为人们获取信息的重要平台。特别是在高校中，随着校园网络和信息化建设日益完善，信息化校园这一形态的重要性更为突出，网络已成为影响校园文化建设的重要外部因素，从《中共中央国务院关于进一步加强和改进大学生思想政治教育的意见》可以看出，校园网成为师生学习、生活和开展思想政治教育的重要平台已是必然趋势。对此，高校应抓好网络平台建设，使校园网成为服务大学生学习、生活的窗口；科学设计平台，强化网络平台的功能，使校园网成为为师生提供便利的重要工具；合理利用平台、提升网络平台的价值，使校园网成为开展大学生思想政治教育工作的重要渠道；深层开发平台，丰富网络平台的内容，使校园网成为大学生参与校园文化建设的主要途径

一、高校网络平台构建的有利条件

（一）时代发展的需要

在互联网迅速发展的时代背景下，网络已经与人们的生活息息相关，其用户群数量大、覆盖年龄范围广，影响力正随着时间的推移逐渐凸显，它以其特有的平台特性默默地影响着人们的价值观念和思维方式，以其资源丰富的特点改变了人们的学习方式，以高效便利的特点改变了人们的交往方式。中国互联网络信息中心第二十九次调查统计数据显示，大专及以上的学历

人群互联网使用率最高达 96.1%，成为互联网普及率中最高的群体。因而，高校应牢牢抓住这难得的契机，在学生的教育与管理中融入更加多样、更加吸引人的方式，使教育、管理、服务育人的功用在网络平台中得到淋漓尽致的发挥。在高校新校区的文化建设及信息化建设方面，可依托社会上已形成的较成熟的网络平台，这些平台经过测试及使用更具有适应性，降低了因网络平台硬件问题带来的发展困扰。

（二）发展前景好

校园网络平台因其网络特性，具有活、全、新、快的众多特点和优势，同时也有利于用户的使用和参与。校园网络平台既是传播校园主流文化的新阵地，也是高校文化内涵、办学精神、优势特色的最佳展示窗口。虽然高校由于发展时间相对较短，在网络平台的构建上较为滞后，但这反而减少了改革及发展的阻碍，不会因为固化的思维方式限制前进的脚步，降低了改革引起的阵痛。因而，在发展网络平台、积淀校园文化的道路上能走出全新模式。

二、高校新校区网络平台构建遇到的问题

目前多数的高校校园网络平台，都是以展示高校基本情况为主，这样的校园网络平台，用户基本没有参与机会，很难引起大学生的兴趣和关注。在内容上，除新闻和通知类的内容更新较快，其他内容长时间不能更新，甚至部分栏目只有名称而无实际内容，这也使得校园网络平台的关注程度下降。在实用功能设计上，未能针对使用者实际情况考虑，脱离了使用者的实际需求。另外，高校校园网络文化建设的针对性和目的性不明确，未能与高校的大学生教育和引领进行有机结合，缺少引导学生如何正确利用网络资源、如何构建和谐校园网络环境、如何建设健康校园文化等内容。在用户权限设置上，用户因权限不够，很难在校园网络平台上参与到校园网络文化建设中来。

（一）启动实施有阻力

新校区由于发展成长时间较短，在现有的建设期内校园文化还没有形成明确的发展方向，且在文化积淀性方面存在不足，利用网络平台开展校园文化建设还处于较空白阶段，建设起点相对较低，加之人力、资源等投入上的不足，新校区在启动实施网络平台方面具有不小的压力。

（二）形成特色较困难

具有较长发展历程的老校区因其长期的文化积淀，通过实践探索，在网络平台等建设方面已初具规模，形成了符合各校特点的校园文化建设途径。而高校新校区成立时间一般较短，且目前国内高校数量多，不论是行业特色高校还是综合性高校，都在寻求新的发展，在这样的背景下选择并走出一条特色道路相对艰难。

（三）可用资源较匮乏

高校在起步期内专业人员、配套资金、有关信息源等软硬件条件不足，系统的管理不到位，更多的是依靠其他部门提供的各类支持。在人力资源方面，不仅是数量及质量，更多的是学校管理人员对网络认识不全面。

三、高校网络平台的构建途径

（一）打造特色网络品牌

校园网络平台关键性的指标在于内容的准确度及更新速度等方面。目前的高校学生大多是随着网络一起成长起来的，若想利用网络吸引他们的视线，需要具有特别的形式、丰富的内容、急速的更新。因此，高校校园网络平台应该改变原有的形式呆板、内容简单、功能单一、更新迟滞等不足，更好地解决吸引力不足、利用率低等问题。应完善校园网络平台的功能，提高用户参与程度，加快、加深与校园文化的融合，更好地促进高校的发展。针对上述情况，高校新校区在打造特色网络品牌时应更好地利用社会上较成熟的、影响力较大的媒介。

（二）优化校园门户网站

校园门户网站是每一所高校在网络中展示的绝佳平台，是发布相关信息的固定渠道。在门户网站上可以尝试开辟校园特色专栏，如重庆邮电大学"红岩网校"、河南农业大学的"太行之路网站"等，大多是以本校学科特色为核心，围绕主体用户——学生，将思想政治教育、专业知识、科学技术、就业引导、特色文化等模块组合。设计优良、布局合理、内容新颖的校园网站不仅能提高社会关注度，更重要的是能吸引更多学生关注校园门户网站，积累荣誉感及归属感。打造校园官方微博，官方微博是网络发声的新媒介，高校、企业、政府等纷纷开通了官方微博，在扩大宣传面的同时，能更加快捷地发布信息，发起交流互动。学生手持手机刷微博已成为一种流行，而利用微博的特性，校园官方微博将学生的注意力凝聚起来，通过发布社会热点问题与话题、普及与学生学习生活相关的知识与信息、组织学生参与活动及话题互动等，利用微博消息发布及时、传播面广等特性，能更好地配合其他校园文化建设活动的开展。

（三）建设其他网络平台

当前，其他网络平台，如贴吧、微信、论坛、QQ空间等也成了新型的交流平台。随着移动终端技术的提升和革新，更多网络用户使用手机或者平板等终端设备参与网络互动。如今大学生使用手机刷微信、逛贴吧、进论坛、写说说、更新空间，已经是普遍现象，此类网络平台已经成为学生闲暇时光抒发个人情感、相互交流的一类重要平台。高校应当重视此类公开网络平台的开发和应用，利用此类平台用户群庞大的优势，推出有特色的高校平台，辅助开展大学生的伦理道德教育，促进校园文化多元化良性发展。当然，高校应利用和管控好这类平台，通过这种类型的网络平台可发起话题、交流讨论、活动宣传等，促进校园文化建设。

（四）充分挖掘潜在人力资源

网络之所以迅速发展得益于前所未有的更新速度以及良好的参与性、互动性，相较于纸质媒介，电子媒介越来越多地融入人们的交往之中。构建校园网络平台不仅仅是一定的物质投入，更加需要开发校园内所特有的、庞大的潜在资源——人，动员好、开发好潜在的人力资源既是发挥好人的主体性作用，更是人本主义理论应用于学校教育中的合理化体现。在高校新校区成立时间相对较短的背景下，充分动员专业教师、辅导员群体，集思广益创新内容、提高技术，积极参与校园内各项文体活动，转载、转帖；充分动员学生干部、学生党员等学生群体，学生既是校园网络平台的受益者，同时也能是参与者。通过利用现有群体、挖掘潜在资源，可以使教育者及受教育者都参与到网络平台的宣传、构建中去。

（五）建立健全管理体制

大学生在社会网络中是最活跃的群体，也是网络互动参与量最大的成员。因而，高校新校区的各部门及院系应提高对网络平台重要性及必要性的认识，加大投入，尽快开发校园网络平台；高校应针对如何引导网络评论、控制网络舆情、监管网络动态，处理网络突发情况等建立专门的技术团队，维护、管理、利用好网络平台。在现有的校园管理制度的基础上，要规范和创新校园网平台管理机制，通过统一的规章制度明确管理者、参与者的义务与责任，规范管理、教育引导学生形成健康积极的网络道德，使校园网络平台的使用秩序井然；建立校园网络平台的各级管理体系，使网络信息的监控、收集、分析、干预等反应机制更为完善，保护校园网络平台的正常运转。

（六）营造校园网络文化，共筑品牌校园文化

高校校园文化因网络的介入而更加丰富、鲜活，同时对高校思想政治及德育工作也提出了新的挑战。打造内容丰富、功能完善、具有开放性的校园网络平台，可以引导学生健康上网，传播校园主流文化，展现高校的品牌特色。构建好校园网络平台，营造健康和谐的校园网络文化，共筑品牌校园文化既是对网络所带来挑战的有力应对，更能为全校师生提供更加有活力的成长空间。

第三节　教育、管理、服务一体化发展

随着高等教育改革不断深化，高校办学规模越来越大，高校教学和学生管理工作面临诸多新挑战。这就要求教学与学生管理工作需应对新形势发展，实施全员联动机制，积极探索教学与学生管理一体化机制。

一、高校教学与学生管理体制和运行机制出现的问题和弊端

在传统高校管理机制下，教学与学生管理统一性差，使得教学与学生管理在学校与学院之间得不到统筹安排，形成了"各自为政"的管理模式，产生了不少问题。

（一）教风建设与学风建设不能互相促进

普通高校一般实行两级管理模式，学校将管理重心下移至分院。不同的工作业务归属于不同的职能部门，分工明确。在学校一级层面，教务处主管教学管理工作，而学生处主管学生管理工作；在分院二级层面，教务办公室主管教学管理工作，而学工办公室主管学生管理工作。在同一个学校里，教学管理工作和学生管理工作是两个独立运行的不同的工作系统。这样的管理运行模式纵向工作关联性很强，而横向工作关联性很弱。从而导致学校、学院两级的教学管理和学生管理工作在实际运行时，难以形成联动的紧密关系，更难以开创教风学风齐抓并进的工作格局，即以教风引学风，以学风促教风的良性互动机制。

（二）学生成人与成才出现"两张皮"

由于教学与学生管理工作联动机制缺失，工作本位思想严重，专业教师只侧重于教书，不重视育人，学工人员只侧重于育人，不重视教学。教师和学工人员彼此之间缺乏必要的交流、互动与协助，导致管理力度分散，难以形成合力。这就直接导致学生在人格教育和专业学习上的不协调，成人与成才出现"两张皮"。高校在管理人员有限、工作量很大的情况下，这种条块分割的工作模式必然会造成管理人员的严格分工，相应人员的流动和互助功能减弱，故而不能发挥管理群体的作用，工作效率不高。

综上所述，更新管理理念，探索综合管理结构，构建教学管理与学生管理一体化的管理模式势在必行。

二、实施教学管理与学生管理一体化的基础与优势

（一）各类高校间在人才、科研、资源等方面的竞争异常激烈

从传统的高校竞争方向与排序看，作为实施"985工程"和"211工程"的第一方阵的高水平大学为争创世界一流学校在努力拼搏；作为教学研究型的第二方阵的地方高校为进入国内高水平一流大学的竞争更是空前激烈；其他大学也是加劲发展，提高自己的水平和增强实力，竞争同样激烈。高校即使继续努力，差距也很难很快缩短，尤其是沿袭别人的老路，以原有的思维模式、价值尺度和质量标准去发展，更不可能有所作为。因此，高校不能采用单一路径奋起直追，而要用更加开阔的视野，更有效的办法，集中更多样的资源，走多样化、跨越式发展的办学水平提高方式，才能既夯实基础、扎扎实实做好基本功课，又能大胆、前卫地改革，建

立起新的视域、新的路径，充分运用好灵活激励的机制，发掘组织内部多样化的资源，走超常规发展之路，开启高水平大学的卓越进程。

（二）基本观念、基本价值、基本图景是不断改革创新的思想引领

比如，现代大学制度的"轴性理论"、坚持公办大学机制的稳定性和民办大学机制的灵活激励性相结合的"优势互补理论"下的充满活力和高效运行的社会主义民办大学办学机制的探索，"职业化全位理论"的现代大学不可或缺的管理模式思想等等，为我们构建教学与学生管理一体化提供了思想指导。

（三）践行教学管理与学生管理一体化的初步思路

调整机构设置，优化人员配置，完善分工协调。一是撤销学生处，将学生处的部分管理职能划归教务处，教务处设置教学运行管理、学生管理、教学基本建设管理和实验实践教学管理四个处；二是继续强化二级学院管理职能的重心下移，分管教学的学院领导要协调学生工作，使教学与学生工作有效融合，加强、完善和优化学院办公室职能和人员配置，学院办公室统一负责教学、科研、学工、党务、行政人事工作的日常管理，从而为教学管理和学生管理一体化提供组织保证。

（四）完善和创新一体化管理制度

在现有的教学管理和学生管理各项制度的基础上，根据一体化管理目标要求，优化学校学工部、学生社区、校团委与各学院协调功能，优化各学院教学与学生管理职能，探索建立一个运行有效的教学和学生管理一体化管理模式、管理制度，使学生教育管理"到边到底到位"。比如，可以试行教学与学生管理联席工作例会制度、任课教师和辅导员交流协作制度、教风与学风建设联动制度等，并计划由教务处牵头，社区、校团委、学生学业信息咨询中心、各学院共同参与，完成教学与学生管理一体化的基本制度框架建设，从而为一体化管理提供制度保障。

（五）加强教学与学生管理一体化的信息建设

教学管理和学生管理统一的信息系统的建成，可以实现信息的集中管理、分散操作、信息共享，使传统的管理向数字化、无纸化、智能化、综合化及多元化的方向发展，为此，高校要进一步完善教学管理和学生管理信息系统的建设，以实现教学与学生信息资源共享及信息互动，促进管理的规范化，增强学校和学院两级教学与学生一体化管理协作，使其更好地为学校的育人功能服务。当然，教学与学生管理信息系统涉及面广、功能性强，它的应用在为学校教学与学生一体化管理工作带来高效、便捷的同时，也将对今后的教学与学生一体化管理工作提出全方位的、更高的要求。

（六）强化"全员育人"工作机制

学生培养涉及教与学两个方面，必须实现二者的结合才能达到培养人的目的。高校要积极探索建立一个全员联动一体化，跨边界、无缝隙，管理重心前移于教学班的"全员育人"工作体系，实行多层面、多角度、全方位育人管理模式，即广泛调动、充分利用各层面管理育人的积极作用，包括班委成员、辅导员、学生家长、专业任课教师、校领导等，全力培养德、智、体、美全面发展的合格人才。

一体化管理模式不是简单地合二为一，而是一种相互统一和相互促进的管理运行机制。因此，我们要紧紧围绕教学管理和学生管理的连接点——"育人"，以教学为中心，激发教师教学的育人功能，促进专业教学和学生管理相互融合，从而逐步建立一个有特色、有效的教学管理和学生管理一体化的管理模式和运行机制。

第四节 科学性、时代性、层次性相融合

学生管理工作是学校教育的重要环节。随着高校大学生自杀、学生暴力、状告母校等事件不时发生，高校学生管理工作日益成为社会关注的热点。以往主要运用制度化管理的高校传统学生管理方法开始受到人们的质疑。随着社会的文明和进步以及现代高校管理理论的研究，人的重要性凸现出来。要解决学生管理工作的弊端，必须在学生管理工作中实现制度化管理与人性化管理的有机融合，充分发挥学校和学生双方的主动性，从传统的学校管理学生变为学校管理和学生参与相结合，注重人文关怀，尊重学生人格，关注学生身心健康，实现学生全面发展，满足社会对人才多样化的需求。

一、高校学生管理工作的现状

（一）学生管理理念滞后，管理体制僵化

目前许多高校的学生管理还没有摆脱传统教育观念和模式的影响，自觉不自觉地对学生训斥，平等交流的机会少；空洞的说教多，心理交流、辅导少；管理的色彩浓，服务的色彩淡；学生管理的权限和主体不明；当学生的权利遭到损害时也得不到有效帮助等。这些特点就导致了学生对学校管理的反感，从而表现为学习积极性不高，难以配合学校的管理工作，导致我行我素等不良结果。这些矛盾产生的缘由是多方面的，但从高校学生管理工作方面进行反思，学生与学校之间的纠纷，问题可能多出在学生的管理方面。高校学生管理工作有很多具体目标，但这些具体目标都必须围绕一个根本目标，朝向一个价值中心——学生的全面发展。这就要求在学生管理工作中坚持人本理念，强调把维护学生的尊严和价值当作管理的最高目标，把学生

的长期生存和长远发展当作管理的根本所在。高校学生管理工作是坚持以管为本，还是坚持以人为本，这是两种不同的理念，这两种不同的理念直接导致不同的管理行为和效果。事实证明，实施人性化管理，不仅可以有效化解学生之间的很多矛盾，降低学校管理成本，而且有利于构建民主健康的师生关系。

（二）学生管理工作形式单一，趋于表面化

长期以来，我国高校学生管理理念滞后，管理体制比较僵化，强制性的管理理念处于主导地位，管理形式过于单一。在新的历史条件下，学生管理工作必然会碰到新问题，发现新情况。高校不断完善学生管理制度，这既是时代对学生管理工作的要求，又是"以生为本"的具体体现。反思以前的学生管理规章制度，充斥的是行为规范、处罚条例和奖惩细则，这类制度置学生于被看管、被监督的环境之下，管理工作趋于形式化、表面化，导致学生的潜能和个性被深深压制，积极性和主动性大受挫折，从学生思想深处去分析问题和解决问题成一纸空文，尤其在心理问题的开导、人生目标的确立、专业方向的选择等涉及学生发展的大问题上，缺少必要的指导和帮助。而现代社会需要的是创新型人才，只有在和谐宽松的氛围中，学生的个性、兴趣与潜能等才能得到有效的培养、发掘和尊重。因此，强调以学生为本、尊重学生的人性化管理方式必然被提上日程。

（三）学生管理工作者的业务素质跟不上时代发展的步伐

随着素质教育的全面推进，学生管理工作更加强调全面性、层次性和现代性，这就要求学生管理工作者拥有更广泛的管理学知识和懂得采用现代化的管理手段。目前，由于许多高校对学生管理工作者缺乏切实可行的激励机制和管理措施，导致学生管理工作者出现了事业心和责任心欠缺，工作积极性不高的现象。同时，较多高校学生管理工作队伍在组成上采用专兼职相结合的方式，有些兼职辅导员或班主任由于重点关注科研和自身教学业务，致使他们花在学生管理的时间较少，与学生缺乏必要的交流和沟通。另外，大部分兼职教师在学生管理方面的理论知识欠缺，再加上学生管理工作者出去学习、进修和提高的机会较少，导致他们的业务素质不能适应时代发展的需要。

二、学生管理工作制度化与人性化有机融合的意义

（一）学生管理工作制度化与人性化相融合克服了单纯制度化带来的弊端

以往传统管理模式下的强制性管理，只关注理性因素而忽视了人的因素，学生管理工作程序化、标准化和规定化。这种模式可使各级学生管理工作者职责分明，学生管理工作井然有序地展开，其不足之处在于使学生管理工作者缺乏创造性和积极性，导致对学生的教育和管理机械化，学生本人的潜能、兴趣和个性等得不到有效的发现和培养。学生管理一定要因人、因时、

因事而异，应采用刚柔并济、人性化的管理方式，充分发挥学生的主观能动性，使学生由"要我学"变成"我要学"，这是未来学生管理发展的趋势，也是当今社会发展的要求。在专业教学上，我们提倡"因材施教"。在学生日常管理工作中，同样需要因人而异，对症下药，对待不同的学生要采取不同的管理方法，只有这样才能尊重和促进大学生的个性发展。

（二）学生管理工作制度化与人性化相融合是学生工作发展的必然要求

无论是制度化管理还是人性化管理，其目的都是最大限度地调动师生的积极性，顺利实现管理目标——学生的全面发展。而激励大多数人、约束少部分人是制定制度必须遵循的原则，因此，制定规章制度应得到大多数师生的认可并形成共识，使作为执行者的学生能积极感受到自己的义务与职责并自觉遵守，而不是消极地服从与执行。在规章制度的执行中，还要注意把握适度原则，坚持原则性与灵活性相统一，对学生中的具体问题要因人而异，灵活处理，这些都是人性化管理的基本要求。随着时代的发展和高校学生管理工作的改革，要求人性化管理的呼声越来越高，这是大势所趋，也是学生管理工作发展的必然要求。

（三）学生管理工作制度化与人性化相融合是培养高素质大学生的现实需要

现在90后的大学生绝大部分是独生子女，有些学生自尊心和个性比较强，凡事以自我为中心，欠缺尊重别人、关爱别人，更不懂得替别人着想，换位思考，缺乏实践能力和社会经验，承受挫折的能力较差。上述情况表明，传统的"一刀切"的学生管理模式已不适应大学生综合素质培养的要求。人性化管理正是针对不同层次的大学生所采取的"量身定做"的管理方式，这种模式把"教育对象"变成"服务对象"，由过去的强制性管理转变为现在的服务性管理，这是管理理念一个根本性的转变。这种管理理念的本质就是以学生为中心，明确学生是教育和管理的主体而不仅仅是管理的对象，是按照社会对大学生的素质要求实施的人性化管理。

三、学生管理工作制度化与人性化两者关系认识上的误区

（一）制度化与人性化在学生管理工作中是互为对立的关系

制度化管理是以制度规范为基本手段，协调组织机构协作行为的管理方式，是强调依法治理，严格依循规章制度，不因个人因素而改变，强调"规范化"的一种管理。纯粹的制度化管理较少考虑个人因素，是一种刚性管理。而人性化管理，从字面意义上说，即是以人为本，在管理中理解人、尊重人，充分发挥人的创造性和主观能动性。人性化管理在于实现个体的发展与价值，是一种柔性管理。因此，部分学生管理工作者认为，制度化管理和人性化管理是矛盾的两个对立面，若强调制度化管理就无法实施人性化管理，若重视人性化管理就兼顾不了制度化管理，两者不可兼得，否则就不是纯粹意义上的制度化管理或人性化管理。但是，人性化管理和制度化管理并不是对立的两个极端，而是在不同层次上的两种管理手段。相比较而言，人

性化管理是在制度化管理的基础上，更着重于人性化。所以，人性化管理是学生管理工作的目标和方向，制度化管理是人性化管理的基础和保障，两者缺一不可。人性化管理强调的是管理的艺术性，而制度化管理强调的是管理的科学性。没有制度，学生管理工作将失去标准和依据，而没有人性化管理，学生管理工作将失去长远发展的根本。人性化管理必须以制度的完善为基础，二者是相辅相成，不可分割的。

（二）人性化管理不等同于人情化管理

有些学生管理工作者认为，人性化管理会因人性的弱点在管理中暴露出来，从而使管理混乱，以至于毫无章法。在这里需要分清一个概念，这就是人性化管理不等于人情化管理。人性化管理是以严格的规章制度作为管理依据，是科学而具有原则性的；而人情化管理则是没有制度作为管理依据，单凭管理者个人好恶，没有科学根据，非常主观的一种管理状态。所以，人性化管理并不是完全抛开制度而只讲人情的，它是一种在制度规范的基础上，更多地考虑人性，从而促使学生能够更全面地发展。因此，"人性化"是在管理制度前提下的"人性化"，它强调的是在管理中体现"人情味"，让管理不再"冷冰冰"。人性化管理的核心是信任人、理解人、尊重人、帮助人、培养人，给人更大的发展空间，给学生更多的关爱，从而提高学生的积极性、主动性和创造性，激发优秀人才的良好创新意识和创造能力。

四、实现学生管理工作制度化与人性化有机融合的对策

随着全球经济一体化和网络的迅猛发展，学生的思想观念日趋复杂，传统的学生管理工作的管理理念、管理体制和管理方式难以适应新形势发展的需要，新时期高校学生管理工作改革和创新势在必行。

（一）建立科学、规范、完善的学生管理人性化制度是基础

人性化管理是建立在科等合理的制度之上的，离开了合理的规章制度和规范的管理，学校的管理将没有依托，各项工作将成为一盘散沙。规章制度是依法治校的基础。因此，必须建立科学、规范、完善的制度体系，通过制度来充分表达学校对学生的管理态度和要求。问题的关键是制度要合理科学，符合时代发展要求，既要体现对学生的要求，又要充分信任和尊重学生，同时还要体现学校的管理手段和方式。要以教育为主，处罚为辅，并为进一步促进学生全面发展营造更加宽松的氛围和空间。这就要求学生管理工作者经常开展调查研究，充分了解当代大学生的思想动向，听取他们的合理需求，甚至让他们参与制度的制定，使制度的产生立足于学生的现实需要，制定出公正合理、严格平等的学生管理制度。人性化管理不是放任管理，更不是人情化管理，人性化管理是以严格的制度作为管理依据，是科学规范而具有原则性的，它不是降低规章制度的严肃性和公正性，而是更注重提高管理学生的艺术，改变管理的方法和方式，其最终目的是要教育、培养和发展学生。

（二）转变观念，牢固树立"以学生为本"的管理理念是关键

以理念主导行动，做好高校学生管理工作，最重要的是转变观念，牢固树立服务意识，采取换位思维的方式，从学生的视角去看待问题和解决问题。各项工作必须立足于学生现实发展的需要，围绕调动学生的创造性和积极性而展开，把工作的着力点放到研究学生关注的热点和焦点问题上来，始终以学生的愿望和呼声作为工作的要点，把学生满意不满意作为检验工作的尺度，让个性在制度允许的情况下得到充分自由地发挥。要积极构建学生成长成才的管理服务体系，从以强制性教育管理为主的工作格局转变到强化服务、引导和沟通的新格局上来，由传统的"教育管理型"向"教育管理服务型"转变，牢固树立"以学生为本"的管理新理念，使学生管理工作真正抓出成效。

（三）注重提高学生自我教育、自我管理的能力

自我教育能力是指学生自觉主动地把社会要求的思想道德规范在内心加以理解，并通过实践转化为比较稳定的自觉行为能力。当代大学生参与意识较强，他们乐于对自身的生活、学习进行决策和控制，因此，有效调动学生的主观能动性，激发学生的参与意识，建立和实行学生工作以管理者为指导、以学生自身为中心的服务型管理模式，充分发挥学生在管理工作中的主体性作用。要善于多角度引导学生，采用多种形式，鼓励学生参与管理，培养他们的自律能力，尊重他们的民主权利，唤起他们强烈的责任感，做到把外部的制度管理与学生内部的自我教育有机地结合起来。学生参与管理的形式是多种多样的，如组织学生成立自律会，检查、督导学校各项规章制度的执行情况，引导学生在管理过程中进行自我反思和自我教育，树立自律、自强意识，帮助学生完成从"他律"到"自律"的转变；让学生参与伙食管理委员会、宿舍管理委员会或担任班主任助理等工作，组织开展各项文明评比活动，学生有权对关系根本利益的大事向学校提出建议；放手让学生会、团委以及相关社团组织开展各项活动，体现学生的主人翁地位。在这种管理模式中，学生具有双重身份，既是管理者，又是被管理者；既学会知识又学会做人，学生的责任感和自我管理能力得到提高。

（四）建立一支稳定、优秀的学生管理工作队伍是保障

制度化与人性化有机融合的管理模式对管理者提出了较高要求。在学生管理中，每个管理者主观能动性的发挥，都直接影响着工作的质量和效率。因此，做好学生管理工作，就必须建设好辅导员和班主任队伍，不断把德才兼备的年轻干部和优秀毕业生充实到学生管理工作队伍中。榜样的作用是有效管理的关键。教师作为管理者，要通过自己的行为去影响学生，因此需要教师具有良好的品德及知识素养，处处树立榜样作用，在管理中融入自身的人格魅力在工作中还应注重学习，不断提高自己的理论水平和业务能力以及正确的决策能力；重视学生在管理中的重要作用，尊重学生，把他们视为自己的朋友，及时发现和表扬他们的优点，以个别提醒的方式指出不足之处，少当众批评，多用鼓励、启发、商量的方式，尽量避免使用命令语气；

用公平、公正的心态对待学生，做到对学习好的学生从精神和物质上给予奖励，对出现差错或违反规章制度的学生，给予严肃的批评处理并帮助其寻找原因；在工作中应时刻保持谦虚的作风，善于多方听取学生的意见，修正工作上的不足和偏差。另外，还可采取听报告或讲座，出去调研或进修等多种形式，加大对学生管理工作者的培训力度，使之真正成为一支理论知识扎实、业务能力强、管理经验丰富的优秀队伍。

高校学生管理工作制度化与人性化有机融合是一种新型的学生管理工作模式。人性化管理和制度化管理并不是对立的两个极端，而且在不同层次上的两种管理手段。在制度化管理中加入人性化管理，实行人性化管理而不忘制度是管理的最高境界。因此，在学生管理实践中更新观念是前提，建立制度是重要保证，研究学生需要是基础，学生参与管理是基本原则，激励是重要手段。只有这样才能充分发挥"以学生为本"的教育理念在管理学生方面的作用，更好地促进高校学生的全面发展。

五、网络时代高校学生管理工作的新机遇

（一）网络对大学生学习和生活的正面影响

1. 网络成为大学生获得知识和信息的有效途径

网络是巨大的资料库和信息服务中心。大学生们可以超越时空和经济的制约，最快地查找学习资料，学会更多课堂以外的知识，从信息中获取养料，完善知识结构。同时，网络又为学生提供角色实践的舞台，在这里可以大胆尝试，不断开拓。计算机网络的逐步普及，使得大学生能够从各种网络上获得千变万化的时代信息和人文科技知识，广纳精华，汲取各种知识营养，来发展和壮大自我。通过上网，社会经验不足的大学生得到充实和提高，他们可以通过网络了解校园文化、社会热点、国家大事、国际风云；了解政治、经济、文化、军事、哲学、科技的发展动向、历史沿革；进行休闲娱乐、感情交流、学术讨论等。所以，网络在很大程度上可以使青年大学生得到各方知识的陶冶和锻炼，成为象牙塔中的社会人。网络作为一种教育手段，具有信息量大、传播速度快、影响范围广等特征。它不仅丰富了教育内容，拓宽教育途径，帮助大学生在广阔的环境中学习和积累知识，而且有利于大学生发展和形成个性。尤其是校园网和思想政治网的建立和发展，为大学生接受知识提供了更有利的条件。甚至可以了解到更为真实的学生思想动态，从而提高思想教育工作的精确度。

当前，我国仍以传统的灌输式教育为主，因材施教的方式很难做到，而登陆各种各样的教育和科研网站，则可以弥补这一教育真空。英语四六级、考研、考 T、考 G 网站，各种层次计算机学习指导网站，数理化、历史、地理、医学、生物等各科目类别，均可登录相应网站，进行自学辅导、作业测验、大考冲刺、升学模拟考场等。每个大学生可以根据自身发展需要，浏览不同网页，来给自己加压充电。另外，还可以从网站上浏览和学习本高校不具备而其他高校具备的相关教学资料和实验条件，借鉴学习方法，达到居一校而学全面，知己知彼，扬长避短

的效果。

2. 网络有利于大学生开阔视野，培养创造型思维

网络是知识和信息的载体，它作为一个全新的事物进入我国，引发了创造性极强的大学生群体的极大好奇，也正是基于网络本身的广泛应用和软硬件技术的不断改进和更新，给广大学子带来了极大的创造空间：网页制作、电脑设计、三维动画、工业造型、电脑预决算、网络科研项目、网络课件教辅、远程教育技术服务、大学生网络创业大赛等，无不在内容和形式上造就了大学生的创新欲望，于是，一大批以在校大学生为核心的电脑公司、网吧公司、信息公司等学生企业应运而生，它推动并引领了当今高校学子的无限创造激情，也给国家的未来和现实的经济发展带来了生机和活力。据调查，国际知名品牌"海尔"就从全国各高校猎取了大批在高校学习中创造性极强的学子来加强其技术核心力量，"北大方正""清华同方"旗下更有大批优秀学子的创造身影。据悉，每年各高校不断涌现大学生国家创造发明专利和技术项目的拍卖。同时，网络时代的发散性思维方式取代了传统思维所固有的较狭隘、死板的弊端，有利于培养大学生的发散性思维，帮助他们正确地看待周围的人和事，树立科学的人生观和世界观。

3. 网络扩大了大学生的人际交往范围，有助于建立良好的人际关系

心理学家普遍认为，良好的人际关系是心理健康的标准之一。相关实证研究也表明，人际关系与个体心理健康有着密切关系，有助于个体心理健康的发展。一个缺少朋友，不能与他人和谐相处的人，一定是心理不健全的人。不同学派的学者，无论是在心理疾病的原因探讨还是心理治疗技术的研究中，都非常重视人际关系的地位和作用。沙力文认为精神病包括人际关系中不适宜的整个领域，主要是由于患者的童年人际关系被破坏，从而产生严重的焦虑感，导致精神的分裂。在人本主义心理学者那里，人际关系与心理健康二者的关系问题更是被看作心理健康和治疗研究的中心问题。他们认为，自我实现者的重要特征之一就是能够与他人建立良好的人际关系。认知心理学倾向的学者们则主要从人际问题解决方面对人际关系与心理健康间的关系进行了深入探讨。

人际关系冷漠是现代社会生活中日趋严重的一种社会病。人们在钢筋水泥的森林中孤独地出没，急切需要快捷便利而又自由的交际方式。网络交往使得人们的交往空间扩大，人际沟通的时效性、便利性和准确性提高，有利于良好人际关系的建立和发展，并且对学生网民心理健康带来积极的影响。在传统交往方式下，个体的人际交往常常囿于实际生活中狭小的生活圈子。网络社会的人们却可以跨越千山万水，突破地域空间的限制，让整个地球变成一个小小的村落，真正实现"我们的朋友遍天下"。它可以让人足不出户在数秒之间找到多年挚友般的倾心感受，而免去彼此的客套、试探、戒备和情感道义责任。同时，由于网络人际交往的匿名特点，学生网民间一般不发生面对面的直接接触，使得网络人际交往比较容易突破年龄、性别、地位、身份、外貌美丑等传统人际交往影响因素的限制，建立更为和谐、民主、平等的人际关系。

电脑网络不仅使一般的社交便利性提高，社会圈子扩大，而且解决了某些具有特殊困难者的社交问题。例如，SARS横行，中小学生在家中利用网络学习、交往、聊天谈心。又如一个

严重的面部烧伤病人，可能因为变形的面部使得很多人不愿或不敢接近；一位行动不便者可能囿于一隅无法让自己走入他人的生活圈子；边防哨卡的士兵可能因为交通不便和职责原因，无法与外界沟通……电脑网络为这些特殊的人们提供了人际交往的全新天地。此外，电脑网络也可以作为某些社交恐怖症患者系统脱敏治疗过程中的初级训练工具。让他们首先通过电脑网络与他人进行无须直接面对面的接触和沟通，建立起人际交往的信心，随后再进行现实的人际交往训练。网络最突出的优点是它的交互性，它既是信息的载体，又是媒体中介，实现了人与人之间交流的通畅。花样繁多的论坛、聊天室、虚拟社区、情感驿站等使广大学子网民可以直抒胸臆，发表自己的见解和看法，并充分表达和表现自我，结交各种朋友，相互介绍经验，共同进步。目前，在校大学生大多数为独生子女，他们渴望与同龄人交流并得到认可；但独生子女在家庭中处于中心地位，在走出家门后的人际交往中往往受到强烈的冲击和挑战，许多心理和情感苦恼常会不期而遇。高校大学生问卷调查显示，大学生心理障碍严重影响学习和生活，很多案例显示，有的大学生因此形成畸形心理并导致多种不良后果。同时，大学管理机制与中学不同，人际真情沟通减少，学业和未来择业的压力迫使各个学子为学习而疲于奔命，但是校园文化的丰富多彩又引发不定时人际情感交流的增加，这样，网上交友就解决了专心学习和择时交友的矛盾。因为网上交友是"点之即来，击之即去"的速成交友方式，可以按大学生的学习闲忙而调整，在网上既可以推心置腹，抒发情感，交流思想和心得，又可以大发牢骚，排遣抑郁，达到缓解学习和精神压力的双重功效。

4. 网络为缓解和宣泄大学生个体的不良情绪提供了良好途径

现代心理治疗理论非常重视宣泄在心理健康维护和治疗中的作用。心理咨询和治疗者的重要任务之一就是为受到压抑的心理症结提供宣泄和释放的渠道。但是，由于传统观念和行为习惯的影响，很多国人在遇到各种烦恼和心理问题时，往往没有勇气或不习惯找心理医生，也不愿意向身边熟悉的人倾诉。这种忌"心病"现象和"家丑不外扬"的普遍心态显然不利于个体心理问题的及时解决，也不利于个体心理健康。电脑网络的匿名性特点为学生网民不良情绪的及时释放和网民之间的情感帮助、心理支持提供了新渠道。

目前互联网上的心理健康站点主要包括高校心理学系主办的站点或主页、网络心理医院站点或主页、个人创办的专业心理网站或主页、心理学杂志社的站点或主页以及其他网站的心理专栏等。这些心理学的专题网站或主页尽管各自的侧重点有所不同，但它们都自觉担负起了普及心理健康知识、提供专业心理援助的责任。其主要内容涉及心理健康知识、心理健康状况自测、网络方式的心理咨询与辅导、心理医院和心理医生的介绍及求医预约、心理健康研究动态等。虽然由于经验、人手和资金等诸多因素所限，这些网站或主页的内容还不十分充足，质量也参差不齐，但是，由于它们既方便快捷又具有较好的保密性，因而受到网民的广泛青睐，确实在一定程度上对网民的心理健康辅导起到了积极作用。

同时也应该看到，个体心理健康水平存在很大程度的差异，低层次的心理健康指的是没有心理疾病症状，高层次的心理健康是指人的潜能得到充分发挥或"自我实现"。因此，即使是正常人也要不断提高自己的心理健康水平。较好的心理健康水平往往意味着个体各种心理素质和谐发展。网络则有助于提高网民的自信心，激发他们的想象力、求知欲和创造性，不断提升网民的心理健康水平。网上各电子网站的个人主页为学生网民提供了一个施展才华的新天地。

（二）网络时代高校学生管理工作的新机遇

就教育主体而言。网络时代对教育主体提出了更高的素质要求，无论是学校政治思想教育及指导思想的摸索、制定、贯彻还是信息系统的建立、维护和改善，都离不开一支既有过硬的思想水平和觉悟、又具备较高的网络管理才能和信息时代思维方式的教师队伍。我们教师应加强计算机及网络技术的学习，把网上研究与学生工作紧密结合起来，成为学生在信息世界中的指导者和组织者。应该树立一种"教会选择"的观念，调整自己的角色，从"教会顺从"的训导者变成"教会选择"的指导者。

就教育客体而言。网络为学生打开了沟通世界的大门，扩大了学生的交往面，但过度依赖网络，采用匿名的间接交流方式，逃避直接交往，不益于心理健康；网络让学生更自由地表达自己的思想，但往往过度自由、无约束，各种虚假、错误信息充斥于网上，不乏明确的思想导向；网络有利于学生了解多元文化，但国际上的强势文化也趁机冲击学生正确的世界观、人生观和价值观的形成。网络互动使学生人际互动的范围扩大、互动主体性增强、互动互助性增强。网络打破了语言、地域、身份、地位、社会制度、文化背景甚至心理等局限，扩大了人们的交往范围，从而有利于促使学生关心全人类，加速他们在世界大范围社会化的进程。但由于学生自身社会化不足、自我约束力不够，也会引发一系列问题，如民族认同感的淡化、自我角色失调、人际异化和自我异化等。

就教育环境而言。网络促进了人类文明成果的大交流和世界文化的大创新。这些新的人类文化成果丰富了学校德育的内容，扩展了德育的文化视野，形成了一个新的学校德育文化媒体环境，对学校德育有远大的积极意义。但网络环境具有易变性和难以控制的倾向，对我国社会的正规教育是一大挑战；网络形成了新的德育环境，传播的内容具有公开性、不可控制性的特点，它使青少年能够突破传统媒体对不良信息的限制，使以往所强调的"正面宣传""突出主旋律"的传播原则受到了挑战。网络媒体环境的公开性为青少年学生的社会化创造了更为开阔的空间和更为便利的条件，网络所构筑的虚拟环境为学生提供了更大范围的社会实践环境。但这样青少年学生过早了解成人社会的内容，从而会有一部分学生在社会化过程中趋于早熟。

就教育内容而言。网络时代人们的交往方式、思想观念、道德价值取向发生系统的改变，并产生一些新的道德需求，现实的道德规范在"网络社会"中已显得不足或过时，为了适应这一全新的社会环境，需要建构新的道德规范体系。现实德育必须重构自己的道德内容。因此网络时代，学校德育的内容应注重培养学生自主的选择判断能力、自律意识和自我约束能力。

就教育效果而言。网络作为一种沟通途径，有利于促进师生双方的沟通，有利于提高德育实效。另外网上资源丰富，信息共享，亦有利于提高教育者的视野，从而提高德育的质量。利用网络技术形成生动活泼的虚拟现实生活环境，可以为学生进行各种价值选择实验提供虚拟体验，提高学生的兴趣，从而提高德育效果。但网络信息环境的开放性和难以监控性，容易对德育效果产生消极影响。

首先，网络时代的来临有利于提高高校学生管理工作的针对性，为高校学生工作奠定良好的思想基础。在传统的高校学生管理模式中，学生处于一种接受知识的地位，不利于学生思维的发挥，创新精神被排斥或限制。而在网络环境下，网络文化的强烈开放性和全球化、数字化、虚拟化等特点，使学生可以自由、平等地体验网络文化带给人们的新境界。学生由传统的被动式接受知识的"灌输"教育转化为主动参与思想交流，赞成什么，反对什么，均可以在网上袒露无遗。这使学生工作者能够获得真实的思想信息，对于学生工作的研究及开展针对性和时性教育提供了契机。同时，学生工作者也可以在虚拟的网络世界里发布有益的信息，对大学生的思想进行积极引导，这对于提高教育的效果，也具有重要意义。

网络文化迅速占领校园，显示了其强大的生命力，备受大学生的欢迎。它极大地刺激了大学生的创新意识、竞争意识和实效意识，落后、封闭、保守的观念被他们抛弃。它也开辟了大学校园文化的新领域，形成了新的文化范畴和文化精神，使大学生在道德观念、生活态度、思维方式、行为模式、心理发展、价值取向等方面表现出新的发展与提升。这在客观上为高校学生工作奠定了良好的思想基础。在网络中，学生乐于敞开心扉说实话，自由发表意见和见解，这有利于高校思想政治工作者能够更迅速、更确切地了解学生的思想情绪，掌握其思想动态和利益要求，从而把握其思想脉搏和心理脉络，并对症下药，做好教育与引导，从而增强工作的时效性和针对性。

其次，网络的特点使高校学生管理工作更具亲和力和人情味。网络具有开放性和虚拟性，网络信息具有可选择性、平等性，在网络世界里没有权威，这使得学生管理工作更具亲和力、人情味，能够取得更好的教育效果。在网络中，教育工作者与学生之间的地位是平等的，教育工作者不是提供"说服"，而是提供影响、选择、引导。在网络时代，思想政治教育工作可以融入网络的各种形式当中，把正确的世界观、人生观、价值观渗透在其中，以增强感染力和影响力。同时，网络的发展使高校学生管理工作可以摆脱时间、空间的限制，迅速而广泛地传播。网络作为新的通信手段，信息传递迅速高效，大大提高了思想政治教育工作的效率。

再次，网络的发展为加强和改进高校学生管理工作提供了新的渠道和手段，使工作手段更加多样化，工作方式更具灵活性。在学生工作中，传统的思想教育模式是报告会、演讲、墙报、专刊、社会实践及各种寓教于乐的校园文化活动。而在网络时代，随着大学生上网普及率的提升，思想政治教育的方式和手段更加多样化，如网上讲座、博客、BBS论坛、微博、电子信箱、网上交谈、红色网站、热线服务等，这些都为高校的学生工作注入了新的活力，这些新方法受到了大学生的广大欢迎。因此，充分利用好网络，可以使我们的工作做得更加有声有色。网络还具有资源共享的特点，这为高校思想政治工作占领网络思想教育阵地提供了极大的便利。网络是一种极具感染力的传播媒介，它将文本、声音、图画等信息集于一体，能够激发学生的求知欲和想象力，也符合大学生要求自主发展的心理，有利于调动他们的自觉性和主动精神。高校学生管理工作可利用网络特有的信息高集成性、互动性和可选择性，促进学生有选择地、自主地接受教育，这就改变了以往教育工作者需要当面"说服教育"的情形。同时网络信息的可复制性、共享性、实时性，使全体学生同时接受教育成为可能，这也是传统教育方法所不可及的。

最后，网络还能最大限度地实现高校思想政治教育工作的社会化。当代大学生在成长的环境、学习和生活的方式、获取信息的形式、思维方式等方面都发生和正在发生重大的变化。要根据这些新的变化，因地制宜、因时制宜地加强高校学生管理在方法、手段等方面的改革与创新。要充分利用网络，开展丰富生动的形势与政策宣传教育，活跃学生课外生活和校园文化活动，弘扬主旋律，扶植正气。学生工作要想做到实处并达到良好效果，离不开社会、学校、家庭的共同努力，而网络的"超时空性"恰好为三者的结合提供了方便，使家庭教育、学校教育、社会教育紧密联系、融为一体成为现实。

六、网络时代高校学生管理工作的新挑战

（一）网络对大学生成才的负面影响

同任何事物一样，互联网也是一把"双刃剑"，它对大学生的影响既有积极的一面，也有消极的一面。随着越来越多的大学生接触并深入网络空间，网络的负面影响日趋凸现。主要集中在以下几个方面：

第一，互联网对大学生的人生观、价值观和世界观的形成构成潜在威胁。网络是一个没有国界的世界，全球各种不同的文化形态、思想观念在这里汇集交织，网络使用者轻易就可以感受到东西方文化的巨大差异，因此很容易陷入一种迷惘的境地。大学生的人生观、价值观还不成熟，缺乏"免疫力"，长期浸泡在网上，耳濡目染，很容易受到西方外来文化及意识形态的渗透，受到腐蚀，盲目信从。同时，西方那些享乐、奢侈、冒险、刺激、性解放、性自由等不健康的生活方式对喜欢猎奇的青少年来说，具有极大的诱惑力和欺骗性，容易使他们艳羡、认同并模仿，产生冲动和迷失，引发对现实的不满，进而丧失进取、奋斗的内在精神和意志。随着西方文化通过网络的传播，其价值观念正潜移默化地影响着当今大学生的价值判断和理想信仰。对于崇尚新知识、新文化、新观念的大学生来说，无疑将面对网络文化的严峻考验，少数控制力不强的大学生很有可能因价值观的错误而埋下犯罪的种子。

在互联网这张无边无际的"网"上，内容虽丰富却庞杂，良莠不齐，如果大学生频繁接触西方国家的宣传论调、文化思想等，会与他们头脑中沉淀的中国传统文化观念和我国主流意识形态形成冲突，使他们的价值观产生倾斜，甚至盲从西方。长此以往，对于我国青少年的人生观和意识形态必将产生潜移默化的作用，对于国家的政治安定显然是一种潜在的巨大威胁。

第二，网络对大学生身心健康的消极影响。众所周知，连续上网会造成情绪低落、眼花、双手颤抖、疲乏无力、食欲不振、焦躁不安、血压升高、自主神经功能紊乱、睡眠障碍，有的甚至消极自杀；同时，不良的上网环境也会损害青少年的身体健康，甚至会造成人身伤亡事件。更令人忧虑的是，网络还严重影响着大学生的心理健康。最典型的便是网络成瘾症，即"网瘾"，

这种症状与吸烟、酗酒甚至吸毒等上瘾行为有惊人的相似：一上网就兴奋异常，上不了网就"网瘾难耐"。其典型症状是：整天沉溺于网络，甚至不吃不喝不睡，通宵达旦，导致体能下降、生物钟紊乱、注意力难以集中、情绪低落、思维模糊、头昏眼花、双手颤抖、疲乏无力、食欲不振等不良生理和心理反应，严重者甚至"走火入魔"，出现体能衰竭或精神异常。他们一天中的大部分时间都在网上度过，对自己不再有任何控制，表现出逃避现实的心理迹象，越来越愿意待在网上，和家人的关系出现问题。迷恋网络还会引发网络孤独症、人际信任危机和各种交际冲突。网络孤独症与网络成瘾症非常类似，只是前者更多表现出生理和认识方面的障碍，后者侧重于人际交往方面的障碍。网络成瘾症必然伴有不同程度的人际关系障碍，网络孤独症患者则不一定表现出明显的生理障碍。网络孤独症多发生在性格内向者身上，其典型症状是：沉溺于网络，脱离现实，寡言少语，情绪抑郁，社交面狭窄，人际关系冷漠。由于个体将注意力和个人兴趣专注于网络，不仅不利于自己的心理健康，而且导致学习成绩下降，甚至影响毕业。

网络人际交往中普遍存在的人际信任危机也有可能影响到大学生网民的现实人际交往态度，出现人际关障碍。聊天室等虚拟社区以匿名或化名方式进行的网络交往无法规范人们言论的真实性，甚至公开承认或默许交往者的虚假言论。一个五大三粗的男子汉可以起一个甜蜜动人的女性化昵称，扮演爱情天使。这种网络人际交往的虚幻特点使得很多学生抱着游戏般的心态参与网上交际，不仅自己撒谎面不改色心不跳，对他人的言行自然也是毫无信任感可言。这种网上的人际信任危机可能迁移到他的现实人际交往中，导致现实人际交往中对他人真诚性的怀疑和自身真诚性的缺乏，进而影响与他人建立和发展良好的人际关系。网络人际交往会给人以虚假的安全感。学生以为待在门户紧闭的自家卧室里，坐在心爱的电脑前是最安全不过的了。这里既不可能被人发现，也不可能被人偷窥，更不可能受到侵犯。这种自以为是的安全感使得他们放弃了起码的戒备心，给网络犯罪以可乘之机。事实上，这个貌似安全的地方却隐匿了太多的不安全因素。

不仅电子邮件随时可能被人轻而易举地偷看到，连电脑上的全部信息都可能被浏览或破坏。随着网络犯罪案例的增多，安全焦虑又成为笼罩在网民头上挥之不去的一片阴影。人们时刻担心自己的电脑被网络黑客所光顾，担心自己的个人隐私被偷窥，担心电子邮件背后的病毒，担心从网上走到自己身边的"熟悉的陌生人"。

此外，大学生网恋、失恋、多角恋爱等都是网络生活中容易出现的情感问题。网上最热门的话题就是网恋，生活中的网恋故事也多如牛毛。电脑网络在时刻忙于上演那成千上万的爱情喜剧的同时，也在痛苦地吟诵不计其数的失恋故事和叹息感伤。比较常见的情况是，当一方的爱情之火被撩拨得愈燃愈炽时，点火者却突然从网络上消失得无影无踪。除此之外，"见光死"也是众多网恋故事老套的结局。网络让爱情发生的机会和频率都大大提高，也让失恋发生的机会和频率大大地提高了。正如网恋可以让人品尝到如现实恋爱同样的甜蜜一样，网恋后的失恋也同真实的失恋一样让人寝食难安。

第三，网络对大学生社会适应能力的消极影响。网络是一个虚拟的世界，人们网上交际主要依靠抽象的数字、符号，大学生终日沉迷于这种人机对话的模式，会对社会适应行为和能力产生消极影响，更有甚者，有些大学生还可能患上"网络社交障碍症"，在网络环境下大学生交往的对象、身份都不确定，这就减弱了大学生的社会角色的获得能力；网络交往的虚拟性、自由性，很容易导致人们行为的普遍失范。在互联网上得到情感认同与满足的同时，更多的大学生开始由心理上对网络的强烈归属感和依赖感延展到对现实的厌倦与冷漠中，在这种消极的不为世情所动的抵触心理下，自我封闭和网络双重人格的形成便在所难免，这不利于青少年的社会化，甚至导致青少年社会化的失败。

大学生沉溺于网络，还会造成语言扭曲化和沟通能力退化的恶果。网络的基础重心语言是英语，而汉语处于边缘冷落地带，在这样的弱势状态下，许多传统正常的汉语词汇受到一些独特的网络特殊词汇潜移默化的影响是屡见不鲜的。同音或谐音字无规范地滥用，如"美眉"代替"妹妹"；中英文掺和无序，如"好high"代替"感觉非常棒"；数字随意代替中文，如"886"代替"再见"，如此等等。我们都知道，语言作为思维和交际的载体，能够反映文化和心态的一些层面，它的扭曲和异化不能不引起我们的重视，它的这些不科学的变形，势必影响到人们现实表达模式的倾斜。在沟通方面，网上交友已成为当前时尚，网络跨越式地改变了传统交往方式，大胆突破了时空界限。青年大学生强烈的交往欲望促使其迷恋于网络虚拟社会的沟通方式，这往往在很大程度上导致他们忽视现实中的人际交往，况且，网络毕竟还是一个冷冰冰的框架，它传递信息的媒介只是一些简单的代表符号，大学生交友的网络化缺乏表情、手势等丰富的肢体和身势语言，这也在一定程度上影响了他们在现实社会中的表达和沟通能力。许多大学生往往是上网时情绪高度兴奋，下网后无所事事、百无聊赖，所以，网上交友的大红人也许会在现实社交中存在极大的困难和障碍。可见，大学生沉溺于网络的结果不单单是荒废了学业，而且使身心健康、社会交往能力都受到了严重影响。

（二）网络时代高校学生管理工作的新挑战

第一，网络文化导致大学生价值冲突更加直接和剧烈，价值取向更加多元，价值选择更加困难。当代大学生自我判断是非标准的自主性、独立性增强了，但是其人生观、价值观尚未成熟，容易受到异化思想的冲击，特别是东西方价值观念在学生头脑中的碰撞、冲突更加直接、更加激烈，如不加以正确和有力的引导，必将出现思想上的混乱，影响他们形成正确的世界观、人生观和价值观。

第二，网络传播的"虚拟化"方式对大学生的交往方式和人际关系产生了深刻影响。当大学生在网络上获得的快乐比现实多时，自然会把更多的时间投入到网络交往之中，而当他们在现实生活中遇到挫折时，只会更加倾向于在网络中寻求慰藉。这就导致大学生只愿意在网络上寻求虚拟但完美的人生，而消极地对待甚至逃避有缺陷的现实世界，这种情况长期发展，必然会影响和改变人们的交往方式，产生新的人际交往障碍，使行为主体冷漠，人际关系淡漠，人际距离疏远，使人产生孤独、苦闷、焦虑、压抑等情绪，甚至产生心理疾病。学生时代是人际交往能力和人际关系形成的重要时期，这时的消极影响则显得更为严重。

第三，大学生自主、平等意识的增强，导致传统的社会调控系统失灵。虚拟条件下网民的交往角色是虚拟不存在上下级、长晚辈、地位尊卑的垂直型关系，交往变得平面化，属典型'的模式交往。网上交往的虚拟性使人与人的交往变得自由、平等，但由此也带来了权威的削弱，导致主导价值观念、社会公共权威以及教育者权威的削弱，使得传统社会调控的功能在逐渐丧失。因此，高校学生工作所面临的困境是信息系统不再被教育者全部掌控，不能对大学生的思想言行进行干预，更多地要靠大学生的自我判断、自我选择。

第四，单向的灌输式教育管理方式受到挑战。传统的思想政治教育，教育者起主导作用，他们将含有社会要求的政治观点、思想体系、道德规范的相关信息有目的、有计划地灌输给教育对象，而受教育者在内外各种因素的综合作用下，有选择地接受这些信息，进而"内化"为自身的个人意识，之后再"外化"为实际行动。在这一过程中，教育者传递信息的手段主要是以上课宣讲、座谈讨论、个别谈心、开展主题活动等，而以报纸、广播、电视、电影等大众传媒作为辅助工具。教育者所灌输的信息是经过筛选、加工的，有利于受教育者接受正面的思想。然而，随着网络信息传播对思想领域的入侵，单向的教育模式越来越不能满足大学生的心理需求，其有效性不可避免地受到削弱。大学生在深入网络生活并渐渐习惯于网络这种双向甚至多向的沟通方式后，必定要求教育工作，包括专业教育和思想政治教育，从内容到形式都能够采取更为民主、更为自由、更为生动的方式进行。这将改变教育者的关系和位置，信息传播的内容和途径也不为教育者所掌控，对此传统的思想政治教育显然还没有充分的准备。

第五，高校学生管理者的人格魅力面临挑战。面对网络的冲击，部分学生工作者缺乏应有的思想准备和应有的科学文化素质。据统计，教师中经常上网的主要是35岁以下的年轻教师，而有些年龄稍大的教师对网络不感兴趣。学生管理者对于网络这一领域不甚了解或只是略知皮毛，不具备较高的网络知识和英语水平，有的明显落后于青年大学生。因而也就有可能缺乏大学生所崇拜的科学文化素质、人格魅力及亲和力。而对高校学生工作者来说，人格魅力和亲和力有时决定了教育的效果。而学校的网络管理人员一般只能做网络的基本维护工作，对其中传播的内容无从管理，对网上产生的问题不能及时发现，更谈不上参与教育的问题了。

第九章　高校学生管理法治化的现状调查

第一节　高校学生管理法治化的实施形式

一、高校开展法治教育的形式和内容

（一）高校开展法治教育的形式

高校的法治教育是实现高校学生管理法治化的重要途径，法治中国、法治社会和法治高校的建设都需要有千千万万的法治公民，而高校则成为培养法治公民的重要场域。对于高校而言，在法治教育内容上，应当注重教授学生法治知识、锻炼学生法治意识、培养学生法治情感，使学生养成法治能力等方面；在法治教育形式上，应当注重形式的多样化和灵活性，应当明白学校仅是法治教育的一个空间，法治教育需要家庭、社会与学校全方位配合，从而形成一个三位一体的法治教育空间，共同承担起对青少年进行法治教育的责任。

如西南大学始终把法治教育放在学生培养的重要位置，并积极探索法治教育的长效机制。在法治教育的形式方面积累了丰富和宝贵的经验，主要体现在线上线下的法治宣传、校内和校外结合的法治教育、法律实践形式的多样化等。

首先，在法治宣传方面，建立了多元化、立体化、全方位的网络宣传模式，其中包括线上宣传和线下宣传。线上宣传——运用微博、微信等新兴媒体平台配合电视、广播、报纸等传统媒体平台，在互联网平台上制作如《法治中国》微信专刊、《法律职业人》电子杂志、《视界说法》《法眼看天下》等普法电子文书和普法视频，全面多方位地提高法治教育的宣传力度。线下宣传：成立"法治中国"大学生宣讲团，开展模拟庭审、专题讲座、手绘图片展、普法情景剧等活动，提高师生对法治教育的体会；开展法学专家学者专访、"崇法杯"辩论赛，加深师生对法治教育的认识；给各学院、系部、科室派发"宪法读本"和"法律读物"，使法治学习成为全校性活动，对全校师生的法治意识、公平正义精神的培养具有建设性作用。其次，在法治教育方面，在建立校内法治教育课程体系的同时也要注重校外的公共法治教育。在校内，制定"六五"普法规划和年度普法计划，对教职工和学生定期进行普法教育和普法考试；为实现师生与庭审的"零距离"学校建立起与法院的沟通联系体系，为学校师生提供旁听法院庭审

的机会；将"大学生就业法律法规"等课程开设在大学生思想政治理论课和就业指导课中，在理论知识层面提高大学生的法治意识和维权意识。在校外，为培养社会公民尊法、学法、守法、用法的法治意识，利用"12•4 宪法日""3•15 消费者日"等具有法治意义的特殊日，开展进基层、进社区、进中小学、进看守所等法治教育活动，为法治社会的建立营造良好的法治学习氛围，铺设扎实的法治建设基层。最后，在法律实践方面，开展多种实用方式方法，在为社会提高法律帮助的同时，加强学生对法律知识的理解与运用。通过网站、微博、电话等互联网通信方式建立"法律援助中心"，为校内外求助者、社会大众提供法律咨询与援助，在社区设立法律咨询处、妇女儿童中心，设立纠纷调解室，在学校设立法律诊所，为社会大众提供免费法律咨询和诉讼代理；在寒暑假期间开展社会实践活动，鼓励学生作为志愿者深入家乡所在地的乡村、社区，自行开展送法下乡、送法进社区，发放普法宣传单，解答群众关心的法律问题，调解法律纠纷等法律宣传、教育活动，让学生在自我组织活动的过程中巩固法律知识、提高法律运用能力。

（二）高校开展法治教育的内容

从高校开展法治教育的内容上看，西北政法大学通过多样化的实践活动和系统的理论学习，以建设高水平法治高校和培养卓越法律人才为目标。其法治教育的内容系统连贯、主题明确、理论与实践衔接紧密、系统化程度较高，为高校开展法治教育工作奠定了坚实的基础。

在法治教育内容上，该校的特色是"弘扬宪法精神"。首先，从学生的精神层面引导学生，让学生产生自觉学习宪法、遵守宪法、弘扬宪法精神的意识，充分体会宪法规范行使国家权力、保障公民权利、保持权力平衡与协调的精神，建立学生对法治社会的信仰。其次，让学生充分理解社会主义核心价值观的理念，以增强学生对中国特色社会主义的理解和加深对依法治国理念的认同，是法治教育当中非常重要的内容。因为法律是法治社会建设的基础，高校学生是社会建设的主力军，只有学生的政治素养提高，才能引导社会大众对依法治国的支持；而西北政法大学作为教授政法的学校，该校的学生是未来的法律人，所以增强该校学生的法律素养尤显重要。最后，提高学生对宪法精神的感受。宪法是国家根本大法，是实现依法治国的根本法律支持。只有学生充分感受到宪法精神，才能自觉去践行社会主义核心价值观，并对自身产生一定的要求，从而提高自身的法律素养。

西北政法大学多以开展宪法宣传教育系列活动的形式将法治精神灌输给学校师生。在宪法精神的体会上，该校开展了专题讲座、理论研讨会、座谈会等活动，增强学生对宪法精神的理解；举办"弘扬宪法精神、培育法治信仰""依宪执政、依宪治国""依法治国与中国参与国际规划的制定"等专题讲座对宪法进行宣传；在深化学生对宪法认知上，该校开展了法庭辩论赛、模拟审判、现场开庭等活动，让学生零距离接触与宪法有关的事物；在学生实践上，开展校内外普法宣讲活动，如"舞动青春力量、绽放普法魅力"的校外普法宣传活动；组织学生走进社区，学校为居民、学生进行普法宣传，参加陕西省省图书馆举办的"第五届陕西省高校青年法律普及宣传日"普法宣传活动，让学生的法律专业知识在实践中得到锻炼；为深化学生对宪法的理解与认知，开展具有学校特色的专题班会、专题征文、学术沙龙等活动，让学生通过运用专业法律知识加深对宪法精神的理解和认同。法治教育是现代大学建设的生命线，同时也是社会发展潮流的趋势，国家的发展离不开法治，因此在中国特色社会主义和依法治国的背景下，法治教育是高校顺应社会发展而必然实行的教育理念。

二、高校学生管理民主化的实施形式

高校学生管理民主化是法治高校建设的前提，更是建设现代大学、和谐大学、人文大学的基石。高校学生管理民主化的实施形式是多种多样的，从涉及的主要内容来看主要包括高校规章制度的民主化、管理过程民主化、管理结果民主化三方面的实施形式。学生管理的民主化是为了保障学生参与权、知情权、表达权、申诉权等基本权利。

（一）制定高校规章制度的民主化

大学章程是建设现代大学制度的载体，及其高校教育治理的根本理论依据，是完善高校学生管理结构和强化高校教学、科研、服务、文化传承四大职能的基础。在高校规章制度民主化方面，高校依据学生管理的现实情况，对现行的规章制度中不符合和违背法律法规、学生发展需求的部分进行废除或者修改。首先，高校的规章制度应当以国家的相关法律法规为依据，不得与宪法和法律相违背；其次，对学生管理规章制度的操作程序和实施细则做出了更清晰和深入的解释；最后，高校设定的任何规章制度不得剥夺大学生的基本权利，严格按照法定程序实施。高校规章制度民主化的实施主要通过对大学章程和学生管理规范的修订和完善来实现。

在大学章程的修订和完善方面，以天津师范大学促进高校学生管理民主化的实施情况为例。天津师范大学为了推动大学章程的修订和完善，建立健全的议事程序和规则，从根本上提高高校学生管理的实效性，制定了新的《天津师范大学章程》，新章程的制定注重权力下放和分类管理。同时，天津师范大学根据相关法律法规和学生管理现状，加大了对现行制度规则的立、改、废、释，目的就是为了消除制度真空，进一步细化学校党委常委会、校长办公会议的议事范围、议事规则以及讨论决定重大事项的议事决策程序。

大学章程是否能够体现学生管理的民主性决定着学生管理工作民主化是否具有合法性、合理性的依据。天津师范大学为了进一步深化高校学生管理民主化，对大学章程的内容进行了立、改、废、释，在立法上以我国的法律法规为根本依据，在改和废上主要是检验大学章程中是否存在违背宪法、法律和学生发展需求的内容，在释的方面主要是对一些操作性的程序和规范细则做进一步的解释。无论立、改、废、释，学生管理民主化都是制定大学章程应遵循的基本原则。

（二）学生管理过程的民主化

高校学生管理过程的民主化是依法治校的重要环节，一方面要以高校的大学章程和管理规范为依据，另一方面要在管理过程中充分尊重和体现学生的参与权、知情权、表达权等。随着我国法治化进程的深入，各个高校逐渐重视学生管理过程的民主化，主要以北京大学学术委员会设定学生委员席位和南开大学的校务公开为例进行评述。

北京大学（简称"北大"）学术委员会首次设立学生委员席位。学生委员可以代表北大学生行使包括讨论决定学位授予标准、审查评定教师职务拟聘人选、受理审查学术不端行为、裁决学术纠纷等在内的职权。同时，北大校务委员会、监察委员会也有学生代表参与。从高校学生管理民主化的角度来看，北大的做法是非常值得提倡和推广的，而学生参与学校管理极大地提高了学生的主动性和责任心，保障和实现了学生的参与权、知情权、表达权等，体现了管理过程的民主化。高校学生管理民主化的水平和程度与学生是否参与管理的实施形式关系密切，只有学生参与其中才能使管理过程公开透明、民主法治，从而提高学生管理工作的规范性、稳定性和可行性。

（三）学生管理结果处理的民主化

高校学生管理民主化的基本理念是学生的合法权益得到保障，在受到侵犯后能得到补救和恢复。特别是在学生管理结果处理方面，当对学生实行纪律约束和管教的时候，高校应当尽量避免侵害学生正当权益的处分决定和处分程序，保障学生的合法权益。同时，高校要营造一种相应的有效救济机制，严格依照相应的法律法规执行，制定权利救济的相关规章制度和实施程序。

三、高校学生管理法律纠纷的非诉讼解决机制

美国出台的《非诉讼解决方法》第三条规定指出："ADR 系指由法官主持的审判之外的任何程序，其间一个中立的第三人通过诸如早期评估、调解、微型审理、仲裁等程序帮助当事人解决纠纷。"随着高校学生法治意识的不断增强，有少数学生在不满高校处分决定的时候，往往选择将母校告上法庭，以维护自身的合法权益。最近几年类似的案件频发，而高校同时也意识到解决高校与学生之间的法律纠纷采用行政申诉和司法诉讼的方式，存在成本普遍过高、程序繁琐、持续时间较长等问题，因此非诉讼解决机制是健全和完善高校学生管理法律纠纷解决机制的有效途径。

第二节　高校学生管理中法律纠纷的主要类型

随着我国依法治国方略的逐步实施，依法治校进程也在加快，高等教育领域法律法规不断健全、完善，同时，相比以往，学生的法律意识也有了很大的提升，学生在自身权利受到侵害时学会运用法律的武器来保护。纵观近些年发生的一些高校案例，高校学生在学校侵犯其身体权、健康权、取消入学资格、招生录取、退学处理、开除学籍及不授予毕业证书或学位证书等

处分的情况下，学生将高校诉至法院，通过法律手段维护自身的合法权益，从而不断促进高校管理的法治化、程序化。

一、退学处理

近年来，高校因各种原因对学生做出退学处理的纠纷案屡有发生。有关"退学处理"这一概念的理解，有学者指出所谓的"退学处理"，是指学校对于已经取得入学资格，并正常注册的学生，因发生某些特定的情形而取消或终止其学籍的一种管理办法，它可以分为自愿退学和非自愿退学两种情况。这些特定情形主要来自教育部颁布的《普通高等学校学生管理规定》的规定，该规定在其第五节"退学"中的第二十七条介绍了退学的六种情形，分别是："学业成绩未达到学校要求或者在学校规定年限内未完成学业的（含休学）；休学期满，在学校规定期限内未提出复学申请或者申请复学经复查不合格的；经学校指定医院诊断，患有疾病或者意外伤残无法继续在校学习的；未请假离校连续两周未参加学校规定的教学活动的；超过学校规定期限未注册而又无正当事由的；本人申请退学的。"从以上条款可以看出，前五条都是非自愿退学，只有最后一条是自己主动申请退学。也有学者认为，"退学处理"是指学校依照相关制度，包括学校的内部规定，而对本校学生作出退学处理决定的行为。高校根据自身的情况制定自己的规章制度，特别是国家大力推进依法治国、依法治校以来，高校的各项事业逐步走向法治化的轨道。教育部颁布的《高等学校章程制定暂行办法》专门对高校章程的建设工作做出了具体要求，对于高校的法治管理起到了重要的作用。如2014年7月经教育部审议通过的《浙江大学章程》，第五十二条规定："学生在规定的年限内，修满规定的学分，符合相应条件的，准予毕业，并依照规定的程序授予相应的学位。如不符合毕业条件，可按照规定以肄业、结业、退学等处理。"

当学生在课程要求、未请假离校、疾病、复学等方面违反学校规定时，往往面临学校的退学处理。退学制度虽然没有放到高校的处分一章，但是，退学处理对学生的影响仍然是很大的，它意味着学生不能继续在校学习，更不能获得学校颁发的毕业证书、学位证书。从这个意义上来讲，它具有一定的惩戒性。在高校对学生作出退学处理这一决定的情形中，只有学生申请退学这一情况是出自学生主动自愿的，其他的情形都是学生被动地接受学校的处理。再者，各个高校的退学情形除了根据规定的六种情形大致相同外，在某些方面还存在不同，如考试作弊、未达到学校规定课程学分要求、在校期间生育等。

二、开除学籍

《普通高等学校学生管理规定》的第八条规定："新生入学后，学校在三个月内按照国家招生规定对其进行复查。复查合格者予以注册，取得学籍。"学籍是学生隶属于某一学校的标志，从法律意义的视角上来看学生的学籍就是其在某一学校的资格或身份。开除学籍就意味着学生丧失了在某一学校继续学习的资格，它是高校根据相关法律法规以及校规校纪的规定，当学生的行为符合可以给予开除学籍的情形时，作出的一种惩罚性的处分。规定第五十四条明确了高校可以对学生作出开除学籍处分的七种情形，这些规定基本是一些原则性的观点，高校可以依据这些规定再结合自己的具体情况制定自己有关开除学籍处分的情形。但是，高校在对开除学籍这一问题的规定上往往存在以下问题，如实体规范方面存在缺陷，对学生的处罚规定往往重于规定，高校缺少对开除学籍的程序制度以及缺乏对学生权益的保护。

高等学校是否拥有开除学生学籍的权力一直是学界争论的焦点，有学者认为开除学籍是教育行政机关的具体行政行为，表现为教育行政机关的学籍管理活动，同时学籍又是具有合同性质的民事行为，是在学生与学校之间意思表示一致、真实情境下通过自愿注册形成的教育合同关系，而开除是行政机关内部的一种最为严厉的行政行为，具有明显的隶属型特征，因此，行使开除权的主体必须是行政机关或者是能够行使行政权的单位。

三、不授予毕业证书、学位证书

高等学校依照相关的法律法规及法定程序享有对学生颁发毕业证书、学位证书的权力，这项权力主要来自《教育法》《学位条例》《学位条例暂行实施办法》《普通高等学校学生管理规定》。

此外，高校学生人身伤害事故纠纷也是高校学生管理工作中常见的法律纠纷，但与其他纠纷不同的是，人身伤害事故纠纷具有较为复杂的情形，难以用办学自主权这一语境统领。随着高校学生管理工作法治化的推进，高校学生人身伤害事故也逐渐进入法治化轨道运行。

第三节　以继续教育推进高校学生管理工作的专业化

从广义来看，所有高校教职工都应是高校学生管理工作法治化的主体；从狭义上看，高校学生管理工作法治化主要由思想政治教育工作队伍承担，高校学生思想政治教育工作队伍是加强和改进大学生思想政治教育的主要力量和重要组织保障，思想政治教育相关课程教师承担着高校学生法治教育的重任，他们依据思想政治教育相关课程的学科特点、内容，对学生进行思想政治教育、法治理念教育和基本人文素养教育，而高校党政部门、共青团组织通过为学生提供实践和服务平台，为管理育人、服务育人提供保障。相比而言，高校学生管理工作最直接的主体是辅导员和班主任，他们通过与学生学习生活的紧密接触，潜移默化地影响学生的思想意识，辅导员和班主任自身的法治意识对高校学生管理工作法治化尤为重要。总的来说，高校学生管理法治化是高校各部门教师合力完成的结果，在坚持育人导向的基础上，将日常管理的法治化与学生思想政治教育结合起来，既能有效促进高校依法治校办学理念的落实，也能为感染和教育学生提供良好的契机与平台。需要说明的是，高等学校作为法人实体，其对学生管理的权力来自宪法和法律法规，而高等学校的学生也拥有作为公民和学生的法律权利，学校学生管理工作法治化的最终归宿是保障学生受教育权，因此，如何在实施主体间有效分配权力，提高管理权力使用的有效性是需要进一步思考的问题。

一、高校学生管理工作的专业化困境——以辅导员继续教育为例

（一）问题的提出

高校辅导员与学生学习生活联系具有紧密性，因此是高校思想政治教育工作的核心力量，辅导员因其本身的专业特性、年龄特点等，也成为高校教育教学工作的重要实施者、管理者。在实现高校育人目标中，高校辅导员因其扮演的学生人生导师和知心朋友的角色，发挥着不可替代的教育作用。《普通高等学校辅导员队伍建设规定》的出台，为高校辅导员队伍建设提出了具体意见。从此，专业化成为高校辅导员队伍建设的根本指向。2014年，教育部颁布《高等学校辅导员职业能力标准（暂行）》，辅导员作为职业的概念被正式明确，辅导员队伍建设迎来了新的发展阶段。

辅导员被确认为一种职业，需要符合四个方面的要求：专门的技术与知识、工作的终身化和可持续性、专业的工作领域和工作平台、健全的制度保障和工作模式。但相比较而言，尽管辅导员职业身份已经明确，但辅导员职业发展的窘境并没有因此改变。辅导员职业发展的窘境，可以归纳为四个方面：一是虽然可终生从事，但缺乏明晰的职业生涯规划。二是虽然有知识性和技术性的要求，但缺乏有效的自我实现机制。三是虽然需要专业性发展，但没有成熟的培养体系和相应的工作平台。四是虽然工作具有时代特征，但工作模式没有应时代要求而变化。高校辅导员队伍的专业化是指形成与完善专门的知识体系、建立专门的教育培训制度与认证体系、建立专门的工作标准与职业伦理体系、发展专业团体并获得专业地位的过程。进入21世纪以来，教育部对高校辅导员队伍的培训进修、素质提升和队伍稳定等问题高度重视，出台了一系列有针对性的措施政策。同样，面对当前辅导员队伍建设所存在的这些问题，许多高校均是通过高校辅导员继续教育路径来解决的。实践充分说明，高校辅导员继续教育的目的是实现辅导员队伍建设的专业化，辅导员继续教育已成为建设高水平辅导员队伍，实现辅导员队伍建设专业化的重要路径。

尽管辅导员继续教育在推进高校辅导员职业化、专业化建设中具有重要意义，但在实践中，继续教育的优势和价值并没有得到很好的体现。继续教育如何能够提高辅导员工作能力、职业素质，克服职业倦怠，稳定队伍以及有助于辅导员职业发展规划等，仍然值得我们进一步思考和讨论，而理清当前辅导员继续教育的背景、存在的问题和原因，是提出有针对性策略的必要前提。

（二）以继续教育为切入点推进辅导员专业化的实施困境

高校辅导员继续教育，是推进辅导员专业化发展的必由之路，中共教育部党组印发的《关

于进一步加强高等学校学生思想政治工作队伍建设的若干意见》就特别强调：各高等学校"要从实际出发，制订培养规划，有计划、有步骤地安排他们参加各种形式的岗前培训和在岗培训""专职学生思想政治工作人员在职攻读研究生，应纳入学校专任教师培训计划，按专任教师培训同等待遇。"在意见的指导下，高校辅导员继续教育逐渐向制度化、规范化方向发展。

我们认为，衡量辅导员继续教育是否取得了预期效果，要从三个方面分析：一是继续教育和培训是否促进了辅导员整体素质的提升；二是继续教育和培训是否理顺了辅导员与学生之间的关系；三是继续教育和培训是否增强了高校学生思想政治教育工作实效。从现实情况来看，一方面，在内容上，当前辅导员继续教育集中于思想政治理论教育、职业能力和专业素养等方面；另一方面，在形式上，当前辅导员继续教育注重推动辅导员工作和学术研究、提升辅导员队伍学历、强化辅导员教育教学实践培训，有条件的地方也积极开展辅导员海外考察培训。无论从形式还是内容上，当前的继续教育更多基于如何推动辅导员做好学生思想政治教育工作这一核心问题上，辅导员本身作为主体地位消失，使培训效果并不十分理想。这主要体现在以下方面：第一，辅导员难有学习的兴趣，多数继续教育属于被动学习型。在实践中，辅导员继续教育多属于被动学习型，即由学校或相关教育机构积极组织，教育部门或者所在高校承担教育费用，辅导员被动式进入学习环境，对所学习的内容无选择权。这一学习进入模式导致辅导员参与继续教育的针对性不强、目的不明确、主动性缺失。第二，学习形式单一，多属于理论讲授型。当前的辅导员继续教育模式较为单一，呈现出碎片化的典型特征，不仅学习内容不成体系，学习形式也难以适应辅导员自身的特点和工作需要，辅导员工作需要思想政治教育、心理学、教育学等综合性的知识，如何把这些知识运用到实践中去是新任辅导员最大的工作瓶颈，但继续教育偏重理论讲授的学习模式，很难适应这一现实需求。第三，学习效果不显著，继续教育的成果难以用于工作实践。辅导员工作内容十分繁杂，在实践中也存在日常学生事务多于思想政治教育，经验型工作多于专业型工作的情况。这就造成一个假象，即辅导员职业缺乏技术含量，干好辅导员工作，更多人倾向"熟能生巧"。对于辅导员本身工作的轻视，导致辅导员继续教育定位的偏离，本身不对继续教育抱有太高的学习期望，学习效果可想而知。在这样的背景下，继续教育的成果难以用到工作实践上去，久而久之，高校辅导员继续教育的重要性就被忽视。第四，学习成本较高，除了物质成本外，辅导员需要预先花费较多时间成本了解学习内容。由于当前各大高校招聘辅导员对专业限定并不明显，这就造成辅导员继续教育内容选择的两难，也使辅导员自身要付出较多的时间成本和物质成本，成本的提高与收益的缩小之间的反差，使辅导员参与继续教育的积极性不高。

二、以继续教育推进高校辅导员专业化的问题及路径思考

（一）辅导员继续教育问题的原因反思

进入 21 世纪以来，高校学生学习、生活的环境已经发生了较大变化，促进学生全面发展

这一目标有了新的内涵，这对高校辅导员工作提出了更高的要求，多元发展的外部教育环境，促使我们必须通过继续教育的方式，加快辅导员队伍的专业化建设，进一步为学生提供更专业、更全面的教育指导和服务。但是怎样的继续教育才能切合社会转型期高校辅导员工作的需要呢？长期以来，多数学者从辅导员工作的特性、学生培养的目标、高校办学的定位等角度深入讨论，一时难以达成一致意见。

辅导员继续教育，是基于辅导员职业发展以及职业生涯规划而产生的，本身就意味着对辅导员自身发展的高度重视，蕴涵着把人的发展当作目的本身的哲学思想。我们推进高校辅导员队伍建设，固然是为了更好地开展大学生思想政治教育，为大学生思想政治教育的开展提供基本的组织保证，而促进辅导员队伍乃至辅导员自身的发展也是一个重要的目的。要发挥高校辅导员在学生思想政治教育工作中的积极作用，不能回避辅导员自身发展这一根本问题。这一问题的解决，必须是基于以人为本的基本原则，不仅要把辅导员继续教育作为实现辅导员队伍专业化和提高学生思想政治教育工作实效性的重要路径，还要将其视为辅导员自身发展的根本路径，而这一点是当前高校辅导员继续教育最为缺失的地方。

一方面，在辅导员队伍建设问题上，许多高校主要从选聘机制、培训机制、考核机制、激励机制四个方面着手。随着辅导员专业化发展的推进，近年来，规范发展机制也成为辅导员队伍建设的重要议题，被视为辅导员队伍建设的根本出路。与美、日、英、法等国高校学生事务工作者专业化相比，我国高校辅导员队伍专业化建设兴起不久，辅导员队伍本身的发展困境也制约着队伍专业化进程的推进。有学者提出，新时期我国辅导员队伍的发展困境主要存在辅导员队伍配备不足、工作压力大、容易产生职业困倦；辅导员队伍流动性大、稳定性低；辅导员专业化发展不足；辅导员发展机制不够健全等问题。可以说，辅导员队伍建设中产生的职业倦怠、发展机制不健全等使辅导员参与继续教育的动力不足、目标不清，辅导员参与继续教育的积极性有待进一步激发。不仅如此，从目前辅导员选聘机制来看，绝大多数高校在招聘辅导员时，并没有充分考虑其专业的适切性，在辅导员工作分配时，也很少考虑其与所属学院学生专业的一致性，这就造成在思想政治教育工作上新进的辅导员大多需要从零开始培训，在与学生进行学习沟通引导时，辅导员难以施展自身的专业特长，在进行思想政治教育科学研究时，辅导员尤其是理工科辅导员需要重新建构自己的研究范式和确立新关注点的研究。这给辅导员专职从事思想政治教育工作造成了很大困扰，不仅新进辅导员难以很快适应工作环境，也容易造成辅导员由于专业与岗位的差异，对所从事的工作的不认同。

另一方面，高校辅导员队伍没有建立流动机制，尽管我们强调辅导员队伍建设要走专业化道路，但从现状来看，辅导员队伍并不稳定，辅导员发展和流动渠道多样，流动周期频繁，一些高校将一部分辅导员岗位安置新进年轻教师，成为其熟悉教育教学环境的实践载体。因此，当前辅导员继续教育还需要面对辅导员职业生涯规划的问题，由于与辅导员预期期望差距较大，继续教育内容局限于思想政治教育的理论、方法等，难以取得较大成效。有学者提出，人才流动的三个内因规律是经济利益驱动规律、自由需要规律、典型人才或先进人物的理想追求规律。从积极意义来看，承认辅导员流动的合理性体现了对人的价值和权利的尊重，主张人才的合理流动本身也是作为人力资源与其他生产要素合理配置的手段和现代社会健康发展的标志,决定和制约着经济和社会的发展。辅导员流动的原因比较复杂,主要可以分为观念、组织、制度、文化、社会等因素。虽然人才流动可以促进全社会人才的优化组合,但许多管理者和研究者仍然认为高校辅导员工作性质与其他工作不同,队伍的稳定性具有十分重要的意义。因此学界极少有人从辅导员人员流动合理性角度思考辅导员队伍建设问题。为了实现辅导员的专业化和稳定性,继续教育更多着力于学生工作的理论知识、技巧方法等,难以实现从辅导员未来工作与当前学生工作的目标契合角度分析辅导员继续教育的内容。这与辅导员队伍本身强烈的流动欲望和继续教育的内容需求背道而驰,最终导致的结果就是,辅导员花费大量时间参与学习,但得不到较好的学习效果。

辅导员职业发展以能力发展为基础,同时也是与辅导员自身个性、需要的发展紧密联系在一起的,辅导员继续教育应遵循辅导员自身职业发展规律和发展愿望。根据《普通高等学校辅导员队伍建设规定》,辅导员的职业发展有三个方向:一是走专业化发展的职业方向;二是走行政职级发展的职业方向;三是走职业圈外的职业发展方向。由此可见,辅导员职业终身化本身不仅在理论上值得推敲,在实践中也没有得到完全认可,尊重辅导员作为"人"所具有的职业发展和选择权利,理性看待辅导员由于职业规划有异而出现的人才流动现象,将辅导员自身发展需要、现实能力、辅导员职业特点、学生思想政治教育工作诉求结合起来,方是破解辅导员继续教育难题的出路。

(二)正视人才流动:辅导员继续教育路径优化的切入点

就辅导员继续教育的内容来看,由于经过多年发展,辅导员队伍专业化建设已经具备较为系统、扎实的知识体系和培训体系,针对辅导员具体工作如学生党团活动、心理健康、就业创业、学生社团管理、学生思想政治教育等所需的专业性知识已经较为规范。因此说,辅导员继续教育路径的优化,主要是如何将继续教育内容与辅导员自身职业发展、辅导员人才流动的客观现实、学生思想政治教育的现实需要有机结合的问题。具体而言,就是要改变以往高校辅导员继续教育理论传授偏向,又要防止因强调实用知识而忽略辅导员工作科学性和规律性的偏向产生,形成一个基于辅导员职业发展期望与学生思想政治教育需要的辅导员继续教育培训体系,促进辅导员队伍的专业化发展。在其中,正视辅导员人才流动问题是路径优化的现实问题,也是破解难题的切入点。

第一,正视辅导员人才流动的现状,选择适合辅导员工作需要的继续教育内容。辅导员工作并没有固定的流程模式和既定内容,而且辅导员自身对职业生涯规划的理解也呈现多元化特征。因此,在继续教育内容上尊重辅导员职业流动和发展意愿,正视辅导员工作任务多元化现实,是做好高校辅导员继续教育的基础条件。在其中,实现辅导员工作技能提升、增强辅导员科研水平、提高辅导员职业规划意识是核心内容。

第二,迎合辅导员人才流动的期望,构建辅导员职业生涯规划的继续教育机制。辅导员的工作动力来自其自身对职业的定位和个性特征,从辅导员自身的愿望和能力出发,为其发展创造平台和条件，方能实现其投入工作的主动性和主体性，最终促使辅导员职业发展成为一种自由而全面的发展。相比之下，由于缺乏对辅导员职业的准确定位，用人单位在招聘时，求职者在职业选择时均有盲目的特性，用人单位唯学历论，求职者骑驴找马的心态等在后续辅导员职业发展中逐渐产生了负面影响，继续教育也因这些不利因素难以达到预期效果。因此，除了辅导员人才队伍组建本身外，在后期的继续教育和培训中，我们也应注意辅导员的职业发展选择和人才流动问题，采取有效措施将辅导员工作本身与其职业发展的良性互动关系展现出来，使其意识到辅导员继续教育不仅是基于工作的需要，也是其个人发展的必由之路。基于这样的理念，高校辅导员继续教育应着手于以下几个平台的建设：建设辅导员继续教育的课程支撑平台、建设辅导员职业发展的专业服务平台以及建设辅导员工作的信息服务平台。

第三，理清辅导员人才流动难题，创新辅导员继续教育方法。辅导员人才流动，意味着除了一部分辅导员因职业发展的期望而长期承担辅导员工作外，也有相当一部分辅导员因自身职业愿望而转型，由于辅导员工作需要丰富的经验积累，这就导致了许多高校不愿意辅导员队伍的更新过于频繁，也不愿为辅导员职业转型创造条件。实际上，要正视辅导员职业流动这一现实难题，必须在继续教育上创新方法，实现辅导员角色的进入和转换，为辅导员队伍源源不断补充新鲜血液。一方面是基于辅导员工作特点，采取多元化方式，实现辅导员继续教育的功能分化、任务分流和职责分解，为辅导员职业化、专家化创造教育条件；另一方面在继续教育中要引导辅导员重视学生自主管理、参与管理的积极性。有学者提出，大学生参与学校管理因能充分发挥学生主体性而成为高校学生德育实践的重要载体，在道德情感和行为上，能增强大学生的社会责任感，培养高尚的道德情操和正确的行为方式。由此可见，高校辅导员继续教育方法创新应基于其观念创新基础之上。另外，方法创新还要激活学院和高校自身继续教育的积极性，促使高校自身基于实际情况构建辅导员继续教育体系，实现辅导员继续教育的科学化和高效化。其核心在于学校自身要实现辅导员继续教育的学科支撑体系、培训的科学化和规范化工作体系、辅导员人才引进和流动的法治化体系以及辅导员职业身份认同的观念引导体系。

第四，切合辅导员工作环境，重构辅导员继续教育载体。就辅导员工作环境而言，除了工作内容本身的繁杂艰巨，在很大程度上，更体现为高校辅导员职业管理的行政化对其专业发展的制约。当前高校辅导员普遍受到学院和学工两级的双重管理，在一些学校，其他教育行政部门也对辅导员工作具有指导、监督和评价的权力。虽然辅导员工作的行政指导渠道多元，但涉及辅导员自身权利保障的机构却缺位，辅导员专业化发展的环境难以形成，因此重构辅导员继续教育载体，需要考虑当前辅导员工作环境的窘迫性，从维护辅导员权利角度出发，做好辅导员职业发展和工作技能提升的平台构建。

第十章　高校学生管理中
存在的法律问题及原因和反思

第一节　高校学生管理中存在的法律问题

近年来，随着我国教育法治建设的逐步完善，高校学生管理的法治化建设取得了一些成就和较好的经验，但是当前法治化建设的状况不容乐观，面临的问题是复杂和多方面的。我们主要从四个层面分析高校学生管理法律保障问题：第一，高校学生管理法律保障的外部条件，包括教育法律法规、学校规章制度、法律环境（群体的法律意识形态与法律规范、法律制度、法律组织机构、法律设施之间的互构，不是单方面的加强或调整）；第二，高校学生管理法律保障的内部要求，主要包括高校领导、高校学生管理者、学生三个主体；第三，高校学生管理法律保障的文化建设，主要包括高校法治文化氛围不浓、制度文化不健全；第四，高校学生管理法律保障的适切性，主要包括法律保障体系与现行状况的矛盾和冲突，法律法规与高校学生管理法律执行过程的一致性，相关利益主体之间的协调性。

一、外部条件方面的问题

任何改革或一项事务的推进，都需要有较好的、较成熟的外部条件作为保障。某一事物发展的实质是其所在的整个系统的发展，任何单一性质的发展都可能导致毁灭。例如，植物的生长需要土壤和自然的雨水，而不是人为地添加激素，这种单一方面的强化会导致植物本身的性质发生改变，从而也丧失了植物本身的一种自然生长状态和功能。在高校学生管理法律保障建设的过程中也是如此，要兼顾高校学生管理法律保障系统的各个方面，从系统的自然生长状态的视角出发，审视当前高校学生管理法律保障当中出现的问题。就像植物的种子需要有肥沃的土壤和相适应的气候才能生根发芽一样，高校学生管理法律保障也需要相应的外部条件才能得到良好的发展。当前，高校学生管理法律保障在外部条件方面存在的问题主要有三个方面：法律法规不够完善、学校规章制度不健全、高校学生管理法制环境的复杂化和多元化导致新的问题出现。

（一）高等教育法律法规不够完善

主要表现为相关法律法规的实用性缺失，可操作性不强。

我国高等教育立法起步较晚，在改革开放之后，其发展速度明显加快，已经初步形成了高等教育法律制度体系，但是仍然存在规范性和完善性的问题。从立法史上看，我国大学法制结构从"层级分离"逐步走向"形式一体"，先有《学位条例》，后有《教师法》，再有《教育法》《高等教育法》，在局部立法先行的情况下，出现了法律规范在立法层级和位阶上的切割状。《高等教育法》作为高校学生管理法治建设的核心，已经不能满足和适应我国高等教育事业变革发展带来的诸多新的变化与问题。从一定程度上来讲，《高等教育法》是一部"宣传性"的立法，它的条文抽象性较高、概括性较高、法律责任缺位、可操作性较弱、上位法不足，导致高校自主权过大、法律监督的作用有限和不健全，严重影响该法的实用性，给诉讼救济带来了较大困难。

第一，法律条文的抽象性较高，指向性不明确。如该法在第六章第五十三条对高校学生合法权益的规定："高等学校学生的合法权益，受法律保护。"其没有明确指出高校学生的合法权益有哪些，受到哪些法律保护。其条文形同虚设、内容空泛，导致高校学生管理法治建设无法可依。

第二，法律条文概括性较高，具体的法律责任和权利不清。如该法在第四章中对高校办学自主权所作的七条规定，为高校的改革和发展提供了较大的法律空间。但是具体到招生自主权、文凭发放权、财务自主权、国际学术交流权，又缺乏相应的法律规定导致上述权利不能得到满足。可以设想，当办学自主权受到政府或有关主管部门的侵犯，高校应如何依法维护其合法权益？侵权者又应当以何种方式承担何种法律责任？应由谁来追究侵权者的法律责任？上述这些问题由于没有具体的法律条款可以依照，权利也就形同虚设。

第三，法律责任缺位，相关群体的法律责任不清。如该法在第五章对高等学校教师和其他教育工作者做出的第四十八条规定："高等学校实行教师聘任制。教师经评定具备任职条件的，由高等学校按照教师职务的职责、条件和任期聘任。"第五十一条："高等学校应当为教师参加培训、开展科学研究和进行学术交流提供便利条件。"第五十二条："高等学校的教师、管理人员和教学辅助人员及其他专业技术人员，应当以教学和培养人才为中心做好本职工作。"其更多体现的是高校与教师之间的法律关系、管理关系、工作关系，而没有从教师的个体出发，指出其应当享受何种权益，承担何种责任。

第四，可操作性较弱，高校在执行某项程序的时候主体不明确，处理过程不清晰，管理部门不确定等问题。第二十九条第二款："高等学校和其他高等教育机构分立、合并、终止，变更名称、类别和其他重要事项，由原审批机关审批；章程的修改，应当报原审批机关核准。"该条文没有指出高等教育机构分立、合并、终止，要遵守怎么样的一个程序，由谁来处理分立、合并、终止的相关事宜，有哪些管理部门受理此类问题。第二十二条规定："高等学校根据社会需要、办学条件和国家核定的办学规模，制定招生方案，自主调节系科招生比例。"对于高校招生自主权的规定缺乏具体的解释，缺乏可操作性。

第五，法律监督的作用有限和不健全，导致监督机制发挥的作用有限，公众参与性较差。从《高等教育法》法律监督效果来看，仍然存在下列问题。一方面是《高等教育法》的司法监督作用有限。高等教育司法监督能够维护当事人的合法权益，但是《高等教育法》立法由于没有明确的行政诉讼的救济程序设计，致使学生或教师在纠纷解决机制中参与不足，经常出现维权艰难，难以发挥司法监督应有的作用。另一方面是行政监督没有发挥应有的作用。行政监督应该侧重于对教育行政系统具体教育行政行为实施监督，但是由于教育行政部门的内部层级监督功能和法律救济的功能立法定位不明确，导致教育行政部门不能有效地行使行政复议职权，使学生与校方的纠纷难以得到处理。另外，由于公众参与机制尚不健全，社会监督难以真正落到实处。

（二）高校的规章制度不健全

近年来，高校学生管理工作当中出现了许多法律问题和纠纷，引发了一些诉讼司法的事件。由此可以看出，高校相关的群体的法律意识和通过法律手段保护自己的正当权益的认知在不断提高，而更多的高校管理者和相关行政单位越来越重视高校学生管理的法治建设。从高校学生管理工作出现的诸多问题来看，高校管理尚不健全，法治化程度较低，主要体现在高校的规章制度不健全，包括以下几个方面：第一，高校的管理理念落后，经验式的管理占有较大比重，想当然和乱指挥的情况仍然存在；第二，管理存在审查和控制不严的现象，管理不到位，执行力差；第三，无法可依和有法不依两种情况仍然存在；第四，人力资源管理的结构松散，高校管理者的再教育和积极性有待加强；第五，规章制度不合理、不切实际，造成资源的浪费。

总体来看，我国高校规章制度建设层次相差较大，距离依法治校的标准尚远。首先，某方面规章制度的缺位导致某些高校缺乏高校管理必要的某些规章制度，这样就导致高校在学生管理的过程中存在空白和漏洞，这些漏洞可能是致命的。某些管理者认为科学合理的高校规章制度是一种负担，规章制度的制定是出于自己的方便，没有经过调研，导致高校的规章制度不符合本校的实际情况，也没有体现出"以人为本"的理念。

其次，高校的规章制度未对某些权利做出限定和规束，如高校的处分权。处分权是高校学生管理工作中的一个重要权能，《高等教育法》第四十一条规定："高等学校的校长全面负责本学校的教学、科学研究和其他行政管理工作，行使下列职权……聘任与解聘教师以及内部其他工作人员，对学生进行学籍管理并实施奖励或者处分。"而《普通高等学校学生管理规定》第四十五条列举了学校可以给予开除学籍处分的七种情况，其中"性质恶劣""情节严重""造成严重后果"等情况，多数高校的规章制度并未作出认定的标准，具有很大的主观决断空间。

最后，高校的规章制度缺少必要的正当程序的规定。在行政法领域中，正当程序原则是指："行政主体在做出影响相对人权益的行政行为时的步骤、方式、顺序和时限构成必须遵循的正当法律程序，包括事先告知相对人、向相对人说明行为的根据和理由，听取相对人的陈述、申辩，事后为相对人提供相应的救济途径，以保证所做出的行为公开、公正、公平。"而高校的规章制度缺乏严谨的科学程序规定，其中涉及高校权力的部分忽视了学生群体被告知权、申辩权等权利行使的问题。

此外，还有一点是高校规章制度关于学生管理秩序的失范。一方面，表现为规则制度的不健全，主要表现为权利义务的不对等和失衡、实用性较差不切合实际、滞后性严重，最终导致高校学生管理"以罚代管"的认识偏差；另一方面，表现为高校学生管理法规不统一，执法不严。多数高校在教育法制的执行过程中的随意性较大，例如，对于考试舞弊现象的处理，往往是在考试之后集中处理，但是舞弊的现象却变本加厉并且形成了市场和舞弊团伙。从这一现象来看，单纯地规定某方面的权利、责任和义务，都难以做到有效管理。只有高校的规章制度在较高程度上体现了权利、责任和义务均衡，才能从根本上健全学生管理秩序。

（三）高校学生管理法制环境的复杂化和多元化导致新的问题出现

随着社会各个群体对高校学生管理认识的深入，高校不再是孤立于社会之上的空中楼阁而是融入社会网络当中，接受来自不同群体的监督，并具有服务社会和传承文化的职能。参与高校管理工作的主体是多元的，主要包括代表国家形式教育行政权力的行政机构、具有行政性质和事业单位性质的高校、高校教师和其他教育者、高校学生和其他学习者、社会关注教育事业的群体、企业和个人，各个主体的利益诉求也不尽相同，导致高校学生管理法制环境呈现出复杂化和多元化的特征。

更多的主体参与到高校办学的过程中来，是高等教育发展的必然趋势，同时也产生了不少新的问题。特别是关于学校和学生关系，就有"特别权利关系理论""民事法律关系说""教育契约关系说""两重关系说""公法契约说"分别从不同的视角对两者的关系进行了论述，同时也表现出高校学生管理的复杂性。

另外，高校学生管理相关利益群体的法律意识和观念不断提升，对高校学生管理法治建设提出了更实际的要求。相关群体的法律意识和观念塑造了一种人文环境，这种环境作为一个外部的推手，直接推动了高校学生管理法治建设的进程。从目前的情况来看，相关群体的法律意识和观念与高校学生管理法律规章存在不一致性，甚至是矛盾的。

这些原因导致了高校学生管理法制环境的复杂化和多元化，同样也给高校学生管理工作带来新的问题，主要体现在以下几个方面：第一，高校对学生的法律素质培养教育的压力加大。随着高校的扩招，学生数量的增加，高校在学生法律素质培养教育方面投入的人力和财力加大。第二，高校学生发生心理问题的概率增大。当下，学生的学习压力和社会生活的压力不断加大，影响学生心理成长的因素体现出多样性的发展趋势，一旦高校不能及时有效地处理学生的心理问题，学生的行为和发展就是不可预测的，极有可能违反高校规章制度，甚至是触犯法律。第三，高校学生管理队伍数量少、法律素质不高。某些高校注重扩充教师队伍，忽视学生管理队伍建设，从现实的情况来看，高校很难同时兼顾教师和管理者队伍的建设。部分高校的学生管理者属于无编制的人员，是临时聘用，因而工作的积极性不高，学习依法治校的动力不足。第四，信息技术化的发展要求高校学生管理工作与时俱进，信息化的时代使当代大学生的生活、学习、思想观念发生着广泛而深刻的改变。信息化对于高校学生管理来说是一把双刃剑。一方面，高校学生会淹没在网络的信息当中，特别是受到凶杀、色情等消极信息的影响；另一方面，高校管理者可以利用网络的快捷性、开放性等特征，对学生进行法制管理和法律教育。

二、内部主体结构方面的问题

人作为高校内部机构的基本构成元素，因为共同的属性而被划分为不同的类群，类群之间的互斥性和排他性也就决定了类群的不同功能和特征，处于一个系统之内的类群之间的关系紧密而复杂。人是社会关系的总和，而人与人之间的关系性质和关系组合，是由一个民族或者地区的本土文化所决定的。高校学生管理法律保障系统的建设不仅要考虑外部条件是否成熟、更要注重高校内部结构的发展和要求。高校领导、高校学生管理者、学生三个类群构成了高校学生管理的主体结构。三个类群是一个具有层次关联的关系系统，就是这样的一个高校的内部结构成为推动高校学生管理法治保障建设的核心内驱力。

高校领导、学生管理者、学生分属于不同的类群，在高校学生管理法律保障系统当中的功能和特征也不尽相同。高校领导的角色很关键，是链接国家法治建设战略和学校法治建设的纽带，起到一个"承上启下"的作用；学生管理者是和学生群体接触最多、最近的人，最了解学生的整体情况，是决定高校领导和学生之间联系程度多少的类群；学生是高校法律保障系统建设的重要主体和对象，其表现出来的整体特征和需求是高校学生管理法律保障系统建设的重要依据。必须承认，"依法治国"在我国推行的时间并不长，公众对"法治"的认识和理解不深，加之我国教育法制的宣传和教育的力度较差，无法从公民的内部心智状态（包括信念、认识、观念、情感等）出发形成教育法治的氛围。

（一）高校领导的主要问题——上，不承法治；下，不接地气

高校领导的角色非常重要，决定着高校学生管理工作将会朝着什么方向进行，重点是什么，现阶段的任务和未来发展趋向是什么。高校领导对法治建设的认识、法制理念的理解、高校学生管理工作的风格和方法，直接影响高校学生管理法律保障建设的进程。高校领导的角色直接影响高校学生管理者的工作方式方法、工作进程，所以做好高校领导的角色至关重要。从当前的情况来看，高校领导在高校学生管理工作中的主要问题是：上，不承法治；下，不接地气。

"上，不承法治"主要指的是高校领导对法治建设的认识不清、不到位、有偏差，对法治建设的工作重视程度不够。某些高校领导认为，法治建设是上级分派的任务，不能够认识法治建设的实质功用。从国家发展战略的角度上来讲，高校法治建设是社会主义法治建设的重要子系统，这是由高校人才培养的职能所决定的，高校的法治建设程度决定了高校培养出来的人才具有何种程度的法律素养。从高校自身的发展来讲，法治建设是高校追求自由、民主、和谐秩序、公平的前提和目标，是高校发展的必然趋势；从培养合格公民的角度上来讲，法律素养是中国合格公民的必要素质之一，高校是培养公民的重要场域，加快高校学生管理法律保障有着重要意义。高校领导应当从更高的层次，更宏观、系统的视角出发，对高校学生管理法律保障建设有一个全面的、更符合国家发展规划的认识。

高校领导对高校学生管理法律保障建设认识不到位有偏差，主要体现在管理重于教育，认

为高校学生管理法治建设是单纯地加强和深化法治化管理，这是对法治建设的价值取向和本质功能的严重误解。高校学生的管理应当以育人为本，充分体现了"以人为本"的理念。但是在现实的高校学生管理过程中，管理和育人相分离的现象比比皆是，甚至将高校与学生的关系定义为管理者和被管理者的关系。出现这种情况，主要是因为高校领导对法律保障建设认识不到位，导致高校学生管理者的认识和工作产生偏差，因此高校领导应当加强对高校学生管理法律保障建设的学习和认识。

高校领导对法治建设工作的重视程度不够，是高校学生管理法律保障建设进程的主要阻碍。高校学生管理法律保障建设的实效性不高，需要在较长的一个时期内，经过各方共同努力促成一个结果。因此，高校学生管理法律保障建设成为一个"任务型"的工作，得不到高校领导的充分重视。

"下，不接地气"主要指的是高校领导在做高校学生管理工作时，与学生接触较少，对学生的情况不够了解，不能够根据学生的实际情况制定工作的方法。这样就从根本上丧失了高校学生管理法律保障建设的土壤，无法在学校与学生之间建立实质性的联系和沟通。如某些高校在制定高校学生管理规章制度的时候，采用一刀切的方法将大一至大三的学生统一安排到新校区，大四的学生搬迁至老校区（一般在市区有利于找工作）。由于新校区的建设不够完善，理科生所需要的实验设备等均在老校区，这样就使理科生的正常教学受到严重的阻碍。这是高校领导没有经过真正的实地调研得出的结果，这样的管理办法，不单单不利于学生的教育和发展，甚至阻碍了学生的正常学习。

而当学生对此提出意见的时候，高校采取的办法是让辅导员对学生做思想工作，理解学校当下所处的困境，希望学生能够克服困难。高校采用这种方式对学生的成长极为不利，不能够保障学生合理的法律救济渠道的畅通。这也是导致法治建设与现实情况缺乏适切性的主要原因，高校领导应当时刻关注学生的思想动态和需求，从法律保障的理念出发制定高校学生管理工作的规章制度、工作方式方法、工作原则、发展规划等。

（二）高校管理者的主要问题——法治意识淡薄、应付式工作模式

高校管理者在高校学生管理法治建设工作中的法治意识淡薄一方面体现为思想观念不能与法治化进程与时俱进。

一方面某些高校对学生的处分过程、处分决定缺乏公开性、透明度；学生的知情权和申诉权无法得到合理的保护；对于学生违反校规如何处理的标准不明晰，人为的因素较多，无法保障学生管理工作的公正和平等；某些院系没有经过学校的批准和授权，对学生处分存在包庇和处分过重的情况。

另一方面体现为行政化的倾向严重，"官本位"的思想严重，服务的意识不强，自我的身份权威严重，认为学生和管理者之间因为身份的差别应当享有不同的待遇，对待学生的管理工作不是以人文关怀和服务学生为中心，而是以管理者自我为中心。从某种程度上来讲，无论是以学生为中心，还是以教师为中心的中心主义，都不是公正和平等的，只有内发于心的"爱"

才是平等的。卢荻秋认为，高校行政化使大学组织的内外部行政权力与行政逻辑在大学的运作、决策与管理中占据了全面主导地位。

应付式工作模式主要体现为高校学生管理者工作积极性不高、重视程度不够，实质上是形式主义的表现。高校学生管理者在思想上不够重视，积极性不高，学生管理工作只是为了应付上级分配的任务，有时候甚至有造假或者不作为的情况出现。某些高校学生管理者为了赢得领导的肯定，在汇报工作情况的时候不讲真话实话、报喜不报忧、严重问题轻描淡写等，因为工作的成效直接关系到管理者的升迁，导致其想方设法地将客观和偶然的因素强调的多一些，主观的因素讲的少一些。

还有一些高校学生管理者将理论学习作为武装嘴巴的工具，谈工作计划，工作安排的时候装腔作势、夸夸其谈，满口的空话和套话，既没有联系工作的实际，也没有真正地将理论学习的心得运用在工作的实践当中，甚至觉得理论只是空谈无实用价值。通过这样的方式欺骗领导、糊弄学生、欺骗自己，将很多问题掩盖起来，一旦这些问题"积累成疾"，往往会造成严重的后果。

有部分学生管理者认为，高校学生管理的法律保障作用和意义不大，即使没有法律，高校学生管理工作也能做好，无须法律再插一脚，认为法律保障建设是学生管理工作的负累。这是对高校学生管理法律保障建设的内涵和意义认识不清的结果，思想上无法跟上国家整体发展和社会意识结构的变化。

（三）高校学生的主要问题——维权意识和法律素养较差

高校学生的维权意识是社会意识在学生群体中的一种表现形式，是学生对客观法律现象在主观感受和判断之后的一种主观反映。在以往高校和学生之间的纠纷当中，较少有学生起诉高校的事件发生，主要是受到中国传统的道德观念和学生的法律素养较差的影响。近年来，学生起诉自己母校的事件常有发生，从某种程度上体现出学生的维权意识和法律素养在提升，但是从总体上来看，高校学生的维权意识和法律素养仍不高。

高校学生的维权意识和法律素养较差与高校的管理法律保障建设和人才培养模式有着密切的关系。"以人为本"的理念引入高校后得到了普遍性的认同，但是其在实践中的运用效果并不理想。在现实中，从高校和学生关系来看，学生是弱势群体，无法选择自己喜欢学习的课程和进入社会必修的知识，高校包办学生成长和发展的培养模式仍然占据高校学生管理和教育的主体地位。

高校学生维权意识较差集中体现在以下几个方面：第一，是否维权与纠纷的事件和当事人的利益关系大小有关，利益大则维权，利益小则不了了之；第二，学生的社会经验少，维权集中于事后维权，而在纠纷事件发生之前的防范意识差，防范能力弱；第三，当遇到法律纠纷的时候，不能够采取正当有效的维权方式方法；第四，学生的时间和精力大部分用于专业知识的学习，忙于应付各种考试和考证，不注重基本的法律常识和法律知识的学习；第五，学生的权利意识薄弱，维权意识不积极，多数高校学生不知道自己有哪些权利，更无从谈起如何合理运用自己的权利。

高校学生的法律素养较差集中体现在：学生的义务意识和责任意识淡薄、人文关怀的缺失，某些学生要求学校撤销某些合理的规定，甚至提起诉讼，对高校学生管理活动造成了严重的影响。例如，学生拖欠学费的现象，多数情况是高校的教育支出费用超出某些贫困家庭的经济承受能力。这些学生确实难以缴纳学费，高校也根据学生的具体情况给予了合理的处理办法，但是也有个别学生故意拖欠学费，甚至通过材料和资格作假骗取助学金。这在一定程度上反映了学生的法律素养不高，缺乏艰苦奋斗的精神，一味地追求物质和金钱的享受。

人文关怀的缺乏是高校学生存在的普遍性问题，其作为非认知因素对学生的成长和发展有极为重要的影响。例如，北京大学化学系的两名学生因同学投毒导致中毒、复旦的投毒案、中国政法大学学生砍杀教师的事件更具讽刺意味。这些学生之间、学生与高校之间的矛盾并非偶然，从某种程度上来讲是高校忽视对学生法律素养和人文关怀精神的培育，是高校的刚性管理和柔性管理糅合方法的问题。教育法律法规和高校学生管理规章制度是"刚性"，是外部的约束和规则，管束人们的行为；而人文关怀是"柔性"的，从人的内部心智状态和人与人之间的关怀和情感出发影响人的思想和行为。在高校学生管理法律保障体系建设中既不能忽视"刚性"的管束功能，也不能忽视"柔性"的内发功能，而是要"刚柔并济"。

高校与学生之间的法律纠纷时有发生，这并不是高校单一性的问题，而是学生与高校之间的"共谋"，高校学生的维权意识和法律素养较差是产生这种"共谋"的一个重要原因，而解决这一问题则要从系统的视角出发。

三、文化建设方面的问题

文化具有流动的性质，书本中，躺着的文字不是文化，因为人没有意识到它。意识到某种知识并以某种方式与外界进行交换流动，文化才得以存在。所以文化的载体是交换通道，其性质是流动的，它发端于个体的认识和意志，在一定的场域当中形成个性的或者共性的倾向。

文化建设的本质是塑造一个场域的网络，将其内部的个体囊括其中，并对其产生影响或制约。文化所寄托的场域，是构建于人的基本活动之上的，如人的衣、食、住、行、育等。从文化建设的本质上来看，文化建设的作用是对场域中的个体产生了一个多维度、多层次的影响。这种影响是由个体的本部心智状态向外部的表现形式转化，进一步从外部的表现形式内化到个体的内部心智状态，并通过这样的方式在场域的网络当中形成一种复杂交错流动的网络。由此可见，文化建设对人的影响是多层面的，同时从个体的、外部的表现形式和内部心智状态施加双重效果的影响。

（一）高校法治文化氛围不浓

在我国两千多年的封建社会当中，儒家思想作为统治者的工具对民众的意识形态和文化实行控制。从历史发展的角度上来看，儒家思想在一定程度上对社会的稳定帮助较大，其缺点是人治的思想和阶层意识较重。而当下，我国明确提出"依法治国"的方略，这从根本上确定了未来我国在制度和文化上的发展趋向。

法治文化的建设是"依法治国"的重要内容，而高校是培养法治公民的重要场域，使学生掌握法律基础知识并在实践中运用，逐渐形成法律意识，成为一个具备法律素养的合格公民。在高校的这个场域当中，法治文化的氛围对学生的影响是直接和实效的，目前我国高校法治文化氛围不浓主要体现在以下几个方面：

第一，法治文化和育人功能相剥离。高校在建设法治文化的时候，往往是在走廊、楼梯、餐厅等地方张贴宣传性的标语，标语的可读性差，致使法治文化的建设只是流于表面。有关法治文化的活动开展得很少，无法从真正意义上让文化起到育人的作用，只有让法治文化在人与人之间"流动"起来，才能实现法治文化的育人功能。

第二，学生参与法治文化建设程度较低。学生参与法治文化建设的机会几乎没有，高校的法治文化建设基本上遵从的模式是高校学生管理者张贴宣传标语和组织法律咨询，法律咨询几乎无人问津。这样的法治文化建设模式难以调动学生参与的积极性，学生是法治文化建设的主体，而这个主体往往是被忽视的。

第三，法治文化的价值引导功能体现不足。知识的学习不等于学生明白如何运用知识才是正确的，对知识的运用途径是由学生的价值取向所决定的。如果单一地教授知识而不关注学生价值观体系的教育，将会造成学生在社会中的迷失甚至是犯罪。例如，复旦投毒案，复旦大学上海医学院枫林校区研究生黄某被投毒致死，犯罪嫌疑人为被害人室友林某，是复旦大学研究生。对手中掌握着资源和权利的群体来说，即使具有较高的法律素养，但是若缺乏积极的价值观，对社会的危害将是无法估量的。所以，充分发挥法治文化的价值观引导功能，是十分必要的。

（二）高校法治信念文化缺位

卢梭曾经说过："一切法律中最重要的法律，既不是刻在大理石上，也不是刻在铜表上，而是铭刻在公民的内心里。"法律不是死板的条文，也不是在墙壁上的宣传语，而是要内化于公民的知识系统和价值系统之中，是公民在信奉的并在实践中践行的信念。目前，高校学生对法律的不认同；遇到法律纠纷选择沉默或者找关系，表现出对法治的极端不信任；只有到万不得已的时候，才会去关注法治；某些高校的学生管理者知法犯法的现象较为严重，出现这些现象的主要原因是忽视信念对高校学生的主观能动性的激发和法治情境建设的不完善、缺乏信念和情境在文化层面上的互构、诚信文化缺失。

罗杰斯注重信念对高校学生的主体性和潜能的激发作用，这是影响学习的内因方面。在意义学习的四个要素中，"全身心投入""自我发起"都与信念密切相关。他认为，学生是一个有目的、能够选择和塑造自己行为并从中得到满足的人，强调"以学生为中心"，最终达到"自我实现"的目的。学习不是向学习者简单地传授相关知识或经验，必须由他们自己积极主动地建构。人的学习活动受到情感、认识、意志、价值观等的启动和持续，人的主动性和能动性正是通过这样的信念才得以实现。情境学习理论认为，学习者带着丰富的先前知识、技能、概念、信仰和习惯进入正规教育，而这些已有知识极大地影响着他们对环境内容、环境组织和解释方式的理解。情境学习理论认同信念对人的影响，但是他们更加关注知识与情境的关系、个体与共同体的关系，对于人的心智状态的关注较少。

而法治信念文化从本质属性上来讲是个体与情境在法治的场域内互构的过程，人在法治信念文化的情境中受到熏陶，同时个体的思想和行为也影响着法治信念文化的建构。当前，高校学生管理法律保障的法治信念文化是缺位的，主要体现在忽视信念对高校学生的主观能动性的激发和法治情境建设的不完善，以及信念和情境在文化层面上缺乏互构。

在法治信念文化的建设方面，除了要注重学生个体信念和情境塑造的缺失，诚信文化的缺失也是"重灾区"。诚信不仅仅是道德的问题，更是法律责任。但长期以来，人们仅把诚信看作是道德问题，而不是法律问题，缺乏对大学生的法律诚信教育，使大学生在观念上不把诚信以法律责任来对待，导致许多不诚信行为严重背离社会主义法治要求。高校学生不诚信的行为是普遍存在的，如考试舞弊现象，付钱购买代考服务；故意制造虚假信息、荣誉证书，骗取奖学金；与用人单位签订聘用协议之后，找到更好的工作就毁约；申请助学贷款，拖欠银行贷款，甚至拒绝归还银行贷款等现象。

（三）制度文化不健全

高校的制度文化是高校学生管理法律保障文化建设的保证，能够促进高校法治文化的良性发展，这是由制度文化的约束性、人文性、价值性、规范性、历史传承性等特征决定的。高校校园制度文化层次介于精神文化和制度文化之间，既有柔性的也有刚性的。柔性的包括学校长期形成的道德规范、师生之间惯常的互尊互爱礼仪习惯；刚性的包括成文或约定俗成的规章制度。前者是高校从产生到发展过程中长期的积累和沉淀而成的；后者是在学校为适应教学管理由专门部门经过一定的特定程序制定的。而高校法治制度文化，是从"依法治校"的角度出发建设高校的制度文化，遵从国家颁布的相关法律法规，并结合高校的规章制度产生的，是需要高校所有成员共同捍卫和遵守的公约。

制度文化作为高校学生管理法律保障的文化建设中的子系统，是相对薄弱的环节，主要体现在以下几个方面：

第一，制度文化当中法治的内涵和精神体现不足，特别是在法律至上的原则、权力制约的原则、公平正义的价值追求、人权保障的基本理念、社会和谐的理念等方面的缺憾尤为显著，从根本上来讲是人治和法治的关系没有厘定清楚，同时在实践中没有严格执行法律至上的原则。

第二，制度文化中的民主性得不到足够重视，在制度制定的过程中、制度的内容上、制度的实施过程中，各个主体的共同参与性差。

第三，制度文化的自生长性较差，高校的制度文化是长期积累的过程，但是也很可能随着领导的更换而改变，这严重影响了制度文化的自生长性的发展。制度文化的自生长性是指在其法治环境当中的群体已经形成的某些积极良好的氛围，而这些氛围是制度文化自生长的"养料"，领导不经过实际调研的主观判断很可能就打乱和破坏了这种氛围，阻碍了制度文化的良好发展。

第四，制度文化的认同度不高，缺乏师生基础。高校法治制度文化是多层次的，包括正式的和非正式的、学校的、院系的、各个职能部门的，这样容易形成多头管理的局面，缺乏系统性；同时，在制度制定和实施的过程中忽视了师生作为法治制度文化建设的重要主体。制度文化的建设是自上而下的，缺乏广泛的群众基础，师生对制度文化的认同度较低。

（四）廉政文化不到位

随着我国对高等教育的重视和投入的不断加大，高等教育的规模和质量得到了发展；同时，高校办学的自主权也在不断提升。从积极的方面来讲，它激发了高校办学的主动性和积极性，有利于高校的内涵式发展；从消极的方面来讲，"权力"是把"双刃剑"，用在智者的手中会发挥显著作用，用在庸者的手中便是一种"灾难"。在权力和金钱的诱惑之下，有些高校的领导和教授深陷其中，丧失了知识分子的底线及其应有的责任。

党的十八大以来，高校的贪腐案件高达 50 多起，从基建到招生，从科研到学术，腐败案件均有涉及，其中基建是高校贪腐案件的重灾区，而科研、学术方面骗取经费的现象也十分严重。2014 年 10 月 16 日，教育部通报了四起高校贪腐典型案件，浙江大学原教授陈英旭将科研经费划入自己控制的公司，贪污 945 万余元，被判刑 10 年；北京邮电大学原教授宋茂强借用他人身份证件办理银行存折冒名领取劳务费，将 68 万元科研经费据为己有，被判刑 10 年 6 个月；北京中医药大学原教授李澎涛、王新月夫妇以虚假采购耗材的方式向一家生物技术公司支付 264 万余元，涉嫌贪污，被移送司法机关处理；山东大学刘兆平采取虚开发票的方式，骗取科研经费等公款 341.8 万元，被判刑 13 年。

这些触目惊心的数字让我们看清了高校的廉政文化建设严重不到位，同时也认识到廉政文化建设的重要性。廉政文化从外部环境对人的内部心智状态施加影响，这种影响是潜移默化的，具有很强的持续性，其效果也是显著的。廉政文化的核心载体是人，而不是死板的条文和宣传语。当前一些高校廉政文化建设仍然停留在会议上、口号上、警告上，而没有从道德、身份认同、法律精神、人格修养等层面，致使廉政文化建设的成效甚微。

（五）国家公民文化欠缺

公民文化即是民主文化，是与民主制度相耦合的公民的政治态度、情感、信仰和价值取向，属于民主制度的隐结构。从文化的发展历程来看，现代公民吸收了传统文化的精髓，并与现代社会的特征相结合；从政治参与的角度上来讲，公民文化促进了政治平衡；从公民参与意识和参与质量上来讲，公民参与意识和质量越高，对国家和民族的认同度越高，其公民文化的凝聚力越强。

而当代国家公民文化与法律保障的关系表现得更为紧密，这与经济全球化、民主多元化、信息现代化、环境和发展危机、政府和市场双重失灵等特征日益突出有着直接的关系。当代的公民文化不仅仅是一种文化存在，同时也是一种政治存在和法律存在。原则和规范只是秩序的条件和根据，而不是秩序本身。只有当伦理规范和法律制度的内在精神得以有效内化，与社会成员的价值取向相耦合，才能使之由原则和规范走向理性自觉，普遍有效的现实秩序，精神文明和法治文明才能最终实现。在高校学生管理法律保障建设的过程中，国家公民文化缺乏集中表现在：第一，高校各群体的主体意识差。公民的主体意识是人对自我的主体地位、主体能力和责任、主体价值的自我意识觉醒。高校各群体对自我的主体地位认识不清，极少有人将自我的主体地位和法治建设联系起来。由于各群体对自我身份认同的偏差，无论主体的能力和价值取向如何都无法和高校法律保障建设发生关系。第二，公民的政治参与意识淡薄。极少有人能够从国家发展的视角提出合理性的见解和建议，即使有人提出合理有效的建议，被采纳的可能性也极低。大多数人对于政治参与活动的兴趣是基于对利益的追求。第三，官本位和阶层思想严重。目前，高校当中的官本位现象和身份权利差别的意识较为普遍。管理部门办事难、人情关系严重、不思进取、工作不实。学生会和社团的结构级别化、职位之间有"贵贱"之分、学生之间搞关系的风气较重。教师的职称和科研成果是阶层分化的重要标准，而在评职称和科研成果研究的过程中，弄虚作假、蒙骗经费的现象较为严重。第四，人情关系仍旧在高校法律保障的公民文化建设中占据主要地位。由于受中国传统文化中人情观念的影响，人们在解决法律纠纷问题的时候不是依靠正规的法律程序和法律救援途径，往往首先想到的是找关系，企图通过人情关系把问题解决，正是这种公民文化的主体意识助长了官本位和阶层思想的滋长。

四、适切性方面的问题

高校学生管理具有很强的地域性和本土人文特征，对于管理和法律保障理论、经验的引入要结合区域的发展状况和本地的人文特征，而不是一味地照搬理论或者成功经验，这涉及高校学生管理法律保障的适切性问题。更准确地来说，适切性不是一个目的而是一个过程，一个事物为了在环境中得到良好的发展而做出相应的变化。在这个变化和发展的过程中，避免不了的是矛盾冲突，正因为矛盾和冲突的存在使我们能够清晰定位需要进一步优化适切性的方面。从目前高校学生管理法律保障建设的状况来看，其适切性较差主要体现在以下几个方面：法律保障体系与现行状况的矛盾和冲突、法律法规与高校学生管理执法过程的矛盾和冲突、高校管理权与学生权利的矛盾和冲突。

（一）法律保障体系与现行状况的矛盾和冲突

法律保障体系主要是指我国现行的法律法规、高校学生管理规章制度、学生管理形成的一个互相影响和关联的系统。现行状况包括教育行政部门、高校管理者和被管理者的法律保障的现状。高校学生管理者制定的规章制度与现行的法律法规之间的矛盾是比较突出的。近几年的一些典型案例也证明了问题的严重性，如某高校校规规定对参与打架斗殴者一律予以处分，这显然剥夺了《刑法》确认的公民的正当防卫权；再如某些高校"学生不许经商"的规定，妨碍了学生创业的正常发展，也与国家鼓励学生创业的政策相悖。此类的情况在高校学生管理工作中时有发生，某些高校领导在依法治校的过程中，加入了自己的主观经验判断，其出发点是好的，但是没有和国家的教育法律法规保持统一。

法律保障体系的建设对高校学生管理的意义重大，但是任何事物都存在一定的限度，而这种限度存在于事物本身的属性，属性既是推动事物存在和发展的必要条件，同时也是限度的制约要素。然而，人作为法律保障体系的创造者和执行者，应当从发展和生长的角度出发，发现矛盾和问题，不断扩大法律保障体系建设的意义和作用。

从问题的本质上来讲，法律保障体系的内部矛盾不是高校学生管理法律保障适切性的核心问题，其核心问题是法律保障体系与现行状况的矛盾和冲突。现行状况包括高校管理者和被管理者的法律保障的现状。在以上的案例当中我们可以看出，高校领导不愿意学生因为从事商业活动而荒废学业制定了"学生不许经商"的规定，却又违反了国家鼓励学生创业的政策。这是典型的法律保障体系与现行状况矛盾的案例。一方面，表现为高校管理者制定的规章制度与国家现行的法律法规之间的矛盾；另一方面，表现为国家现行的法律法规与相关群体的现状沟通不畅、冲突频频。高校学生在校期间为了赚钱，从事商业活动荒废学业的现象十分普遍，甚至有学生持有知识无用论，认为创业靠的是经验和机遇，带有很大的侥幸心理，而在制定教育法律法规的时候并未考虑到这层现实的因素。

从系统论的角度出发，法律保障体系与现行状况的矛盾和冲突主要表现为：教育法律法规制定者、高校学生管理者、学生群体之间的沟通渠道是堵塞的，国家教育法律法规和高校学生管理规章制度的统一性和一致性较差，学生对国家教育法律法规的认同度较低。这让我们看清了，高校学生管理法律保障体系的建设不是单一层次或者某个主体因素做出努力就可以的，而是要整个保障系统同时发力才能良好发展。

（二）法律法规与高校学生管理执法过程的矛盾和冲突

高校学生管理的执法过程主要包括依法管理、执法必严、违法必究三个方面。这是高校学生管理走向法治化的必经路径，遵照国家教育法律法规制定高校学生管理的规章制度，严格执行教育法律法规和规章制度，并形成一个可监测的违法必究反馈系统。在此过程当中的主要矛盾和冲突在于法律法规与高校学生管理执法过程，具体表现为高校学生管理无法可依、执法程序不合法、监督和反馈机制缺乏，违法难究。

法律法规与高校学生管理执法过程的矛盾和冲突，首先表现为高校学生管理无法可依。它是指在高校学生管理工作中，某些学生管理方面缺乏相关的教育法律法规的条文作为支持，或者是虽然有明确的法律条文，其内容具体的指向不清。由于上位法的缺位，高校学生管理的执法过程出现了不同程度的混乱，加剧了高校学生管理工作和教育法律法规之间的矛盾。我国高校学生管理行为的规范，分成宪法、国家法律法规和校规校纪三个层次。宪法和国家法律法规提供最基本的权利与义务性规定，给高校学生管理活动提供宏观性指导原则；校规校纪直接规范高校学生管理行为，是各个高校依据《普通高校学生管理规定》而授权制定的。

当宪法和国家教育法律法规对学生管理的某个方面规定缺位或不清晰的时候，高校在制定规章制度和管理学生的过程中容易形成认识偏差和管理混乱的情况。例如，某高校在学生管理规定当中提及"申请推荐保送研究生必须是学生干部"，这就与《教育法》第三十六条规定"受教育者在入学、升学、就业等方面依法享有平等权利"相违背，同样造成了一种"无法可依"的现象。

其次表现为执法程序不合法。某些高校在处理学生管理事务的过程中没有严格按照国家教育法律法规所规定的程序进行，而这种现象在高校学生管理法治化过程中是普遍存在的。例如，高校在制定管理规章制度的时候，学生作为重要的相关主体，应当参与到整个制定过程中并发挥积极作用，但是学生群体在这个过程中往往是被忽视的。此类的执法程序与《立法法》第五条的规定"立法应当体现人民的意志；发扬社会主义民主，保障人民通过多种途径参与立法活动"是相违背的。当前，高校的某些管理规章制度都是由管理者制定的，学生的参与权没有体现出来。可见，其规章制度的制定程序是不合法的，很难考虑到学生的需求，也无法保障执法程序的合法性。

最后表现为监督和反馈机制缺乏，违法难究。高校在学生管理法律保障建设过程中还未形成科学规范的监督和反馈机制，面对高校与学生之间、学生与学生之间的法律纠纷问题，无法依据相关的法律程序或者管理规章制度向相关的责任人追究责任。一方面表现为我国高校学生管理法律保障的监督立法不完善，对高校学生管理仅能提供一种宏观层面的指导，很难从实质上提供帮助；另一方面表现为高校学生管理法律保障系统忽视学生的权利，学生作为重要的利益相关者很难参与到监督和反馈机制当中。此外，还表现为高校对学生的法律素质培养不够重视，学生权利受到侵犯的时候很少有学生通过法律救济渠道维护自身的合法权益，同时高校对于学生管理过程中违法操作的行为采取回避的态度。

（三）高校管理权与学生权利的矛盾和冲突

高校学生管理者和学生是高校学生管理法律保障建设的两种核心主体，随着我国依法治国和依法治校进程的不断加快，这两个核心主体之间的矛盾和冲突也越来越凸显，集中体现在高校管理权和学生权利之间。高校学生管理者和学生群体的法律关系中，学生作为其核心的主体处于弱势群体的地位。我国教育立法中并未明确规定高校的管理权及性质，这在权力行使程序、适用法律以及相应的法律规制中造成了极大的模糊性。从权力限制角度来说，高校行使的管理权限优于学生权利，具有一定的强制性，如不对其加以限制，将会导致高校管理权的扩张，损害相对人的合法权利。高校管理权和学生权利的矛盾和冲突主要表现在以下两个方面：学业管理与学生的受教育权、专业选择权、学位获得权的冲突；生活管理与学生的财产权、人身权、名誉权冲突。

1. 学业管理与学生的受教育权、专业选择权、学位获得权的冲突

学业管理即高等学校学籍管理，是指"高等学校根据国家对高等学校学生德、智、体全面发展的要求，制定规章、制度；并按一定的程序和方法，对取得入学资格的学生从入学注册，成绩考核与记载，升、留、降级、转系转专业与转学、停学、复学、退学、奖励与处分，毕业与毕业资格审查等方面进行的管理"。受教育权是公民依法享有的平等、公平的教育条件和机

会的权利，是公民的基本权利之一。《宪法》第四十六条规定："中华人民共和国公民有受教育的权利和义务。"《教育法》第九条规定："公民不分民族、种族、性别、职业、财产状况、宗教信仰等，依法享有平等的受教育机会。"

目前，有的高校在行使自主管理权时，对于如开除学籍、退学以及拒绝颁发学位证、学历证等使受教育者丧失受教育权利及有关学生重大切身利益事项的处理中，不受任何法律法规约束。在中国传统的高等教育中，学生的受教育权被忽视，而随着我国依法治校力度的不断加强，已经有了很大的改善，但是仍然存在诸多问题。

特别是在学生依法享受平等的受教育机会的权利方面，仍然得不到足够的重视，主体地位体现不足。某些高校在入学体检的时候，对肢体残疾或者患有肝炎但是不影响学业的学生过于严苛，导致学生无法获得受教育的机会，这与依法治校的法律法规和理念是相悖的。

专业选择权是高校学生根据自身的条件和情况，向学校提出申请选择更为合适的专业的权利。高校学生因为个人兴趣、未来规划、自身的条件等，需要选择更适合自己的专业，而高校学籍管理规定，对于条件符合有特殊情况的学生，准许提出转专业的申请。但是高校教学管理部门担心学生转专业的人数过大，影响专业的结构性和稳定性。

学位获得权是高校学生完成国家人才培养目标，达到高校学位授予的条件和水平，获得相应的学位证的权利。《中华人民共和国学位条例》规定高等学校本科毕业生，成绩优良，达到下述学术水平者，授予学士学位：较好地掌握本门学科的基础理论、专门知识和基本技能；具有从事科学研究工作或担负专门技术工作的初步能力。学位获得权的问题主要体现在两个方面：一是学位授予的条件，二是学位授予程序。许多高校为了保障学生的培养质量，将学位的授予与国家英语四级考试、计算机考试等挂钩，没有满足这些条件的一律不予颁发学位证。此类高校制定的学位管理规定，损害了学生的学位获得权，对学生将来的就业和生活的影响是巨大的。

在学位授予程序方面，高校具有相当大的自主权，其学位授予程序是否公正、合法，符合国家人才培养的目标和政策有待商榷。如北京大学博士生刘某的博士论文在报请学位评定委员会审查的过程中，因为审查结果的赞成票没有过半，学校决定只授予刘某博士结业证书，不授予其博士学位。随后，刘某向北京市海淀区人民法院提起诉讼，将自己的母校推向了被告席。

2. 生活管理权与学生的财产权、生命健康权、名誉权冲突

生活管理权是高校依法对学生作为有完全行为能力的公民进行日常生活秩序方面的管理权，其中涉及财产权、人身权、名誉权、婚姻权和选举权等权利，本书针对其中问题较为突出的财产权、人身权、名誉权的冲突进行论述。学生依法享有独立的财产权，有私有财产受到保护和不受侵害的权利。财产权的侵害主要表现为三种情况：第一，奖学金评审和助学贷款程序不合理，操作程序不当，人情因素较大，管理者审核不严、学生提交材料弄虚作假等情况，真正有困难、品学兼优的学生得不到奖学金、严重损害了其财产权；第二，学生公寓有财产丢失、被盗等情况，这是保护措施不到位、处理程序不合理；第三，学校不正当没收或者扣押学生的财物。

其中较为典型的是四川省高校购书贪腐案，其涉及 13 所高校 36 名人员，13 名县处级干部贪污受贿达 100 万以上，其涉案总额高达 1 200 万元。这是典型的、范围很大、涉案金额较大的严重侵犯学生财产权的案例。高校有责任和义务保障学生的私有财产不受侵害，但是由于利益驱动和高校法律保障建设不完善，导致高校生活管理权和学生财产权之间的冲突时有发生。

生命健康包括肉体组织、生理和心理三个方面，无论对于哪个方面造成伤害都是一种侵害。生命健康是一个自然人最基本的权利，是公民最高的人格利益。生活管理权和生命健康权冲突主要的表现形式为：高校管理者和学生之间的侮辱和人身伤害、学校的教学和生活设施给学生造成的人身伤害事故、在校因食物中毒引发的人身伤害事故、学生之间打斗引发的事故、学生因心理问题自杀或造成他人受伤的事故、校外人员进入校内造成的伤害事故。诸如此类的情况引发的法律纠纷、高校生活管理权和学生生命健康权的冲突屡见不鲜。集体食物中毒和高校学生自杀、学生杀害教师的案件的性质是不同的，集体食物中毒的更多因素是高校学生管理工作中生活管理出现了严重的漏洞，而高校学生自杀、学生杀害教师的案件涉及高校学生管理法律保障、学生心理教育、师生关系处理等多层次、多维度的问题。

名誉权是学生依法享有的名誉不受侵害的权利，学生的名誉权关系到学生在校的人际关系状况、人格尊严等，是公民重要的基本权利之一。高校学生生活管理权和学生名誉权的冲突主要表现为对处理结果的争议。

第二节　高校学生管理法律问题产生的原因

进入 21 世纪以来，我国的法治建设逐步形成体系，教育法律体系也逐步完善，但这并不意味着教育法律秩序已完善。近年来，高校学生管理不断出现问题，产生这些问题的原因是：学校行使自主管理权和学生依法享有的权利相冲突。然而大部分人认为，这些问题产生的原因是某些学校或某些管理部门管理不到位。但原因不是这么简单，产生这些问题真正的原因在于，法治社会下学生日益增长的维权意识和学校陈旧的管理体制、老旧的程序之间的冲突。

下面主要从四个层面分析高校产生学生管理法律问题的原因：第一，高校学生管理缺少外部保障条件；第二，内部主体结构方面产生的问题，第三，法治文化建设方面的问题产生的原因，第四，适切性方面的问题产生的原因。

一、内部主体结构方面问题产生的原因

高校内部主体结构的协调性和互构性决定了高校学生管理法律保障系统建设能否实现内涵式质量发展，而高校内部主体结构之间的矛盾性是历史存在的合理体现，也是推动高校学生法律保障系统发展的动力。高校学生管理法律保障体系的内涵式发展，要求高校从内部主体结构优化的角度着力，以不断提高质量为目标，以人才培养为主线，为发展和创新保驾护航。

高校学生管理的内部主体结构主要包括：高校领导、高校学生管理者、学生。其中，高校领导方面的问题主要是"上，不承法治；下，不接地气"；高校学生管理者方面的问题主要是法治意识淡薄、应付式工作模式；学生方面的主要问题是维权意识和法律素养较差。无论从哪个主体着手探究，都应当与其他两个主体关联起来，孤立或者片面地研究某个主体的问题都是不尊重实际和忽视某一个或者两个主体地位的表现。

（一）高校领导方面问题产生的原因分析

在我国高校管理体制当中，高校领导的角色对高校的发展方向和质量起着决定性的作用，虽然其有诸多不合理、不科学的地方，并在较长的一段时期之内仍然会保持这样的状态，但是我们在努力优化现存格局的同时更要正视现状。目前，高校领导作为高校内部结构中的关键角色，其主要问题是"上，不承法治；下，不接地气"。究其根本原因有以下几个方面：高校领导的法治思维缺失、依法治校的能力较差、高校领导"独大"。

第一，高校领导的法治思维缺失。目前，高校领导或多或少地持有人治大于法治的思维，或者是用人治的视角去审视法治的现象和问题，特别是在法治建设和人的利益、意志相冲突的时候尤为明显。另外，高校领导的权力本位思想严重，只对上级领导负责，不对教师和学生负责，以致高校学生管理法律保障系统建设脱离了广大的师生基础。此外，某些高校领导认为，只要有完善的法律法规和学生管理规章制度就可以了，忽视了法治建设是一个艰难而又漫长的治理过程，绝不是法律条文和规章制度那么简单。

第二，高校领导依法治校的能力较差。由于某些高校领导对法治的认识和高校历史原因，其依法治校的能力并不强。一方面，对高校学生管理法律保障建设的认识不够深入；另一方面，对法律保障建设的理念和原则存在一定的误解。另外，高校领导的事务繁忙，对高校学生管理法律保障建设显得有心无力，这也是导致高校领导"上，不承法治；下，不接地气"的重要原因。

第三，高校领导"独大"。高校领导的权力过大，导致高校学生管理法律保障建设与高校领导的能力关系很大，其依法治校的能力强则法律保障建设进程较快较好，其依法治校能力差则法律保障建设停滞不前甚至倒退。而当前高校的制度还未形成有效监督和制约的机制，特别是在科学合理的执法程序方面。

（二）高校学生管理者方面问题产生的原因分析

高校学生管理者与学生接触得最多，是最了解学生状况的群体，同时也是最容易和学生发生纠纷的群体。高校学生管理者的法治观念和法律素养对学生的影响是不容忽视的，这是由学生管理者和学生之间的直接关系决定的。如若高校学生管理者不能将高校学生管理法律保障建设的工作和学生的实际情况结合起来，那么就会导致学生管理的纠纷事件频频发生。目前，高校学生管理者方面出现的主要问题是：法治意识淡薄、人治和官本位思想严重、应付式的工作模式。导致这些问题出现的主要原因是：高校学生管理理念落后、对管理者和学生之间的关系认识不清、高校管理制度缺乏激励机制导致管理者的能动性较差。

第一，高校学生管理者理念落后。目前，我国高校的管理模式普遍还处于行政强制性管理，而未能从民主法治、学生实际情况、服务学生的层面出发，构建服务指导性管理模式。当前高校面临高等教育体制的转变，必须要有新的学生管理理念与模式来保证实施。但是，与之相适应的机制和办法尚未完全形成。高校管理工作者的工作方式和理念因为受惯性影响，还保持着原有的管理观念，理念和思想的落后导致高校学生管理者在工作上也不会采用先进的管理方式方法。

第二，对管理者和学生之间的关系认识不清。由于受到特别权利关系和特殊行政管理关系的影响，一些高校学生管理者对其与学生之间关系的认识，仍然停留在管理和被管理的关系上，某些高校学生管理者的身份意识很强，认为自己的身份要比学生的身份高，所以学生只能服从。高校作为教育事业单位，对学生不仅有管理权力和责任，还具有服务学生的职能，因此高校学生管理者与学生之间的关系，应当是一个平等对话、服务协同的平权关系。

第三，高校管理制度缺乏激励机制导致管理者的能动性较差。高校管理制度针对学生管理者缺乏相应的激励机制，在某个或者几个学生管理者出现问题的时候，才会采取激励措施，随意性很强，没有形成科学合理的规范。另外是对学生管理者的考核指标，没有将高校学生管理法律保障的内容纳入其中。这就导致学生管理者在工作中，采取应付式的工作态度和模式，工作的效率和质量较低。

（三）高校学生维权意识和法律素养较差的原因分析

高校学生维权意识和法律素养差的问题其实是由学校、社会、家庭、学生四个方面的综合因素造成的，是由内因和外因相互交错而成的。

1. 高校学生所处的社会环境极其复杂

进入 21 世纪后，我国经济社会快速发展，可谓是日新月异，难免会对高校学生造成影响。现今，社会生活多样化、学生的生活环境多变、价值观多元化，社会环境极其复杂，社会环境正无时无刻不对高校学生的价值观、人生观产生影响。高校学生所处的社会环境的复杂性主要表现在：首先，在拜金主义盛行的现行社会，学生在价值观的树立和选择方面偏向功利性、强调个人利益，而忽视社会的公益性、风险性。其次，随着经济危机的爆发、房地产泡沫的影响，再加上学校专业设置与社会工作岗位不对接、学科内容与社会生产实践相脱离等因素，我国的就业形势极为严峻，导致本来抗压能力就不强的大学生更加烦躁、对未来失去希望。最后，教育、管理不重视，国家、学校法制层面缺失，高校学生虽然懂一些法律的基本常识，但是不知道如何拿起法律武器维护自己的合法权益。有些不懂法的学生为了维护自己的权益而剑走偏锋，不惜走上违法的道路。

2. 高校的法制教育不够完善

原国家教委、中央社会治安综合治理委员会办公室和司法部联合发布的《关于加强学校法制教育的意见》指出："学校法制教育是培养学生树立社会主义法律意识，增强法治观念的重要途径。"学校的法制教育对培养学生懂法、守法、用法，在维护自己的权益方面，起到了重要的作用，但是在落实中却不尽如人意。国家教育局颁布《关于在高校开展"法律基础课"的通知》，全国高校普遍都增加了法律基础课。法律基础成为高校学生学习法律知识的重要途径，但是高校法律知识的教育也仅仅局限于这门课程，除法律专业的学生之外没有其他途径学习法律知识。另外，大多高校开设的法律基础这门课都是在学生刚入学的前两个学期开设的，而后的两三年，学生就再也没有系统地学习法律知识。因此，高校的法制教育途径单一、不系统，不能满足学生对法律知识的需求，也就不能引起学生的高度重视。

由于学校课程和实践的限制，学校法律知识传播只能停留在对知识的讲授层面，不能满足学生对法律知识的渴求。另外，学校没有制定系统、长期的法制教育的规划，学校的管理者只是将其作为一门课程应付政府的要求，而没有将法制教育作为生涯规划的一部分。高校在对法律基础课程进行测试考核时，仅仅停留在法律法规条文和法律基础知识的背诵。我们不难发现，由于学校管理层对法制教育不够重视、教育途径单一等造成学生的法律意识薄弱，因此我国大学生的法制教育还处于普法阶段，这就很难达到进一步对学生法律意识培养的要求。

3. 高校学生处在特殊的阶段

高校学生年龄段在18~24岁，这个年龄段的青少年无论是在生理还是心理方面都还没有完全发育。从性格来看，此阶段的学生争强好胜、敏感偏激；从心理方面来看，这个阶段的一些大学生求知欲强、喜欢与人交往、自我意识增强，他们看事物轻率、片面，容易钻牛角尖；从家庭环境来看，现在的高校学生基本都是独生子，家里的父母都围绕这个"太阳"转，容易养成他们以自我为中心、不考虑别人感受、任性霸道的个性；从抗压能力来看，现在的大学生基本没有经历大风大浪，父母包办一切，一旦离开父母，他们遇到挫折、困难时，就不知道如何去解决，稍微受到挫折和打击，就容易自暴自弃、焦虑和沮丧。这时如果不加以鼓励、引导，学生很容易走极端。

4. 家庭教育是最薄弱的环节

大学生的法律素养和维权意识并不是在短时间内就能形成，它和入大学前的法制教育有密切的联系，所以，家庭教育对学生法制素养的培养起着关键的作用。然而调查发现，家庭中的法制教育恰恰是最为薄弱的环节，主要表现在两个方面：第一，家庭教育观念不科学，中国有句古话"望子成龙，望女成凤"，父母都非常重视孩子文化知识的学习，为了孩子"美好的未来"，父母给孩子报作业补习班、暑假补习班、数学补习班、钢琴学习班等，考试分数和多才多艺成为家长衡量孩子成才的唯一标准，家长把法制素养的培养放在了次要的地位。第二，良好的家庭教育为一个人顺利完成社会进程奠定好的基础，而不良的家庭教育极易对学生的素质产生影响。据调查，我国三分之二的家庭教育不当。家庭的教育方式对孩子的一生产生影响，如果孩子不能够从父母那里得到应有的温暖和保护，他或许会对社会、家庭产生仇恨心理，长大后就很容易走向违法犯罪的道路。

三、法治文化建设方面问题产生的原因

高校的法治文化建设是国家法治文化的组成部分，高校法治文化是在高校领域里与高校法治相关的并体现着高校法治的精神和理念、原则和制度、运作实践和行为模式，与高校人治文化相对立而存在的一种进步的文化形态。它涵盖法治物质载体、法治规范制度、法治精神意识和法治行为方式几方面的内容，其核心是现代社会中高校人的法文化共识、价值取向和行为方式，主要包括高校人对现行高校法律规范体系及其运作实践所持有的思想、观念、意识、态度、感情、期望和信仰等内容，概括起来主要有三个层次：法律心理层次、法律意识层次、法律思想层次。

法治文化建设方面问题产生的原因主要是：法治文化的功能没有发挥其应有的作用，所以首先要厘清法治文化建设具有哪些功能。法治文化建设的功能主要有：第一，协调和整合的功能。它使高校法治建设各方面主体的价值取向更趋向于"合"的状态，这种一致性的基础能够在一定程度上解决高校学生管理的法律纠纷和矛盾。第二，内化的功能。法治文化作为一种思想观念、意识形态，对各方面主体有一种潜移默化的熏陶作用，这是推动高校学生管理法律保障体系建设的内在动力和源泉。第三，延伸和辐射功能。高校的基本职能是育人，高校培养出具有法律素质和法治文化修养的学生，当这些学生进入社会后就会不同程度地对其周围的环境产生影响，法治文化就延伸到了其他的场域中并可以发挥积极的作用。另外，高校作为社会网络当中的一个重要的枢纽节点，高校法治文化的建设对区域法治文化的影响是深远和广泛的。

法治文化建设出现的核心问题主要有：高校法治文化氛围的不浓、法治信念文化缺位、制度文化不健全、廉政文化不到位、国家公民文化欠缺。法治文化的功能在不同层面上体现出来的状态是不同的，其造成问题产生的原因也是有侧重和特征的。

（一）高校法治文化氛围不浓的原因分析

我国高校法文化氛围不浓主要体现在法治文化和育人功能相剥离、学生参与法治文化建设程度较低、法治文化的价值引导功能体现不足，无法使法治文化建设的内化功能发挥作用。其中，法治文化和育人功能相剥离的原因主要是高校内部的管理和教学的失范，管理和教学是高校运行的两个核心事务，两者并不是分离的而是融为一体的。在现实的情况当中，两者往往融合得不够好，特别是在高校法治建设的过程中。一方面，高校学生管理者不注重和教师沟通并联合开展法治教育，了解相关的法律法规和高校的规章制度，因此学生也无法对法律法规和规章制度产生认同；另一方面，高校学生管理者在制定高校管理规章制度的时候，没有遵循民主化、合法化、科学化、程序化、规范化的制定标准和原则，其制定的规章制度是经不起实践的。此外，高校学生管理者的行为失范也是重要的原因之一，其缺乏为学生服务的意识，而是认为自己的身份要比学生的身份享有更多的特权。身份的差别观念导致高校学生管理者不尊重学生的主体地位，忽视学生需求，甚至侵犯学生的法律权利。

（二）廉政文化不到位的原因分析

高校的廉政文化建设是高校学生管理法律保障文化建设中的重要部分，是保障高校学生管理正常良好运行的必要条件。目前，我国高校的廉政文化建设严重不到位，主要表现是：廉政文化建设仍然停留在口头和纸面上，其廉政文化建设的内涵、精神、内发的作用没有发挥出来。究其根本原因主要有：对廉政文化建设的认识不深刻、廉政文化建设积极性不高、廉政文化建设单一化、廉政文化建设的方式方法有待改进。

第一，对廉政文化建设认识不深刻，导致廉政文化建设流于表面。高校某些部门在廉政文化建设过程中，简单地将廉政文化等同于廉政文艺活动。虽然廉政文艺活动是廉政文化建设的重要组成部分，但是某些高校领导和部门将其作为廉政文化的唯一形式，很难发挥廉政文化的内化功能和延伸辐射功能。这样就导致廉政文化建设流于形式，忽视了廉政文化的内涵和精髓。

第二，廉政文化建设积极性不高，导致廉政文化建设深度不够。从整体上来看，我国高校的廉政文化建设还处于一种被迫和盲目应付的状态，一些相关部门的管理者和领导不能自发自觉地进行高校廉政文化建设。一方面，表现为廉政文化建设既没有长期的规划，也没有短期的计划，纯粹是为了完成上级分配的任务；另一方面，表现为高校相关部门的领导和管理者普遍认为廉政文化建设太过占用时间和精力，而对高校廉政问题并没有很大的实效，因而对廉政文化建设采取消极应对的态度。

第三，廉政文化建设单一化，导致廉政文化建设的作用有限。廉政文化建设的内涵十分丰富，其涉及党风廉政建设、反腐文化建设、高校特色文化建设、精神文明建设、社会事业服务等各方面。某些高校往往把廉政文化建设与党的精神文化建设联系在一起，而高校的廉政文化建设依托于高校学社管理法律保障体系建设，绝不仅仅是党政部门的事务，还包括对学生进行廉政思想教育、廉政文化传播等方面的内容。

第四，廉政文化建设的方式方法有待改进。对象范围狭窄、内容形式缺乏感染力，导致廉政文化建设不适合各主体的需求。廉政文化建设的方式方法决定高校学生管理法律保障文化建设效果的广度和深度。目前，我国高校廉政文化建设，涉及的对象主要是高校领导和党员干部，而以高校教师和学生为对象的廉政文化建设极少，就更不用说发挥廉政文化的内化功能和延伸辐射功能。另外，高校廉政文化建设的内容空洞、互相抄袭现象严重，形式老套，生活素材较少，不能适合不同群体（学生、教师、高校管理者、高校领导等）的需求。

（三）高校公民文化缺失的原因分析

高校公民文化的建设是高校学生管理法律保障体系建设的前提和基础，只有更多的公民素质得到较高的提升，高校的法治建设才能从个体的自觉、自醒的层面发力，推动法治建设的内涵式发展。高校学生管理法律保障体系建设的公民文化缺失的问题主要表现在：高校各群体的主体意识差、学生的政治参与意识淡薄、官本位和阶层思想严重、人情关系阻碍公民文化的发展。究其根本原因主要包括以下几个方面：民主法制不完善、政治参与的机制不健全、校园的公民文化氛围较差。

第一，我国高校民主法制的建设还处于一个萌芽的时期，其发展状况不容乐观。某些高校领导干部的法律素质和民主法治意识差，民主法制还只是口号，没有成为管理层的执行理念和行为方式，这就导致公民文化的建设失去了保障，外部条件极为不成熟。

第二，在高校的学生管理工作中，学生作为一个重要的主体，极少有机会能参与到学校管理规章制度制定和管理事务当中。其根本原因是，高校没有建立政治参与的机制，学生没有机会参与到学校的管理和政治活动当中，更不可能表达自己的意愿和需求，也就更无从谈起学生的公民文化熏陶。没有政治参与的机制的基础，高校公民文化的建设只能被架空，因为支持其生长和发展的实体支撑不存在。

第三，转型时期是高校培养合格公民的关键阶段，高校是培养大学生的公民素质所必备的政治认知、政治情感、政治参与意识的重要场域，然而这些必备的素质在高校的课堂和教学计划当中很少体现出来，大多是对专业课和思想政治的学习，而对大学生的公民素质教育始终提不到高校教育的日程上来。一方面是因为公民素质教育在短期内看不到成效；另一方面是公民素质教育没有真正纳入教育体系当中。

四、适切性方面的问题产生的原因

高校学生管理法律保障的适切性是国家法律法规、学校管理规章制度、学生管理三个方面是否能够协调合力发挥作用的必要保障，同时也是平衡教育行政部门、学校、学生等之间的权利和利益关系的重要手段。适切性的问题同时也是国家"依法治校"方略在不同区域、不同层次、不同办学特色的高校当中的体现，它的种子是国家"依法治校"的法律法规，而生长出来的枝丫是高校根据本土的特征制定出与高校实际状况相适应的管理规章制度和管理体制。

高校学生管理法律保障在适切性方面的问题主要有三个：法律保障体系与现行状况的矛盾和冲突，法律法规与高校学生管理执法过程的矛盾和冲突，高校管理权与学生权利的矛盾和冲突。究其根本原因是，法律保障的层级关联系统出现了层级之间的断裂，各个相关主体之间的权利和利益关系不均衡。这些成因具体到上述三个不同问题又体现出了不同的特征。

（一）法律保障体系与现行状况的矛盾和冲突的原因分析

首先，法律保障体系主要是指我国现行的法律法规、高校学生管理规章制度、学生管理形成了一个互相影响和关联的系统。现行状况包括教育行政部门、高校管理者和被管理者的法律保障的现状。法律保障体系与现行状况的矛盾和冲突的首要原因是法律保障体系的建设与实际状况相脱节，这主要表现在三个方面：第一，法律保障体系建设不尊重高校发展的实际情况，导致法律保障体系建设与实际脱节，缺乏具体的指导意义和实践的可操作性。第二，法律保障体系、高校学生管理制度和工作实际情况之间的关联处于断裂的状态。一方面是在高校学生管理工作当中不按照国家法律法规和高校管理规章制度去执行；另一方面是国家法律法规和高校管理规章制度对学生管理工作的保障、指导、规范、评价等功能失灵。第三，法律保障体系忽视高校学生管理者和学生的主体地位，特别是学生群体在这个法律保障体系当中仍然处于弱势地位，导致高校学生管理者和学生的真实情况无法凸显。

其次，造成法律保障体系与现行状况的矛盾和冲突的原因是"以人为本"的理念形式化严重，仍然停留在口号和文本上。我国高等教育对学生的管理和教育完全是"家长式"的管理，学生在校的学习和生活大部分是由学校决定的，学生的自主权和选择权很少能够体现，学校和学生之间的关系是管理和被管理的纵向隶属关系。同时，高校学生管理者和上一级的教育行政管理部门的关系，也存在同样的纵向隶属关系，这就导致学生的主体地位被高校管理者忽视，高校管理者的主体地位被教育行政部门忽视，所以"以人为本"不仅仅是校园内部主体之间的关系，而且是法律保障体系所包含的主体之间的关系。

最后，造成法律保障体系与现行状况的矛盾和冲突的原因是法律保障体系的修正和更新滞后于现行的状况和发展态势。随着社会的发展和变革不断加快，新的事物和问题不断产生，导致法律法规滞后。当代大学生正处于社会转型的过渡时期，学生价值观的多元化、主体意识和权利意识进一步增强；高校学生管理也出现了复杂化和多主体参与等特征；区域经济发展和省情特征差异明显，如果在建设高校法律保障体系的过程中，不能考查学生、高校、社会的发展状况，则会出现修正和更新不适时的问题。然而我们必须认识到，法律法规制定的滞后性是客观存在的，也是很难消除的，这不单单是社会发展速度加快的原因，也有人的前瞻性和问题意识的原因，在多数情况之下是社会和高校的发展出现问题之后，通过立法程序制定法律法规。

（二）法律法规与高校学生管理执法过程的矛盾和冲突的原因分析

高校学生管理的执法过程主要包括依法管理、执法必严、违法必究三个方面，这是高校学生管理法律保障体系的循环链条，从高校管理者依据国家的法律法规对学生进行管理，到执法程序的规范和合法，最后到对法律问题纠纷的监督和纠正。这个链条当中的每一个环节无不是依据法律法规进行实践的，但是在现实的情况当中，法律法规与高校学生管理执法过程的矛盾和冲突几乎在此三个环节都存在不同程度的问题。其根本原因如下：

第一，法律法规不完善和下位法违反上位法是导致依法管理环节出现矛盾和冲突的主要原因。法律法规不完善，一方面是国家的法律法规缺少对高校如何制定规章制度的规范的相关内容；另一方面是法律法规对高校学生管理事务的规定还存在盲区，在管理的过程中得不到相应的法律条文的支持。学校制定的下位法违反或否定国家制定的上位法，法律保障系统的内部结构存在不一致、不统一甚至是冲突的问题，其根本原因是高校在制定规章制度的时候没有严格依据国家制定的法律法规来执行。

第二，高校随意简化执法程序是导致执法必严环节出现问题的主要原因。高校作为具有一定的行政管理职能的教育单位，可以行使行政处罚权。某些高校在执法的过程中，擅自取消了申诉或者复议等必要的执法环节，没有严格遵照《行政处罚法》《行政复议法》《行政诉讼法》对执法程序的规定。某些高校的管理者认为，简化执法程序是为了提高执法效能，方便基层管理者管理学生事务，及时高效地处理高校管理学生的法律问题，但是其没有认识到简化执法程序的前提是尊重各主体的法律权利，更重要的是在高校学生管理的执法过程当中应当遵循简化操作原则而不是简化程序，随意简化程序会忽略和侵犯主体的法律权利。

第三，监督立法不完善、处分决定过重或者过轻缺乏追究和学生维权意识差是造成违法必究环节出现问题的主要原因。当前，我国教育法律监督法规对高校学生管理事务只能提供宏观性的指导作用，其操作性很差；同时，高校对于监督立法和监督机制的建设不重视也是监督立法不完善的重要原因。高校对学生的处分决定过重或者过轻采取回避的态度，大多数情况是不了了之，缺乏对于处分决定合法性和合理性的追究。需要注意的是，不单单是处分决定过重需要追究，处分决定过轻也需要追究其合法性和合理性。学生的维权意识差，大学生对待高校的不合理和不合法的处分决定，常常采取自认倒霉或者默默接受的态度，很少通过申诉或者提出行政复议来维护自身的合法权益，导致法律追究的功能很难发挥作用，相关的教育行政单位和司法机关也无法依职权立案审查。

（三）高校管理权与学生权利的矛盾和冲突的原因分析

高校管理权主要涉及对学生学业管理和生活管理，其和学生权利引发的矛盾和冲突也主要集中在这两个方面：学业管理与学生的受教育权、专业选择权、学位获得权的冲突；生活管理与学生的财产权、人身权、名誉权冲突。从整体的状况来看，高校管理权和学生权利出现矛盾和冲突的原因是高校和学生之间的法律关系不清、权利和义务不均衡。

目前伴随着我国高校规模和质量的迅速发展和我国教育体制的变化，加之国家提出"依法治校"和"依法执教"的理念，高校和学生的关系发生了重大的变化。关于高校和学生之间的法律关系的观点有很多，如特别权利关系、行政法律关系、民事法律关系、双重法律关系。从当前的现实状况来看，我国高校和学生在法律意义上主要包含两重关系：其一，是一种特殊的行政关系，高校根据教育法的授权或行政机关的委托而行使国家的行政管理权。当它行使这种权利的时候，它与学生的关系是一种特殊的行政关系，双方的主体地位是不平等的。其二，还形成了一种平等主体间的民事法律关系。权利和义务不均衡是推进高校学生管理法治建设规范化的重要障碍，不公平不公正的法律法规和制度必然会引起高校学生管理内部结构之间的冲突。在我国，国家教育法律法规和高校规章制度多为对义务的规范而缺少对权利的规范，片面强调高校的权利和学生的义务，忽视学生的权利，以"从严管、德育管"代替法治管理。另外，高校中学生法律救援途径不畅，通知、送达、申辩、告知、听证等执法程序被简化甚至没有，导致学生的权利在法律程序和制度上得不到保障，此类情况在高校学生管理工作中普遍存在。此外，立法机构、高校规章制度制定者、高校学生管理者、学生群体对权利和义务的均衡的认识都不太高，在思想上没有形成对权利和义务之间关系的意识，在行为上更不会有所体现。

高校管理权与学生权利的矛盾和冲突的成因分析体现在学业管理和生活管理两个方面，同时体现出不同的特征。具体如下：

1. 保障学生培养质量和降低管理成本

学业管理权与学生权利冲突主要体现在学生的受教育权、专业选择权、学位获得权三个方面。高校在对学生进行处分和学位获得评价的时候是十分谨慎的。高校为了保障学生培养质量，加大处分的力度和提高学位获得的评价标准，因此产生了学业管理权和学生受教育权、学位获得权的纠纷。从高校的角度来看，当学生在考试中出现舞弊、严重的道德品行败坏的行为时，高校加大处罚力度以严肃校规校纪，同时能够警示和教育其他同学；为了激励学生更好地学习和发展，提高学生的培养质量，提高学生获得学位的标准，这对高校的发展是有利的，但是刚性的管理还要配合柔性管理才能起到真正的"教养"作用。从学生的角度来看，学生对自己的责任意识不是很强，更多的是看到自己的权利，而不能理性地从自身积极发展的角度出发去判断事件的价值取向。

高校降低管理成本是导致学业管理权和专业选择权冲突的主要原因，高校限制学生转专业的条件的原因是多方面的。一方面，转专业的学生数量多会加大管理的成本，增加教学和管理的压力；另一方面，学生在选择专业的时候，具有很多不可控的因素存在，很可能导致学科结构发生变化。从学生的角度来看，专业的选择可能影响其一生，有些学生因为兴趣或者自身条件的原因不适合当前的专业，而高校又没有相关的规章制度可以满足学生选择专业的需求，照顾到某些学生的特殊情况，可能会产生学业管理权和专业选择权之间的冲突。

2. 法治理性缺乏和管理者贪腐是学生管理权与学生权利冲突的主要原因

学生管理权和学生权利冲突主要体现在学生的财产权、人身权、名誉权三个方面。由于高校在制定某项规章制度、做出处分决定或者处理法律纠纷的时候，缺乏法治理性的考虑，缺乏人文关怀，导致不注重学生的名誉权，公开学生的某些不良行为，对学生的身心健康造成严重的损害。某些高校做出一些对学生的名誉和心理健康产生消极影响的处分，完全不顾及学生的名誉和心理感受。

高校管理者贪腐是高校生活管理权和学生权利冲突的主要原因，某些高校在制定管理规章制度和处理学生生活问题的时候，以看似合理的借口侵占或挪用学生的财产，某些高校为了谋取利益甚至挪用或者延迟发放学生的奖学金、助学金，通过征收一些不合理的费用来获取高额的利益。一些高校管理者贪腐形成了一个利益关联的团体，上下连成一气，利用看似合理的收费理由作为伪装，堂而皇之地侵犯学生的财产权。高校制定的规章制度中涉及侵犯学生财产权的现象也不在少数，问题的根本原因仍然是高校管理者被利益所诱。例如，某些高校在宿舍管理规定当中对学生私自使用违规电器没收并处以 10~50 元不等的罚款，没有经过相关部门的批准向学生乱收费或者销售生活用品等，在校园的建筑或者树木上张贴海报、乱写乱画者处以 10元以上的罚款。

这种以罚代管的行为，不单单侵犯了宪法赋予公民的财产权，更深层次地暗示人们只要你有钱就可以犯错。这样不但起不到管理教育学生的作用，反而会让学生对高校的规章制度产生价值认知上的偏差，这种思维习惯甚至会延伸到学生在社会中的思想和行为。

第十一章 高校学生管理工作法治化
路径分析

我国高等学校学生管理工作当中还存在诸多问题，其相关的立法和执法程序是否完善、合法权益是否得到保障、救济途径是否畅通是衡量高校法治化进程的重要标准。实现高校学生管理工作的法治化离不开我国依法治国的背景和教育法治化的发展，但是从社会发展和人才培养的角度来看，高校应当具有适度的引领社会发展的责任和职能，所以高校应当主动探究适合本校乃至本区域发展情况，寻找符合法治理念和精神的实践之路。

高校学生管理工作法治化路径是实践层面上的法治建设，整合高校学生管理工作的立法、执法、司法、监督等机制，并融入法治理念和法治精神，最终达到高校法治建设的"形神合一"。如若要建设这样的一所法治型高校，就必须正确认识学生权利和高校管理权之间的关系，切实解决法治化进程中面临的现实问题。

第一节 宏观与微观相结合的高校学生管理法治化路径

高校学生管理工作的法治化是一个系统工程，其先决条件和实施基础就是国家的法律法规（宏观）和高校规章制度（微观）。高校学生管理工作要严格按照法律法规和规章制度执行，那么法律法规和规章制度的科学性和合理性的程度就决定了学生管理工作法治化的深度和广度。

宏观和微观相结合的路径，就是国家法律法规与高校规章制度在高校学生管理工作法治化路径上的统一，宏观层面上，国家法律法规具有更强的效力，是高校规章制度必须依照的；微观层面上，高校制定规章制度具有一定的自主权和自治权，便于结合自身的发展特点灵活调整。无论从宏观角度还是从微观角度切入，两者都是紧密联系的，国家教育法律法规的内容与高校的学生、管理者、教师以及高校本身是息息相关的，同时高校的规章制度是依照国家法律法规和本校实际情况制定的，这就决定了宏观和微观相结合的路径是高校学生管理法治化建设的必要途径和方法。

一、宏观体系——完善高等教育法律法规的立法建构

（一）建立完善的法规体系，增强其配套性

从整体格局的角度上来审视我国高等教育法规体系，基本法律层级有《高等教育法》《学位条例》《教师法》《民办教育促进法》等相关法律，其涉及的范围相对有限，某些条文存在界定笼统、模糊不清、抽象性、可操作性和执行力度较差等问题。法规体系的整体格局是不完善的。

首先，完备我国教育法律体系，填补高校学生管理相关法律的空白，为高校学生管理的法治化建设提供依据和指导。例如，关于大学生考试舞弊和处理，一般来讲高校依据的是《国家教育考试违规处理办法》《普通高等学校学生管理规定》，其缺乏相关的基本法作为依据，导致考试舞弊的法律纠纷不断增多；关于学生申诉权的保障问题，有学者提出应当制定"学生申诉条例"，对申诉的范围和条件、申诉的程序、申诉受理部门等在基本法的层面上给予科学合理的规定。

其次，修改和完善已有的教育法律法规。与高校学生管理密切相关的法律包括《教育法》《学位条例》《普通高等学校学生管理规定》等，其中的某些条款与社会发展不相适应，存在严重滞后的问题。遵循以保障学生权利为核心、与我国法律体系协调统一、增加具有可操作的程序性条款等理念和原则，增强教育法律法规的适应性和可操作性。

最后，应当加强教育法律法规格局的配套性。由于受到传统观念以及其他因素的影响，学生的主体地位在法律层面上未能真正确立起来，尽管我国很多学者和民众呼吁制定与《教育法》《教师法》相配套的"学生法"，但是至今在教育立法上仍未看到任何端倪，以致学生的权利不单单在基本法层面上无法明确，更导致对学生的权利保障的缺失和法律救援渠道不畅等问题。"学生法"的制定是对以往对学生权利和主体地位不够重视的一种全面的纠正，其意义在于法律地位的确立，也是高校在学生管理过程中能够做到有法可依的基本前提。

（二）增加权力规范、程序性规范、权力保障在教育法律内容中的比重

我国现行的高等教育法律法规的内容存在着一个比较突出的问题，其内容偏重权力的设定，忽视权力的规范；倾向于授权性、管理性的规范，轻视学生权利的保障和救济；侧重于执行规范的内容，而程序性规范少。这就导致教育立法的内容存在定位和失衡的严重问题，直接影响高校学生管理法治化建设的效果和质量。优化和调整我国现行的高等教育法律法规的内容，可以从以下三点着手：

第一，增加规定权利的法律内容的比重，避免高等教育立法中权利赋予的内容过多过重，同时应当在法律层面上确立教师和学生的主体地位。在《高等教育法》的法律条文当中，有关国家、国务院、行政部门、高校等各级管理部门的职权规定占据了全法的大半，而关于教师和

学生两个重要主体的内容仅占有很少的部分，其内容也不够具体和详细。面对高等教育法内容结构方面出现的突出问题，教育立法应当将权利的设定控制在一个合理的范围之内，同时更要兼顾教师和学生这两个重要主体权利的赋予和规定。

第二，完善权利保障规范的内容。在高等教育立法当中，管理性和授权性的内容较多，而相应的救济内容很少，这反映了在立法的过程中仍然存在重管理、轻救济的观念。在相关的教育法律法规当中规定政府或者主管部门职权的同时，应当制定相应的责任和救济条款，为高校、管理者以及学生制定一个科学合理的法律法规体系。

第三，增加程序性规范的内容。高等教育法律法规当中，执行规范较多，而程序性规范较少，这样的比例失调源于对权利规范的缺乏。"程序先于权利，程序就是法律，离开程序规则，法律寸步难行。"应简化和精炼职权和权力的规定内容，增加相对应的职权和权力如何使用和运作的程序性内容，并加以明确界定，特别是对于重要相关主体的权利内容更应当增加程序性条款。

1. 平衡教育立法的滞后性和前瞻性，提高法制体系与现实需要的适应性

立法和法律制度建设自身就带有一种不可避免的滞后性，同时现代的立法又要求其具有一定的前瞻性。目前，立法体系仍需完善，法治建设落后于现实需要，导致高校出现的某些法律纠纷无法可依，高校疲于应付的问题严重。应当通过建立科学合理的立法评估、改变立法观念、加强法律法规的规范性等方法，平衡教育立法的滞后性和前瞻性，提高法制体系与现实需要的适应性。

第一，建立科学合理的立法评估。立法评估就是在法律法规制定出来并实施以后，由立法部门、执法部门、利益相关者、专家学者等，运用社会调查、定性分析、定量分析等科学方法，针对法律法规在实施中的效果进行诊断性的评价，以及时发现存在的缺陷并加以修正。

第二，加强法律法规的规范性。立法技术较为落后等原因造成了当前高等教育法律法规术语的规范性较差，口号式、宣言式的表示较为多见，其可操作性很差。立法部门应当切实提高立法技术，规范法律法规的术语，减少口号式的表述，增加具有可操作性的内容和条款。

2. 树立权、责、利相统一的立法观念，完善权利救济的相关内容

高等教育法律法规是以教育活动和教育现象为对象的，其法律的设定应当从高等教育的实际出发，把握其发展规律和特征。传统的教育管控模式已经无法适应现代高等教育发展的规律和特征，现代高等教育法律法规应当更加注重主体权利的保障，因而权、责、利之间的关系应当尽可能地平衡。在立法的过程当中，应当将三者紧密联系起来，使三者能够配套，并且控制在一个合适的比重范围之内。

在高等教育立法中，对权利救济内容的规定模糊，存在歧义和定义不清的现象，应当从以下两个方面完善权利救济的相关内容：第一，在高等教育法律救济渠道不畅的时候，用其他的法律救济渠道对高等教育的法律现象进行解释，通过援引行政救济、民事救济等方式保障相关主体的权利；第二，通过立法后评估，对法律法规进行有针对性的创设、修改、解释等，同时

要明确和清楚权利救济的方式方法、程序、诉求机构等权益保障渠道。

二、微观体系——健全高校学生管理的规章制度

（一）高校学生管理规章制度制定的标准

学校校规是学校内部制度的一个重要组成部分，是学校为保证教育教学活动的正常秩序而制定的规范学生并对行为失范的学生进行教育、处理的各种规章制度。高校学生管理规章制度是依据法律法规，结合学校的实际情况，按照一定的程序和标准制定的，规范学生管理的各项工作和活动，对高校内部的相关主体具有约束性的章程和规定；是高校学生管理工作法治化路径的必要前提，通常以其大学章程为总领，形成一个从高至低，从粗至细的环环相扣的网络，对学校的各级事务进行有序管理。

因区域、政策、经济等各方面的因素，高校之间的差异性较大，而高校学生管理规章制度的制定应当根据本校的具体情况而制定，其依据的标准也不尽相同，择其适者而用之才是明智之选。为了更加明晰高校学生管理规章制度制定的标准，可以从四个方面进行探究和分析。

第一，从作用的范围和程度的方面来看，高校学生管理规章制度可以分为大学章程和一般性质的规范性文件，大学章程是高校的"基本法"，一般性质的规范性文件是大学章程的细化与执行，同时也受到大学章程的约束。

第二，从规章制度制定所遵从的依据来看，一方面是国家教育法律法规明确授权给高校的，高校严格依照法律法规制定规章制度，是高校学生管理法治化建设所依据的一项基本规范；另一方面是高校依据本校实际情况和区域发展特征，自主制定高校的规章制度，其体现出的特征是法不禁止即可为和因地制宜。

第三，从高校学生管理规章制度的内容上来看，包括程序性规范和实体性规范两个方面。程序性规范是对学生管理各项事务的执行方式和方法形式等的规范；实体性规范是对职能部门的职权、权利和义务的规定。两者的关系是相互依存的，在规章制度的制定过程当中应当是配套和相互补益的。

第四，从高校学生管理规章制度涉及的相关主体来看，包括管理者、教师、学生三个重要主体，管理者和教师以满足学生最大利益需求为目的，规章制度当中应当明确三者之间的关系，并通过程序性规范和实体性规范确立学生的主体地位。

（二）高校学生管理规章制度制定的原则

高校学生管理规章制度是高校管理学生各项规范的"基本法"或"母法"，其所具有的法律地位是由国家制定的《教育法》和《高等教育法》所授权的，是高校内部运作的基础，引导和规束校内其他规定的内容。同时，高校的规章制度是高校自主权和自治权的充分象征，高校能够根据自身的特点和发展规划来制定章程，为高校服务区域发展甚至是引领发展提供必要的

条件。建立健全学校章程制度，可以更好地落实学校自主权、促进学校建立和完善自主办学、自我发展和自我约束的机制，促进现代学校制度的建立，便于政府对学校的管理和监督。同时，由高校制定的学生管理规章制度属行政行为（抽象行政行为），因此，该类行为的实施应当遵循行政法的基本原则。依上所述，高校学生管理规章制度的制定应当遵循以下原则：

第一，法律优先原则，是指上一层法律规范的效力高于下一层法律规范的效力，下一层阶的法律规范必须与上一层阶的法律规范保持一致。高校根据国家的授权，有权制定学生管理规章制度，并有权对在校生实施教学管理和违纪处分，其必须以符合法律法规的规定和保护当事人合法权益为前提。高校学生管理规章制度的效力自然是低于法律的效力，高校制定的规章制度必须依照上一层法律法规，如果产生冲突，和上层法相抵触的高校学生管理规章制度是无效的。

第二，合理性原则，其包括两层含义，一方面是高校制定学生管理规章制度必须从实际出发，自主地制定符合学校发展的规范。这就要求高校尊重客观事实、遵循教育发展规律、注重发挥自身特色等。另一方面是高校学生管理规章制度的制定、实施程序、内容条款、处分标准等都应当体现公正合理的法理精神，尤其是对学生的违纪处分，防止对情节轻微的违纪行为给予过重的处分。某些高校在制定规章制度的时候，没有考虑保障学生权利，而仅仅是从便于管理的角度出发，致使侵犯学生权益的事件时有发生。在依法治校的构建过程中，任何的管理者、教师、学生都应当具有权利保障的意识。

第三，科学性原则，是指高校学生管理规章制度应当体现科学严谨和具备法律性文本的基本要求。规章制度的科学严谨主要是指内容简明、术语规范、内容真实、结构合理、注重实效等；同时，具备法律性文本的要求是指要具有科学的结构体系、内容体系、制定程序严谨明确、可操作性强等。

第四，程序合法原则，是指必须严格按照法定程序制定学生管理规章制度。高校学生管理规章制度以及其他的校纪校规的制定都应当遵循程序公正原则和法律规定，以民主、公开的理念为核心，把民主参与和信息公开作为学生管理的重要途径和手段。在制定或者修正学生管理规章制度的时候，应当请学生参与讨论，并提出合理的意见和建议。这样可以使重要的相关主体能参与到规章制度的制定过程中，学生的需求和声音也可以通过正当的途径得以表达，以充分体现民主、公正、以人为本的管理理念。

（三）强化高校学生管理规章制度的合法性和合理性

现代高校的学生管理是在国家宏观调控的法律法规和政策的指导下，依法自主办学，面向社会，在保障目标统一、权责明确、高效有序的同时保持自由、民主的氛围。高校学生管理的规章制度是依据高等教育法律法规制定的，是它的拓展和延伸，应当严格遵照国家的法律法规来制定和执行规章制度。

高校学生管理的规章制度是规范的主要表现形式，是微观层面高校学社管理法治化路径的主要依据，应当从法理学的角度去寻求高校立法机制的合法性和合理性，具体应当从以下三方面着手实施：

第一，明确界定高校的法律地位，使高校的学生管理规章制度更加合法化和合理化。高校的法律地位决定了其学生管理规章制度的制定方向，也就是说，自身的角色决定其具有何种运行规则。例如，高校如果是民事主体的身份，那么其规章制度会有很多民事契约的内容；如若是行政主体的角色，那么其规章制度会有较多行政规范的内容。目前，高校的法律地位并未有明确的界定，学者们对其的争论颇多，其还处于悬而未决的状态，以致高校在制定规章制度的时候缺乏自身法律地位的依据。

第二，高校学生管理规章制度应当充分体现高校自治权的作用和内容。高校自治权一方面是为了高校能够抗拒政府、社会、市场等带来的消极影响；另一方面是为了根据学校自身现状和区域发展情况来制定规章制度和实施办学。高校自治权法律机理主要源于两种机制的作用：其一就是直接依法律而形成，是公权力的内部渗透，因而其规则遵守依法而治原则，"法有规定才可为"；其二就是依法律保障而形成，是私权力自主诉求结果，因而规则遵循与法不相抵触原则，"法无禁止即可为"。在制定高校学生管理规章制度的过程中，既要严格遵循国家的教育法律法规，又要符合高校的发展规律和特点，运用宏观与微观相结合的方法，促进高校的长期可持续发展。

第三，建立高校平等主体间契约关系的规章制度，要求高校学生管理规章制度在自觉、自愿、公平、民主的氛围中展开。应当摒除当前高校规章制度中存在的隶属性法律关系、身份强制的主体地位、管控与服从管理模式，要全面转向平等性法律关系、契约自愿的主体地位、引导和服务的管理模式。高校学生管理的规章制度应当在学校、教师、学生等主体之间构建平等主体间的契约关系，着重彰显主体平等性的地位和教育公益服务的职能。

（四）落实审查机制保障高校学生管理规章制度的规范

高校在制定学生管理规章制度时，具有比较广泛的自由裁量的余地，以致高校在行使管理职权时常发生侵权纠纷。为了保障规章制度的质量和效力，高校学生管理规章制度基本内容的制定和修改应当经过严格的审查程序，对其合法性、合理性、科学性等进行审查。

高校学生管理规章制度的审查机制包括两个部分：第一，外部审查机制，指的是上一级教育行政部门对高校的规章制度加以审查，并提出修改建议，高校根据建议及时修改不合理的内容；第二，内部审查机制，指的是高校专门设立审查机构，并赋予其审查权，负责规章制度的制定、修改、废止等工作。

对于学生管理规章制度的审查应当遵循三个原则：第一，合法性原则，审查其是否与国家的法律法规保持一致，不得与国家制定的法律法规相抵触；第二，程序正当原则，规章制度的各项程序应当注重民主参与和公平合理，特别是关于学生处分的内容更应严格谨慎地审查；第三，平等性原则，严格审查规章制度中带有歧视性质的内容，保障给予每个学生以平等的机会，始终贯彻人人平等和以人为本的思想。

第二节　法治观念与法治文化互相促进的高校学生管理法治化路径

　　法治观念的树立与塑造法治文化环境分不开，两者相辅相成、互为支撑。一方面，法治观念的树立能够为高校学生的生活创造一个健康、良好的法治校园环境。法律观念树立之后，学生认可法律、尊重法律、崇敬法律，他们不仅能够学习到很多法律知识，而且还能够运用法律来保护自己的权益不受侵害。除此之外，学校的领导、学校学生管理工作人员拥有良好的法律信仰，依法管理、依法行政。在这样人人懂法、人人用法的校园环境里，能够塑造良好、健康的高校法治文化环境。另一方面，法治观念的树立离不开良好、健康的法治文化环境，在良好的法治环境中，学生可以慢慢地学习法律知识、培养法律兴趣，当自身受到侵害时用法律的武器来维护自己的权益，养成守法、用法的良好习惯，树立正确的法治观念。下面我们就谈谈如何树立法治观念，如何塑造高校法制文化环境。

一、树立法治观念

　　要培养高校学生的社会主义法治观念，首先必须理解什么是社会主义法治观念。社会主义的法治观念是指社会主义国家的公民对社会主义法治的正确认识，是社会主义国家公民形成的一种自觉遵守法律的意识和观念。社会主义法治理念包含了"依法治国、服务全局、公平正义、党的领导、执法为民"五个方面的重要内容。依法治国是社会主义法治理念的核心内容，是党和国家领导人治理国家的基本方略。社会主义法治理念下的学校也应该实行"依法治校"，否则会偏离社会主义法治理念的办学思想，高校实行"依法治校"也是我国实行依法治国的重要内容和必要途径。高校学生是社会主义法治国家的建设者和接班人，其法治观念的强弱、法律素养的高低，直接影响了"依法治国、依法治校"策略的实施，因此培养高校学生的决治观念具有重要的意义。

　　法治观念从其对法治的影响来看，可以分为积极的法治观念和消极的法治观念。积极的法治观念是指经过历史的洗礼而沉淀下来的中华民族的智慧和经验，它是经过世世代代、祖祖辈辈相传一种约定俗成的规范，是中华民族法律文化的重要组成部分，也是法治观念的源泉和基础，是我们需要传承和弘扬的；消极的法治观念是指如等级观念、权利观念、人治观念等与现代法律观念冲突、违背的思想，并以其顽固的惰性阻止着现代法治化的进程，是我们需要剔除和清理的，因此法治观念的塑造和培养必须要突破中华民族传统法律观念的藩篱，超越传统的法律观念。也就是说，我们需要在传统法律观念的基础上，既要继承和发扬传统观念中的优良成分，也要消除消极观念中的负面影响，这过程一定任重而道远。因此，要想实现高校学生管理法治化，首先必须要转变思想、树立正确的法治观念。具体可以从以下三个层面开展：树立

"以人为本、依法治校"的高校学生管理工作理念；提高学生的法治修养，培养法律思维方式；提高高校学生管理工作者的守法意识，确立并强化依法治校的办学理念。

（一）树立"以人为本、依法治校"的高校学生管理工作理念

知法、懂法、守法是实现高校学生管理工作法治化的前提和基础。辩证唯物主义认为，物质不以人的意识为转移，是人意识所反映的客观存在，物质能够决定意识，意识对物质具有能动的反作用。树立高校学生管理工作者的法治观念是其依法办事的重要前提，真正从思想上认可法律、崇敬法律、确立依法行事的行为准则，并将这种思想贯彻到学生工作的各个方面，尊重和维护学生的权利，这是实现高校学生管理工作法治化的思想基础。

党的十六届六中全会中提出了九大目标，其中依法治国放在了九大目标的第一位。依法治国是最重要的，也是实现其他八大目标的基本前提和根本保障。同样，如果高校管理缺少了法治化，那么高校的管理工作就极有可能偏离社会主义办学的方向，影响高校管理工作的正常运行，甚至有可能阻碍高等教育体制的改革。因此，树立以人为本的思想、确立法治化的管理方式是我国高校发展的内在要求。具体说来，可以从两个方面进行努力：

第一，重新认识"法治"的概念，要想实现高校学生管理工作的法治化，首先必须要正确理解"法治"的内涵。"法治"包括两层含义：良法之治和法律至上。"法治"作为一种制度性文化，包含着"公正""公平""分享"等原则，学校管理法治化的本质就是要求学校管理者在管理中体现"法治"的精神，并把法律作为最高权威，依法办事、依法决策，把高校的管理工作逐渐纳入法治化轨道。"法治"并不是一个静态的概念，其中的"治"并不是管制、辖制的意思，而是指管理，并不是要求并强迫学生执行高校的管理规定，而是需要调动学生的自愿性、自觉性去遵守学校的规章制度，从而实现高校学生管理工作的法治化。

第二，中华民族传统的法律观念是我国法律文化的重要组成部分，它始终影响着现代法治建设的进程，其中的积极因素凝结成人们的经验和智慧，是我国实现法治化的基础和源泉，其中的消极因素普遍存在于人的潜意识中，成为实现法治化道路的绊脚石。通过调查我们发现，在高校的管理过程中，相关人员往往受到传统法治观念中"人治"思想的影响，缺乏相关法律的，规范，因此，高校学生工作的管理者需要剔除错误的思想观念，确立以人为本、法治化的学生管理理念。在高校学生管理工作中，人是最基本也是最核心的要素，以人为本就是要重视人的需要，强调人的主体性、能动性，其根本目的是实现人的全面发展，学校的教育同样如此。因此，高校的管理工作同样也需要确立"以人为本"的思想观念。高校学生具备两种身份：一种是"社会人"，另一种是"学校人"。在具备基本公民所拥有的权利之外，还要具备受教育者所享受的一系列的权利，所以，应确立"法治化"和"以人为本"的高校管理工作理念。也就是说，在强调依法对学生进行管理的同时，充分地保护高校学生的个性化发展，只有这样才能够确保高校学生管理工作的民主性和法治性，才能形成良好和谐的校园环境。总而言之，高校学生管理工作者需要从学生的基本需要出发，树立高校管理工作的服务意识。除此之外，高校管理工作者还需要充分地尊重学生、强化学生的主体意识和责任感、提高学生自我管理的积

极性，这些观念的实现将有利于高校学生管理工作的顺利开展。

（二）提高学生的法治修养，培养法律思维方式

对于高校学生法治观念的培养需要从以下几个方面努力：

第一，从根源上消除传统法治观念中的错误思想认识。在历史的进程中，中国的传统法律观念中存在消极的一面，这种消极的思想存在于大多数人的潜意识之中，并严重阻碍了现代正确法律观念的树立。传统的人治观念不仅产生轻权利、重义务；轻人本、重秩序；轻程序规范、重道德抽象，而且还使法律工具主义和法律虚无主义思想蔓延。"刘某案""田某案"恰恰反映了人们在法治观念上的误区，虽然案件已经结束了，却有很多人对这些事件展开了讨论。大部分人持有的观点是："法院的判决不合理，支持学生的诉讼请求容易使学生放任自流，从而使学生产生不良行为。"这种思想认识与现代法治观念相背离，究其实质是传统法治观念中人治的思想在作怪，对于学生的管理工作，学校管理者需要用多种方式对学生进行引导教育，一味地强调管理、服从，尤其是偏离法律轨道的管理，难免会对学校的管理产生不良的影响。有许多学校学生管理工作者将法制、道德教化简单地对立，这是一种错误的思想，它们之间相辅相成、互相依托、相互促进，但是它们之间又各有界限。因此，我们不能简单地将它们对立，只有把它们结合起来，才能提高学生管理法治化的科学性和有效性。

第二，培养学生的法律信仰。信仰是人的最高意识形态，能够给人强大的动力和能力。法律信仰并不是靠简单地学习法律基础知识，法律的强制、威严、强迫而形成的，而是社会公民出自内心的认同，对法律产生归属感、崇敬感，只有公民产生了法律信仰、法律的至上性和权威性才能够确立并得到维持。除此之外，法律信仰还可以拉近人们与法律之间的距离，使人们认识到法律不是一种障碍而是生活中的一部分。总而言之，建立起人们的法律信仰，使他们对法律产生崇敬感和归属感，对于实现高校学生管理法治化不仅是必要的，而且非常重要。

第三，强化学生的守法精神。具体说来，守法精神可以分为三个层面：一是守法是主体心甘情愿的，一种道德义务。二是守法不能靠强制、压迫，那样只能让人们产生服从意识。三是守法是一种权利。这里我们所讲的守法精神是指主体不仅要遵守法律，而且还要把守法当作一种义务，从被迫变成自愿，由强力守法变成良心守法。总之，提高学生的法治修养不是一蹴而就、一朝一夕的事情，而是一个渐进的过程。具体说来，提高学生的法治修养，培养法律思维方式的途径如下：

1. 加强学生法学理论和知识的学习

相关调查表明，多数高校法律教育的主要途径是通过公共课"思想道德修养与法律基础"来进行的。随着社会、经济的不断发展，高校学生与学生之间、学生与教师之间的关系不断发生改变，问题也层出不穷，仅仅依靠单一的法律基础公共课不能够满足学生对法律知识的需求，开设以案例为导向的"行政法""民法""劳动合同法""经济法"等多种法律选修课非常有必要，使学生在案例中加强对法学理论知识的认识。

2. 在校园内开展多种形式的法治实践宣传活动

在高校校园内可以定期、分阶段地开展法治知识讲座、法治知识竞赛，请高校法治方面的专家做法治知识专题讲座。除此之外，高校应设立法律咨询中心，为学生在实际生活中遇到的法律问题提供帮助和解答。

3. 开展实践性教学活动

例如，开展模拟法庭实践教学活动，由学生扮演法官、检察官、当事人、律师等角色，通过这种形式的教学可以充分调动学生学习的热情和积极性，还可以将模拟法庭实践教学活动在校内公开表演，塑造健康的校园法律环境，为高校学生管理法治化奠定法律文化基础。

（三）提高高校学生管理工作者的守法意识

高校学生管理工作者具备守法意识是其依法办事的前提。提高高校学生管理工作者的守法意识有以下三个方面的作用：首先，提高高校学生管理工作者的守法意识，有利于实现高校学生管理法治化。我国高校学生管理工作法治化才刚刚起步，许多方面还存在欠缺，许多对于学生的管理行为还缺乏相应的法律法规，因此，提高学生管理工作者的法治精神，才能够在缺乏法律法规的情况下，实现对高校学生管理工作的法治化。其次，提升高校学生管理工作者的守法意识，有利于依法制定高校学生管理法规。在高校学生管理工作中，如果学生管理工作者有意违反或者钻法律法规的漏洞，则无法实现高校学生管理工作的法治化。最后，提高学生管理工作者的守法意识有助于弥补现今高校学生管理工作的弊端。经过调查发现，我国高校中的规章制度违法、侵害学生权利的现象还比较多，究其原因就是因为学生管理工作者缺乏守法意识。总之，有必要提高高校学生管理工作者的守法意识。

具体说来，可以从以下四个方面提高学生管理工作者的守法意识：第一，高校学生管理工作者要改变传统的管理思想，确立"以学生为本、学生权利至上"的管理理念，注重用"学生权利至上"的理念对学校学生管理工作中的问题进行重新审视。第二，提高高校学生管理工作者的法治观念，高校可以通过举办专题讲座等方式，提高管理者的守法意识、法治理念。与此同时，管理工作者要自觉地养成严格的依法管理的自觉性，遵守行政法的要求，按照法律的规范行事。第三，建立合理的守法监督机制，提高管理者的守法意识，仅仅依靠引导和教育是不够的，还需要外在的监督管理机制，如果高校学生管理工作者在管理工作中做出违反规章制度的事情，就应该受到相应的惩罚，承担一定的法律责任。第四，建立合法的管理者，科学的工作程序，用由学、合法的工作程序来确保高校学生管理工作者对法律的遵守，使其工作都在符合法律规范的程序内有条不紊地进行，从某种意义上来说，管理者按照程序管理办事就是守法的过程。

（四）确立并强化依法治校的办学理念

依法治校是我国社会主义的办学理念，也是实现依法治国基本方略的必然要求，是加快高等教育改革、推进教育法治化的重要路径。高校确立法治化的办学理念有助于利用法律法规解决高等教育改革中出现的新问题和新情况；有利于推进学校教育行政部门职能的转变；有利于保证学生的权益。确立高校法治化的观念有以下途径：第一，改变高校管理工作中重程序、轻人本，重惩罚、轻救济等传统观念，培养学生管理工作者和学生对法律的认同感、依赖感，逐渐形成法律信仰。第二，高校要兴起学法的浪潮，学校的各级领导要带头学习法律，要依法对学校的事务进行管理，在校园内还要经常举办法治教育讲座，积极鼓励学生和学生工作管理者自学。第三，要特别加强高校学生管理工作者的法律意识，培养他们的平等观念、公正精神、法治理念等，并以法律法规来规范自己，尊重学生并为学生的全面发展创造条件。第四，在学校内部设立法律咨询服务部门，为教师、学生提供法律咨询方面的服务，形成灵活多样、形式多样的法律教育活动。

二、塑造高校法治文化的环境

环境对人的学习和成长有巨大的作用，中国古代家教中"孟母三迁"的故事，是中华民族源远流长的喻世明言，孟母为了给孩子创造良好的学习环境，不惜劳苦迁家三次。孟子后来成为我国著名的思想家、教育家、哲学家，对中华民族的思想影响很大，被尊称为中国的"亚圣"。由此可见环境对人的重要性。环境塑造人，同样也影响人。人生活在不同的环境中，性格也必然不同，即使同样的环境，在不同人的身上也会有着不同的性格。如果一个人在一个积极向上的群体里，他会受到群体氛围的影响奋发积极起来，并且逐渐被正能量充满。如果经常在一个散漫堕落的群体里生活，如果没有坚强的意志、没有"咬定青山不动摇"的信心，那么这个人极有可能被群体所同化，因为人都有惰性。当身边的人都沉浸在一种安乐、不思进取的状态下，即使再勤快、再优秀的人也会慢慢变成斗志全无的人。同样如此，如果高校的学生生活在一种法治混乱、不依法办事、藐视法律的环境中，那么他们很容易受到这种环境的影响。久而久之，学生可能会经常出现违法乱纪、不尊重法律的现象。与之相反，如果高校学生生活在一种依法办事、法律至上、尊重法律、崇敬法律的校园环境中，学生长期受到这种氛围的熏陶，那么学生就很容易认可法律，形成法治修养和法律信仰。

法律意识的养成不仅要靠对法律知识的学习、运用，而且还要为学习者塑造法治文化环境，因为法律意识的养成是在一定的外部环境下形成的。因此，高校学生管理工作法治化的实现也同样需要塑造法制文化环境，学校需要努力创设一切条件服务学生，保障学生的合法权益，这是高校实现法治化的基本要求。高校创造一种公平、法治的校园环境，能为高校学生创设、实施活动提供强有力的支撑，也能为高校学生的健康成长提供保障平台。当高校学生们形成了法律信仰之后，就会在生活学习中信任法律、运用法律。在现实生活中，当他们的合法权益受到侵害时，就会自觉地运用法律武器去维护自己的权益。一般来说，环境分为物理环境和精神环境两大类。物理环境主要是指那些可以真实观察到的、客观的环境。例如，教室环境的设置、学生座位的安排、墙体的颜色等，都属于物理环境。精神环境主要是指那些经过时间的洗礼、被人们保存和继承的优秀的精神文化产品，如"雷锋精神"、尊老爱幼、尊敬师长等精神。同样，高校学生管理环境也分为物理环境和精神环境两大类。如今随着国家经济的快速发展，社会环境、校园环境发生巨大变化，这就使高校学生管理法治化工作变得更加困难，因此从物理环境这方面来说，高校的管理者需要制定科学合理的规划、周密的部署，加强对校园环境的有效治理，为保障学生的合法权益提供良好的校园法治环境。精神环境方面，应进一步加强学校校园法治文化建设，尊重学生的主体地位，保障他们的权益不受侵害，努力营造与社会所需人才相适应的学校学习软环境。因此，塑造高校浓厚的法治氛围，为学生学法创造良好的学习场景，提升学生的法律知识和法治意识。这不仅能够促进高校学生管理工作法治化，而且还是我国素质教育的重要内容。高校学生管理的法治环境可以分为高校的内部法治环境和高校外部的法治环境。

（一）加强宣传教育工作，积极创设高校内部的法治环境

学生的成长和发展离不开校园内部法治环境的塑造，学校内部法治环境的塑造作为校园文化建设的一部分，是实现高校学生管理工作法治化的前提和基础。然而近年来，高校把主要精力都放在扩建、扩招和增强教学质量上面，忽视了高校内部法治环境的建设和优化，甚至有些高校内部的法治文化环境出现倒退和恶化的趋势。

高校内部法治环境的缺失主要表现在以下三个方面：首先，学生作为违反犯罪主体的现象持续增高，如北京大学的安然故意杀人案、药家鑫案、林森浩事件等，这些事件还历历在目、阴霾未散。北大法学院教授康树华所做的一项研究表明：近几年来，青少年犯罪占到社会刑事犯罪的 70% ~ 80%，其中大学社工犯罪比例约为 17%。其次，大学生作为受害主体的违法犯罪活动日益增多，大学生被骗传销案、女大学生被骗色、网络诈骗等事件层出不穷，这些事件都有一个共同的特点，犯罪分子利用大学生法律意识薄弱、自我保护意识差对其财产和人身进行侵害。最后，双方当事人是高校校园主体的纠纷诉讼和非诉讼的案例呈上升趋势，早年的田某案、刘某案、怀孕女生被勒令退学案到云南 74 名乙肝学生被勒令退学案等，这些案例都是高校校园法治建设缺失的表现。上面这些案例和现象无不表明加强校园内部法治环境建设迫在眉睫。

具体措施如下：第一，在对高校学生管理的工作人员进行培训时，需要增加教育方面的法律法规知识内容，在培训中应该结合具体的案例，使理论与实践相结合，强化他们依法管理学生事务的能力。第二，做好高校法律法规的宣传工作是创设高校法治环境的重要措施。如今我国已经出台了许多关于高校的法律法规，但是由于落实工作的不到位、宣传工作的不到位，使许多高校的学生甚至教师都对其不甚了解。因此，非常有必要加强对相关法律法规教育的宣传，把相关法律法规的宣传、学习工作贯穿到日常的学校工作之中，而且还需要具有持久性，要做好打"持久战"的准备。除此之外，还要经常在高校党政领导中进行相关法律法规教育的宣传工作，让他们认识并且学习法律法规的重要性，使他们更好地为学校学生管理的法治化工作而服务。第三，充分利用学校校报、校园广播、学校贴吧和论坛、校园网络平台、校园宣传栏等多种媒体和传播手段，在校园里面形成"处处讲法、处处有法"的法律学习环境，以提高学生

的法律意识和法治观念。第四，邀请一些专职的司法工作人员指导构建大学生法律援助组织，同时与司法专业机构保持联系，营造良好的法治学习环境。

（二）优化校园的外部环境，塑造良好的学生管理外部环境

高校学生管理工作的法治化离不开健康、法治化的外部环境，我们这里所指的外部环境主要包括学校的周边环境和社会环境。高校学生的法治管理不仅是指在校园内对学生进行依法管理，而且也指与学生有关的校园周边环境和社会环境。如果学校学生管理工作者只重视校内对学生进行依法管理，而忽视校外与学生有关事情的依法管理，虽然抓住了事情的主要矛盾，但是忽视了次要矛盾，因而是片面的，不能起到良好的效果。

因此校园外部环境的依法管理也非常重要，我们主要从以下几个方面提出建议：第一，优化学校周边的社区环境。学校不是一个孤立的团体，它与社会保持着紧密的联系，因此学校的安全和稳定离不开学校周边社区的建设。随着校园的开放和学生生活水平的提高，学校的生活住宿条件不能满足学生的需求，很多学生开始在学校周边社区租房，并且租房的比例逐年增多。所以学校和社区共同抓好社区的管理工作，不仅有利于学校学生的管理工作，而且还能够减少社区违法行为的发生。第二，建立一个安全的校园周边环境。教育部和公安部非常重视校园周边环境的安全，公安部不仅经常派相关人员到学校进行安全知识讲座，而且在学校周边偏僻的地方设置专门的岗亭来保护学生的安全。除此之外，高校应该和当地派出所签订安全责任书，聘请相关人员担任安全巡视，并建立一套高校安全应急措施。第三，制定高校安全保障措施。我国曾颁布《普通高等学校学生安全教育及管理暂行规定》《高等学校校园秩序管理若干规定》等，随着社会、经济的发展，学校的内部环境和周边环境发生了巨大的变化，高等学校面对日益复杂的学生群体和多变的环境，应该在不与法律冲突的情况下，根据自身的特点，依法制定相应的高校安全规章制度和安全措施。

第三节　法治管理制度建设与教育行政执法机制相互配合

一、高校学生管理制度的法治化建设

高校学生管理制度的法治化是相关主体必须遵守的秩序和规则，为了稳定和持续群体活动和社会关系的法则，在高校的这个特定场域当中相对稳定和正式的规范体系，同时也是集体行动控制个体行动的外在表现形式。从此定义中可以看出，高校学生管理的法治制度具备以下四个特点：第一，法制性。高校学生管理制度应当根据国家的法律法规和高校规章制度去制定和实施，其应当始终贯彻和遵循依法治校的根本理念。第二，确定性。明确规定相关主体的责任、权利、义务，还包括对行为的规范以及相对应的处罚措施。第三，公平性。制度所涉及的对象，

无论身份、性别等，在相同性质的事务当中，都要遵循相同的规则。第四，权威性。制度对于其执行者和对象具有强制性的约束力。

高校学生管理制度的法治化对高校的法治化建设具有重要的作用和意义，集中体现在以下几个方面：第一，法治管理制度作为一种规则的存在，为了达到建设高校学生管理法治化的目的，规范人们的行为，制度的内容决定了人的行为方式、方法等；第二，法治管理制度是高校生存和发展的基础，法治制度将民主、自由、公平等法治理念融入制度的规范当中，不仅仅是在口头和形式上，而是形成一种规则在运行，这是现代大学生存在和发展的基础和前提；第三，兴利除弊，管理制度涉及高校学生管理事务的各个方面，在一个比较广泛的范围内能够有利于高校法治化建设的事务，同时也能够对阻碍高校法治化建设的事务予以规范和惩罚。

（一）高校学生管理制度法治化建设的理念选择

高校学生管理制度的法治化建设是高校人才培养的保障，制度建设的合法性、合理性、科学性的程度取决其所扎根的理念。理念是制度建设的根基，如果理念本身存在严重的误区或认识不清的情况，那么也就很难保障法治制度建设的质量和效益。

我国高校学生管理制度的法治化建设理念坚持中国特色社会主义法治体系，并始终贯彻社会主义民主与法治建设的目标和实践发展。随着依法治校、依法执教的理念不断深入人心，高校的法治管理制度建设也渐渐步入轨道。中国特色社会主义法治理论，强调要不断推进法治理论创新，扎根于中国的国情和特点，遵循社会发展规律。这一理论是马克思主义法学理论体系的重要组成部分，充分体现了一切为了人民的利益这一基本原则，是中国特殊国情与世界法治文明建设进程的连接，遵循着现代性法治的普遍要求和一般性规律。中国特色社会主义法治理论是中国法治化建设和实践的先导，更是高校学生管理法治制度建设的指导，法治理论的科学性和先进性的程度决定了制度的文明和合理程度。

运用中国特色社会主义法治理论来建设高校学生管理法治体系，需要注意以下三个方面：第一，现代大学管理制度建设与现代大学法治建设的关系是统一在依法治校的路径之上的，管理制度的建设是法治建设的保障，同时法治化是现代大学的重要特征，也是大学发展的必然要求；第二，在学习和引荐国外大学法治管理制度的同时，要充分考虑中国和区域的特殊情况，取其精华去其糟粕地吸收国外的经验，同时要加强对符合国家和地方发展的制度建设的研究，发挥科研力量在制度建设中的监督、反馈、促建的功能；第三，坚持以改革创新为动力促进高校学生管理法治管理制度建设的进程，使管理制度建设立足于国情、省情和学生实际，同时要顺应时代的要求。

同时，还要清晰定位高校学生法治管理制度建设的属性关系：第一，明晰教育和行为规范的关系。高校的教育和活动涉及思想品德、心理素质培养、社会服务等思想建设层面的教育事务，那么在法治管理制度建设和实践的过程中应当注重制度建设和学生思维思想的培养结合。第二，要认清制度约束和道德约束的关系。管理制度的权威性决定对相关的主体具有强制性的效力，而道德约束是从个人的品德修养和社会性规范共同发挥作用的价值体系，在学生管理法治建设的相关事务当中，有些需要用管理制度强制性执行，有些却不适宜用强制手段，要针对不同的事务来确定是采用制度约束还是道德约束更为合适，其最终都是以学生的发展为目标。第三，高校法治管理制度与政策之间的关系。高校的管理制度建设要在政策指导和大学自治之间寻找一个适宜高校自身发展的平衡点或者路径，避免过度依附于政策或者脱离政策指导的两种极端倾向。

（二）高校学生管理制度法治化建设的主要内容

高校学生管理制度的法治化建设是依据我国的法律法规，如《教育法》《高等教育法》《普通高等学校学生管理规定》等，同时还要围绕《教育规划纲要》和《实施纲要》提出的要求以及相关主体的需求，进一步增强建设现代大学法治制度的科学性和合理性。

法治的管理制度是现代大学的重要特征，完善的法治制度建设和实践能够使刻在石碑上、写在书卷中的大学理念和精神指示真正在实践中得到贯彻和落实，并进一步内化为师生的内驱力。所以，高校学生管理法治化建设不单单是现代大学的必然要求，更是高校能够高效、可持续良好运转的根本保障，其作用是广泛而深远的，是高校内涵式发展的有效路径。

高校学生管理制度的法治化建设应重点围绕大学的管理体制与运行机制来进行，其主要内容包括：第一，依法建立分工合理、职责明确的内部治理组织机构，并形成精干高效的教学、科研、社会服务、管理、执行和校内服务团队；第二，有一整套健全、完善、管用、充满活力的制度保障体系，且能不断革新、完善、与时俱进；第三，依规合理配置和平衡学术权力与行政权力，保障教师、学生的学术自由，使基层学术组织充满活力，在学术性事务、学术性评价、考核、晋升等方面真正发挥"教授治学"的作用，体现学术自治、创新和学术至上的原则；第四，有较为完善的激励制度和评价机制，保证教师专心从事教学科研，培养人才，创造成果，保证学生勤奋学习，发展个性，全面提升素质；第五，合理界定自己的办学使命和特色，并通过规章制度使其稳定和规范，不断促进内涵发展，提升办学理念，创新办学思想，面向社会依法自主办学的绩效得到校内外的广泛认可；第六，校园文化浓厚，民主和谐，秩序井然，校风优良，学风严谨，人文法治环境幽雅。

（三）高校学生管理制度法治化建设遵从的原则

实现高校学生管理制度的法治化建设，是高校依法治校建设的重要基础和组成部分，其本质是法治建设和学生培养的完美融合，体现了民主精神、公平正义精神、善治精神、理性精神以及和谐精神的统一。高校学生管理要实行法治制度建设，必须充分体现法治精神，这就要求高校的制度建设和实践要坚持以下法治原则：

第一，合法性与合理性同行的原则。合法性原则是指高校学生管理法治制度必须以国家法律法规为依据、符合法律，绝不能与法律相抵触。合理性原则是高校所制定的制度要符合学校的实际，尊重师生的切实需求，制度的内容和实施要客观、适度、符合理性。法治制度建设应当同时兼顾合法性与合理性，使两者相得益彰，互相补益。

第二，实效性原则。实效性原则是指高校学生管理制度的可行性、可操作性，以及实施效果所要达到的目标。在制度设计、制度实施、制度监督与评估的过程中，要注重制度的科学性、可操作性，切实提高制度建设的实效性水平。

第三，程序正当原则。程序正当原则是程序正义与实体正义的高度统一，要求在高校学生管理法治化建设的过程中坚持公正、正义的原则。程序正当源于自然法观念，包含两项最低程序公正的标准：一是任何人不能审理自己或与自己有利害关系的案件；二是任何一方的诉词都要被听取。

正当程序的要求、标准为：①事前通知利益关系人；②听证；③辩解和代理人辩解；④行政主体大公无私；⑤行政过程必须是理性推论过程；⑥自由裁量必须由程序控制；⑦行政效率应当从相对人方面考虑；⑧程序违法的行政行为应当视为无效。同时，还应当充分融入民主参与的机制，使相关主体都有平等机会参与制度建设和实施。

第四，权利保障原则。高校学生管理法治制度建设以保护学生的合法权利为核心，囊括了所有学生的生活、学习等事务。学生首先享有公民的权利；其次应当享有完全行为能力人的权利；最后是大学生作为一个学习者，享有学生身份所特有的权利。高校必须依法制定制度，并付诸实施具体的管理行为，而学生在校期间享有的权利既不能低于法律所规定的标准，也不能超出法律所规定的范围。

（四）完善高校学生管理制度的纪律处分程序

在高校的日常管理过程中，学校的制度和管理发挥着约束和行为引导的作用，当学生违反学校规章制度的时候，学校应当依据管理制度给予相应的处分。关于处分的轻重、学生行为性质的判定、学生权利的维护等方面出现了很多纠纷，产生这些纠纷主要是因为处分程序出现了问题。

高校对于学生处分的一般方法是，学生写一份书面的事件经过的检讨，交由学校管理部门做出处分决定，管理部门商定后公布处分决定。在处分过程中，高校一直处于主导地位，完全控制了整个处分的过程。我国颁布的《普通高等学校学生管理规定》中明确指出：学校对学生的处分，应当做到程序正当、证据充分、依据明确、定性准确、处分适当；规定了高校处分学生应当遵循学生陈述和申辩、校长会议研究、送交本人、提出申诉、申诉处理、学生的奖励和处分材料归入档案；明确要求高校应当成立学生申诉处理委员，同时明确规定了处分的内容、形式以及期限等问题。

健全和完善学生管理制度中的纪律处分程序应当从以下几个方面着手：第一，高校学生管理规章制度应当严格按照《普通高等学校学生管理规定》执行，通过鼓励学生参与到学校管理制度的法治化建设当中，提高管理制度的公正性和民主性。第二，通过教育行政机关运用行政监督的方式方法，对高校学生管理制度的制定和实施进行监督和审查，可以划分为事前监督和事后监督。事前监督是预防性的监督，高校的管理制度的制定应当经过主管教育行政机关的批准。事后监督是修正性的监督，是对高校执行管理制度的过程的监督。第三，落实申辩制度，高校有责任保护学生的申辩权，特别是对于学生可能产生不利影响的处分，学生有权利为自己的权益进行辩解。第四，规范听证管理制度，主要是为了防止侵犯学生权利的事件发生，同时也是高校学生管理法治化程度高的重要表现。

（五）高校学生管理制度的执行必须体现司法公正

高校在执行管理制度的过程中要体现司法公正，就要做到管理制度具有可操作性、执行过程严格、运行规范和监督有力。管理制度体现司法公正应当从制度执行、运作机制、执法监督三个方面展开，具体做法如下：

第一，在制度执行方面，要严格按照学校的规章制度去执行，对全体师生高度负责，坚持有错必纠、违规必罚的原则，严格把控事实材料、证据收集、行为定性、处理决定等程序关，防止出现有空可钻、漏洞可乘、缺乏公正、独断专权等问题和现象。

第二，在运行规范方面，要加强组织管理，完善组织建设，不断提高执行水平。一方面是健全学校管理机构的职能和职责的划分，明确管理界限，构建科学合理的管理制度和执行机制，做到责任分工清楚，工作任务明确；另一方面是提高管理队伍的法律意识和法律素质，提高执法水平。

第三，在执法监督方面，要坚持校务公开，自觉接受监督。这不单单要求学校的有关监管部门充分发挥作用，还要动员学生、老师以及社会力量参与到监督中来；既要维护高校学生管理制度的权威性、严肃性，也要维护学生的合法权益。

（六）完善学生权利救济的管理制度

随着高校依法治校进程的不断推进，师生的权利意识不断增强，逐渐认识到权利救济对权利保障和权利实现的重要意义。权利救济是权利人的实体性权利受到侵害的时候，通过一定的程序和途径解决权利冲突或纠纷，并由相关机关或个人在法律允许的范围内给予一定的补救措施以消除侵权危害，以保护权利人的合法权益。完善学生权利救济的管理制度应当从以下几个方面着手：

第一，完善申诉机制。首先，高校学生提出申诉的范围应当严格按照《行政诉讼法》《教育法》和《普通高校学生管理规定》所规定的范围执行，主要包括学生对学校的处分决定不服的、学校侵犯学生权利的职务行为、学校应给予的奖励、资格证没有依法颁发的、学校其他侵犯学社权利的行为；其次，成立学生申诉委员会，委员会的成员组成应由教师、学生、管理者和法律人士组成，同时学生申诉委员会应当是独立的机构，只接受全校师生的监督，不受学校职能部门的领导；最后，学生申诉委员会的成员由全校师生代表投票选举产生，其结果向全校公布，以保障选举的公平、公正，形成一个自我监督和制约的机制。

第二，完善高校的听证机制，彻底破除学生管理过程中的封闭式操作。听证人员方面应当有学生代表参与，多元主体的参加更有利于维护学生的权益，同时也避免了单方面主观判断的处分决定。听证程序必须依照公平、公正、正式的原则。

第三，完善复议和教育行政诉讼制度。这是针对高校以外的教育行政部门而言的，行政复议作为一种事后的救济手段，具有免费服务、审查纠错、节省司法资源等优越性，应当纳入高校法治化建设的系统当中。教育行政诉讼通过救济的方式来审查高校的管理行为，是保障学生权利实现的重要途径，特别是在高校学生管理的过程中出现法律纠纷无法调和的时候显得尤为重要。

二、高校学生管理法治化的教育行政执法机制建设

广义上的执法是指国家行政机关、司法机关和法律授权、委托的组织及其公职人员，依照法定职权和程序，贯彻实施法律的活动，它包括一切执行法律、适用法律的活动。对于高校而言，执法机制的建设主要是教育行政执法。所谓教育行政执法是指国家行政机关及其所属工作人员在现实生活中实施教育法规的活动，是有关行政机关及其工作人员按照法定职权和程序所采取的直接影响公民、社会组织或其他社会力量有关教育的权利和义务或者对其教育权利与义务的行使和履行进行监督的具体行政行为。

高校的教育行政执法机制应当包括以下几个方面的内涵：第一，执法的主体应当是各级教育行政机关和高校，前者为外部执法，后者为内部执法；第二，执法活动和程序必须依照国家法律法规的规定执行，并遵循法定的程序严格执行；第三，执法过程是国家法律法规和学校规章制度的贯彻和实施的过程；第四，执法行为是对相关主体的权利和义务施加影响的行政管理行为。

（一）健全和完善高校学生管理的外部执法机制

高校学生管理的教育行政执法机制，不仅仅是高校本身执法机制的完善，而是寄托于整个执法机制网络系统的，所以高校学生管理执法机制的建设应当融合外部执法和内部执法两个方面，两者之间是唇齿相依的关系。目前，我国的高等教育行政执法机制建设存在诸多问题，如执法依据不够完善、教育行政执法机构缺乏、执法的职权范围不清、执法程序不规范等问题。健全和完善高校学生管理的外部执法机制应当从以下几个方面着手：

第一，从国家和地方教育立法的角度着手，为教育行政执法的实施提供依据，通过颁布新法或者对旧法的修正，坚持从教育发展的实际出发，尊重教育发展规律，提高高等教育立法质量，为高校的教育行政执法提供操作性强、针对性强、内容科学合理、实效性高的依据。

第二，建构外部执法机制应当遵循合法性原则、合理性原则、越权无效原则。合法性原则是教育行政执法要遵循职权法定、程序法定、责任法定和方式法定等法治的基本要求；合理性原则是教育行政执法必须要考虑执法动因符合立法目的、执法内容符合情理、执法手段合乎客观规律等方面的因素；越权无效原则是指教育行政执法不能超越法定的范围，否则被视为无效行为和后果，应当避免越级行使职权、滥用职权、自行创设新职权等现象出现。

第三，外部教育行政执法机制要形成自我监督、具有自律性的机制，通过监督机制、责任

划分机制、管控执法手段等途径实现教育行政执法主体的自我约束、自我监督的能力，同时还要加强第三方监督机制，使教育行政执法机制的自我监督更加科学有效。

（二）建立和健全高校学生管理的内部执法机制

高校学生管理的内部教育行政执法，是高校内部的行政职能部门，依照法定和规定的职权和程序管理学生事务的活动，其本身具有特殊性，这种特殊性来自于高校的自治。所以，高校内部教育行政执法在法治的基本原则和要求之下应当形成高校自身的执法特色。

第一，高校学生管理的内部执法机制应当遵循以人为本、程序正当、比例原则、责任法定等原则。以人为本的原则要求高校在执法的过程中始终坚持一切为了学生的全面发展而服务，摒除从处罚的角度去执法，而是从学生发展的角度去执法；程序正当原则要求高校的教育行政执法保证程序的公平、公开、公正；比例原则要求行政权力的行使必须有法律依据，并且还要选择对学生侵害最小的方式进行；责任法定原则要求高校成立相应的维权机构，并依据法律明文规定追究法律责任，以加强对行政人员的约束和管理，为师生的权利救济提供便捷合法的途径。

第二，建立专门的教育行政执法机构，全面提高管理者的执法素质。在建立教育行政执法机构方面，要深化执法机构的改革，调整院系的智能结构，合理分配行政权力和学术权力的格局，形成民主与科学相统一的执法机构；提高管理者的执法素质主要从法律知识普及和应用、管理者或执法人员的法律培训和进修、建立执法活动监督体系、培养管理者的服务意识等几个方面展开。

第三，规范教育行政执法工作方式，执法的内容和方式要合理、合法。在规范工作方式方面，应当做到执法程序公开、加强可操作性和确定性、完善听证制度、处理决定送达制度、利害相关人员回避等，以增强执法工作的规范性；执法的内容和方式要做到职权法定、立法优先、处罚合理、裁量适度等方面的要求。

第四，充分体现教育行政执法的服务理念，扩大教育行政执法的职责范围。在执法职能将服务理念融入管理制度和实践实施的过程中，不断丰富教育执法的方式方法。扩大教育行政执法的职责范围，积极尝试和探索行政调解、行政合同、行政指导等执法方式，促进高校学生管理方式的优化。

（三）建立和完善执法监督机制

高校学生管理构建教育行政执法监督机制，倾向于高校内部的行政监督，是对于有行政职权部门的管理活动的监督，而外部的监督转化为各级教育行政部门对高校执法活动的监督，重点是对高校内部的行政监督。对高校学生管理执法活动的监督，具有一定的强制性和权威性，而监督的效力来源于高校的规章制度，通过建立监督机制形成处罚机制、救济机制、责任机制等，同时要保障监督的效力不应当与国家的法律法规效力相抵触，这样才能使监督发挥其激励和约束的作用。建立和完善执法监督机制应当从以下几个方面着手：

第一，教育行政执法监督机制的建构应当遵循间接性原则、法律实效性原则、阶段差异性原则等。间接性原则：监督行为应当避免直接指导的方式方法成为行政执法的阻碍，降低行政执法的效率，应当以间接性调整为主要手段，以合理性和合法性为标准对行政执法活动进行评估。法律实效性原则：执法监督机制不能是流于形式的摆设，而是一种稳定、长久的机制，建立规范明确、机构设定合理、监督后果负责、责任机制健全的监督体系，切实提高监督机制的实效性。阶段性差异原则：主要是指事前监督强调防范性和预防性，事中监督强调修正性和跟踪性，而事后监督强调纠错性和惩戒性。

第二，加强内部教育行政执法监督机制。首先，要不断提高教育执法人员的法律知识，建立以解决实际问题为导向的教育培训和工作坊，不断增强教育执法人员的工作责任感，树立良好的职业道德自觉性；其次，要建立和完善教育行政执法监督部门对于执法人员和执法活动的追究和纠错机制，违规执法、不严格执法的要承担相应的责任；最后，执法监督要以保护学生合法权益和满足学生全面发展为目标。

第三，引入第三方监督机制，提高监督机制的多元主体参与水平，促进监督机制的科学化和公正化。高校学生管理的教育行政执法要接受学生家长、社会人士的监督，这是提高高等教育人才培养质量的有效途径，也是避免高校独行专权、减少高校法律纠纷的良好手段；还要接受社会舆论的监督。这就要求高校做到学生管理事务的透明化，向社会舆论公布，让更多的主体参与到高校学生管理工作当中，从更深更广的层面上推进高校学生管理法治化进程。

参考文献

[1] 孙小龙，沈红艳，江玲玲．国际视野下高校学生事务管理发展研究 [M].北京：中国书籍出版社，2019.

[2] 黎海楠，余封亮．高校学生管理与和谐校园 [M].长春：吉林出版集团股份有限公司，2019.

[3] 莫新均．高校学生管理模式与创新 [M].延吉：延边大学出版社，2019.

[4] 李玲．高校学生管理工作创新研究 [M].长春：吉林人民出版社，2019.

[5] 赵晨．高校学生管理工作的创新研究 [M].长春：吉林出版集团股份有限公司，2019.

[6] 宁晓文．高校学生管理模式的探索与创新 [M].长春：吉林大学出版社，2019.

[7] 侯瑞刚．新时代高校学生管理工作创新研究 [M].北京：中国水利水电出版社，2019.

[8] 莫春梅．服务与发展理念下的高校学生管理研究 [M].北京：中国原子能出版社，2019.

[9] 李兰，郝希超，原平．高校学生事务管理模式创新与实践 [M].长春：吉林文史出版社，2019.

[10] 穆牧．高校学生管理与思政教育融合探索 [M].北京：北京工业大学出版社，2019.

[11] 唐杰．人力资源管理理论在高校学生管理中的应用研究 [M].成都：电子科技大学出版社，2018.

[12] 应培礼．高校学生事务依法管理研究 [M].上海：复旦大学出版社，2018.

[13] 王文杰．高校学生事务管理工作案例选编 [M].北京：光明日报出版社，2018.

[14] 成冠润．上海高校学生公寓"六 T"管理的理论与实践 [M].上海：东华大学出版社，2018.

[15] 王文杰，王海燕．春风化雨 高校学生事务管理工作案例选编 [M].北京：光明日报出版社，2018.

[16] 彭晓琳，陈钧．创新驱动下的高校服务育人模式研究成都学院学生事务管理改革的理论与实践 [M].北京：光明日报出版社，2018.

[17] 徐明波．高校学生管理与创新 [M].青岛：中国海洋大学出版社，2018.

[18] 孙强．当代高校学生管理模式与制度研究 [M].北京：地质出版社，2018.

[19] 余敬斌．高校学生管理工作模式创新研究 [M].长春：吉林文史出版社，2018.

[20] 陈虹，李艳琦，许婧伟．高校学生管理工作案例集 [M].天津：天津社会科学院出版社，2018.